大旗出版
BANNER PUBLISHING

大旗出版
BANNER PUBLISHING

馬背上的王國
大宛
安息
大月氏
罽賓

目錄

引子：

遊牧民族的七種狀態

草原

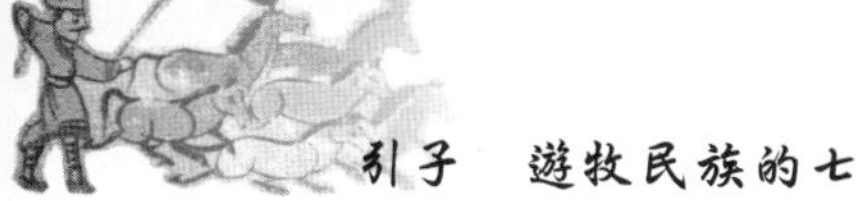

「天似穹廬，籠蓋四野」，這首匈奴在陰山下唱的牧歌，是對西域草原的極好說明。草原寬廣遼闊，站在草原上可以看見遠處的天空猶如和大地連接在一起，人的心胸頓時為之舒暢。天空高遠，在人的視野中似乎很難一眼望到它的盡頭，但遊牧民族卻常常能夠用歌謠的方式抒發出內心的感受，比如他們將天空比喻成帳篷頂部的穹廬，讓人覺得有一種將天空拉近的溫暖感。我們可以看出，天空在人的情感方面有著很大的影響，它讓人的靈魂為之昇華，讓精神有所寄託。草原上的遊牧民視天為神，比如蒙古族將天空稱之為「長生天」，他們經常舉行祭天的活動，並從中獲取精神力量。

遊牧民族長期以來一直在草原上居住，幾乎遊牧民族中的每一個人都是在草原上出生並長大的，終其一生，他們都離不開草原。帳篷、馬車、歌聲……，你在草原上行之不遠，就可以看見和聽見；如果你不是一個匆匆過客，你還可以看見在綠色的山坡上、樹林旁，或者小河邊，往往有一戶牧民的帳篷；馬匹靜靜地站立著，似乎在等待著一次向遠處的奔馳；牧民的妻子或女兒站在帳篷門口唱著歌，悠揚的歌聲像天上的白雲一樣慢慢飄遠。

草原是遊牧民族的家，由於遊牧這一生產方式離不開草原，所以哪裡的草原上水草豐美，哪裡就是他們的家。對於一個牧民來說，他們的一生屬於草原，其生命價值就在於一生中找到了多少可供牛羊們吃上一整個夏天的草。在不同的歷史時期，由於草原上生存著不同的遊牧民族，所以，草原也被嚴格地劃分成了塊狀，每個民族只能在自己所屬的草原上活動，不能輕易進入他人的領地。

草原的自然條件影響著遊牧民族的發展，使他們無法在草原上開展像農耕地區一樣的農業經濟，多少年以來，他們一直沿襲著傳統的牧業方式，雖然民族特色濃厚，但對外延伸的步履卻邁得極其緩慢。同時，由於他們居住分散，加之寬闊的草原不適宜建築，所以他們也沒有城市建設。人們常常在草原上圍起一道柵欄，一則防止自家的牛羊走散，二則標示此處為自己的「圈地」，外人不得經易進入。

他們的一生都遵從於草原的生存秩序，活著時與草原融為一體，自由、快樂、灑脫，不為草原以外的事情而煩惱，是浪漫的大地之子；死了後，他們的屍體被人們用毯子裹起來，讓牛車拉到山上去，在夜晚降臨時被狼吃掉。他們認為只有屍體被狼吃掉，才會在來生再次降生到草原上。

民族

在西域草原上，分佈著眾多以遊牧為生的民族。許多史書介紹這些民族在草原上出現的情景時，都用了抒情的筆墨，把他們身上極富浪漫色彩的一面首先呈現出來，比如塞人在康家石門子岩畫中的健美和激烈、匈奴在陰山下唱《敕勒歌》等，都讓人覺得他們是一群大地之子。地域風情對這些少數民族的情操起到了很大的影響，他們吸取西域大地靈氣，每個人都能歌善舞，樂於向大自然傾訴心聲。在他們的生活中，會經常出現唱歌和跳舞的場面，而每逢節日和重大祭祀活動，唱歌和跳舞更是必不可少。那時草原上還沒有戰爭，各民族之間也沒有多少紛爭，所以他們的生活自由自在、無拘無束。

這些民族在艱苦環境中，能夠吃苦耐勞、積極創造適合自己生存的方式，很快便解決了居住和飲食方面的困難。「穹廬為室兮旃為牆，以肉為食兮酪為漿。」這雖然是一位漢朝公主嫁到西域時表達消極情緒的詩句，但我們由此卻可以看到這些民族的居住和飲食情況。也正由於他們解決了生存方面的問題，所以在短時間內便能牢牢地在西域草原上站穩了腳步。

他們在草原上慢慢發展壯大，以部落的形式集居，在政權、軍事、生產和文化等方面形成自己的體系，注重獨立性，積極維護各自民族的尊嚴。在當時，他們並沒有意識到，他們的這種集居方式實際上為日後成立王國打下了良好的基礎——有不少民族在後來之所以能夠

建立自己的王國，實際上與集居這一最初的雛形有很大的關係。

他們以牛羊肉為主要飲食，並常常喝酒。這樣的飲食習慣主要是為了對付西域的寒冷天氣，讓肉和酒在自己體內產生出足夠的熱量，驅除寒氣，防止自己被凍傷。

而由於草原遼闊寬廣，所以馬在他們生活中起著重要的騎乘作用。他們懂得與馬培養感情，學會了一套了得的騎術，可以牢牢地坐在馬背上盡情馳騁。往後，馬更在戰場上幫助他們發揮威力，他們組成快速靈活的騎兵，一次又一次地在戰爭中取得勝利。雖然是草原民族，但因為馬的緣故，人們更稱他們為馬背上的民族。

遊牧

羊在草原上吃草時，邊吃邊往前走動，這便決定了牧人必須跟在它們後面不停地走；羊永遠只往有水有草的地方走動，所以牧人們便逐水草而居，哪裡有水和長勢良好的草場，哪裡就可以成為他們的家；他們趕著牛羊不停地尋找這樣的地方，因為他們一直採用遊動的放牧形式，所以世人稱他們為遊牧民族。由於草原十分寬闊，很利於遊動放牧，所以他們放牧的方式便顯得自由活潑，無拘無束。他們慢慢地總結出了一套適合於草原的遊牧方法，在北方偏遠地區牢牢地站住了腳。慢慢地，他們也有了一些富有草原特色的諺語，比如「眼睛能看到的地方，牛羊和馬就一定能到達」。

每年春季，遊牧民族讓駱駝馱上所有家當向夏牧場進發，崎嶇的山道或河谷中一時牛羊歡鳴，塵土彌漫，似乎人和牲畜融為一個緩緩向前移動的整體。他們所要到達的夏牧場在草原的另一端，需要走上五、六天或者更長的時間才能到達。到了那兒，牛羊們便開始了一年一度的盛宴，去年吃過草的地方在今年又長出了新草，它們仍將像去年一樣緩緩地向草場盡頭吃去。

到了秋末，他們又像來時一樣將所有的牛羊收攏，向下一個目的地——冬窩子——緩緩遷徙，人們把這時的遷徙稱作「轉場」。天空已經開始飄落零星的雪花了，草原一片枯黃，人和牲畜都有了要急急離開的表情。經過幾天艱難的轉場後，他們到達了冬窩子，那裡有讓人居住的地方，也有為牛羊備好的草料。整個冬天，他們將不再外出，在冬窩子裡安度寂靜的歲月。

因為他們在一年中的大多數時間裡都在遊牧，所以，世人把他們稱為遊牧民族。後來，他們的遊牧文化逐漸發達起來，在華夏大地上與農耕文化相同並立。遊牧文化也就是草原文化，在傳統中逐漸成熟，但因為它是滋生於草原生活之中的，所以在民間的根基很深，即使在日後被鮮卑、契丹、蒙古、滿族等民族發揚光大，上升為國家或王朝的文化，但其民族特色仍未消失，始終在維繫著各個民族的根源。在歷史的發展進程中，遊牧文化和農耕文化不斷地融合，彼此互相吸納，互相振興，像萬花筒一樣呈現出了迷人的色彩。

王國

樓蘭、于闐、莎車、疏勒、龜茲……等，對今天的人來說並不陌生，它們都是遊牧民族發展壯大後，在西域建立的王國。這些王國的出現猶如一層面紗被揭開，讓人們關注西域的目光變得更具體，更清晰了。這些在以前各自為牧，散亂分佈於各個角落的部落或民族，隨著自己王國的建立，不再「無所統一」，不再分散和阻隔，王國是他們的中心，他們像聽到了召喚似的向王國聚攏。

這些王國的產生，說明遊牧民族的文化、經濟和政治在草原上已經得到了很好的發展，形成了獨特的部落政權，所以，他們各自立國，雄踞一方。雖然它們相對於中原或匈奴帝國來說顯得很小，但因為它們的規模一致，所以便顯得很整齊，像一棵樹上所有的果實一樣，一起泛青，一起成熟。而實際上，這些王國的生存並不怎麼艱難，它們往往可以依靠一片綠洲或一條河流存活，像小巧玲瓏的少女一樣動人。這些王國的內部體系很整齊，凡該民族的人都可以集結在一起，選擇一個地勢較好，不會輕易受到別的民族和野獸傷害的地方建立城邦，然後居住下來。王國將所屬人員的數量統計得很清楚，每家每戶都被列入編制。比如精絕國，就有很詳細的記載：「精絕國，王治精絕城，戶四百八十，口三千三百六十，勝兵五百人。精絕都尉，左右將，譯長各一人。」精絕是西域的一個很有名的王國，神秘消失後，

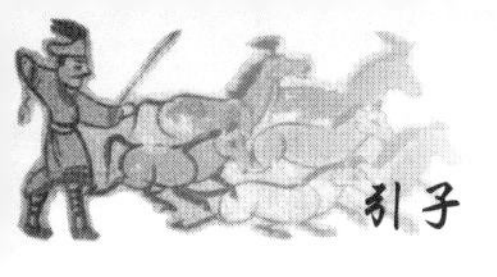

其王國遺址現在被人們稱為尼雅。

在中原，司馬遷認真收集著從西域傳回的每一個消息，儘管他被施予宮刑與西域有很大的關係（李廣的孫子李陵在西域假降匈奴，想日後東山再起。朝中百官不信，唯獨司馬遷為李陵申辯了幾句，卻因此惹惱了漢武帝，被施予宮刑。），但他作為一個史學家，還是在文字方面不帶半點個人情緒，審慎而正確的面對西域。幾經整理和歸納，在《史記》中列出了一個數字——西域有三十六國。另從《漢書．西域傳》中，我們又得到一個數字，西域有大小王國共五十五個。這組數字來自於西元前六十年，鄭吉被任命為「西域都護」後的一次統計。他統治了東起陽關、玉門關，西到費爾干納盆地，北至巴爾喀什湖，南抵蔥嶺的西域大部分地區，西域的五十五個王國中除了大月氏、康居、安息等五個王國因離中原「絕遠」而實難隸屬都護外，另外五十五個王國都被他收管在都護府之下。這些王國大都有很漂亮的名字，如樓蘭、龜茲、疏勒、丁零、屈射、渾庾、薪犁…等。

西域的王國均為遊牧民族所建，雖然在規模上仍明顯地帶有部落的痕跡，但它們都是獨立的，各王國都有國王、有軍隊，具備了對外發起戰爭和防備別人入侵的能力。他們的城邦都建在極富戰略意義的地方，比如車師國，就選擇了一個被兩條河環護的高地作為城邦，避免了好多次外族的入侵。現在，地處新疆吐魯番的車師國遺址仍然保存完好，被人們譽為「露天博物館」。在當時，他們沒有發達的建築技術，所以必須依靠地理條件建立城邦。還比如尼雅，玄奘在《大唐西域記》中就對其自然環境和城中交通情況做了詳細介紹：「澤地熱濕，難以履涉；蘆草荒茂，無復途徑，唯趣城路，僅得通行。故往來者莫不由此城焉。」後來探險家在發現尼雅遺址時，驚異於它居然完好地保存了十幾個世紀前的風貌，人們順著玄奘的文字線索，果然看到了唯一的一條路從城中穿越了過去。

西域各民族即便形成了王國，卻仍依賴於牧業，所以，每個王國的大部分人民都仍然在遊牧，只不過放牧的區域、牧業生產和個人身份都已被做了明確標示，屬於哪個王國的，便只能在自己王國的土地上放牧，不能到別的地方去。牧業不但仍然保證了每個家庭的生活，而且維持了王國的秩序。自從有了王國這一大集體，一群自由散漫遊牧的人，便有了家。

戰

争

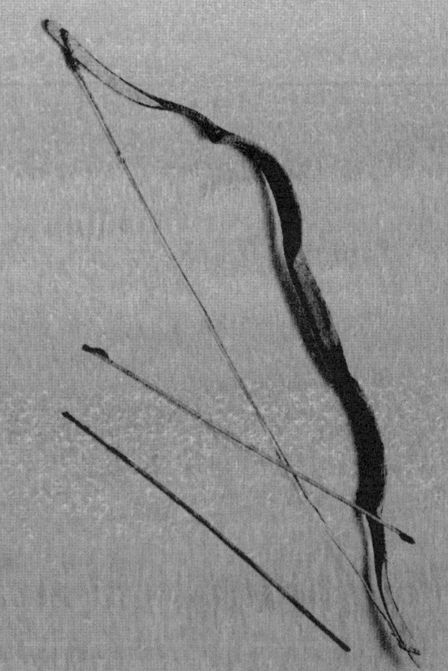

在西域，各王國之間經常發生戰爭，弱肉強食的事屢見不鮮，但他們往往經過遷徙後，便又能建立新的家園。這些在生活方式上一直保持著遊牧習慣的民族，像草原上的草一樣，在挨過寒冷的冬天後，便又蓬勃生長，恢復以往的模樣。

由於某些王國人員較少，加上距中原太遠，所以在中原與西域不斷發生的戰爭中很少見到他們的身影，即使偶爾發生一點小衝突，很快便煙消雲散，迅速恢復平靜。但在不同的歷史時期，匈奴和突厥卻都不同程度地統治過西域的各小王國，並屢屢入侵中原。匈奴在當時軍事實力最為強大，曾經有一段時間，他們甚至統一了西域，威脅各王國斷絕與中原朝廷的來往，並強迫他們臣屬於自己。他們向各王國的王汗提出一個要求，讓他們把兒子送到匈奴中作為人質，一旦哪個王國不聽他們的話，他們就殺哪個王國的人質。迫於匈奴的強大軍事實力，各王國的王汗紛紛把自己的兒子送到了匈奴軍營中，這種「送之為質」的現象在後來持續了很長時間，直到匈奴退出歷史舞臺才得以結束。匈奴作為西域的一個強大帝國，與中原打了很多年仗，一直是中原政權的心腹大患。他們雖然一直實行「單于」（意思是像天子一樣，具有「廣大」意涵的首領稱謂）一統制，但在史書上卻見不到有誰說他們是匈奴國。雖是如此，匈奴的規模仍比任何一個王國都大，他們有時可以出動二、三十萬軍隊。正是因

為匈奴的軍事力量強大，所以像大火燒過又會頑強長出的野草一樣，中原朝廷總是不能將他們徹底消滅，直到草原的另一強大勢力——鮮卑崛起時，才給予了匈奴沉重的打擊。

中原對西域發起的戰爭，大多是因為北方的遊牧民族發出了一些躁動的聲音，這些聲音是遊牧民族用深陷眼窩的雙眼窺視中原後，內心情不自禁的有了衝動；而對於一直實行大一統政權、並長久持續農耕發展的中國歷代來說，是不容許這些遊牧民族胡作非為的。於是，便有了一系列的中原與西域的戰爭。

當然，由於這些遊牧民族的習性和血性使然，他們在更多的時候發出一些躁動的聲音是有意而為的，故意要讓周圍的民族和中原人知道，又到了秋高氣爽、草黃馬肥之際，他們要南下去捕獲獵物了！在歷史的各個時期，北方遊牧民族一次又一次南下，像從雪山上流下的雪水一樣沖湧到了雁門關，中原軍隊有力地阻止了他們，但他們渾身的力量無以宣洩，繼續在雁門關一帶奔突，致使該地戰火不斷，殺伐聲連成一片。

在他們與中原發生衝突的過程中，他們的視野被打開了，看到了從未看到過的文明，他們受到了誘惑，想衝進中原的那道古老的柵欄內劫掠獵物；於是，就有了讓中原經常為之敏感，並一直想尋找機會打擊的「北方的聲音」。對於中原而言，這些聲音一旦響起，則預示著北方遊牧民族對中原要進行入侵和掠奪，於是便趕緊調兵遣將，實施有力的防範。

也許由於處於地理位置的優勢，北方的遊牧民族對中原似乎總有一種居高臨下的感覺，動不動便率先發起攻擊，而中原軍隊對西域的陌生，很難拿出有力的迎擊辦法；即便採取了行動，也經常出現像劉備三十二萬大軍被匈奴圍困雁門關，全軍糧絕七天的悲慘結局。所以，中原對北方遊牧民族的策略是「多防少攻」，長城正是在這一策略之下產生的。秦始皇將春秋戰國時期各國修建的防禦牆連接起來，形成萬里長城，有力地阻擋了匈奴南下的鐵蹄。

引發戰爭的導火線是來自北方的聲音，是馬背民族對中原豐碩的果實，其渴望和衝動之下所發出的。雖然西域自古以來屬於華夏版塊，但生存在西域的遊牧民族似乎總不安分，時不時發出要南下的聲音，給中原人的內心造成了一種警惕的意識，中原與西域的對立情緒由此產生，戰爭不斷地發生。

中原向西域派入的龐大軍隊，對反動的遊牧民族實施了強而有力的打擊，但這些民族發揮了天生的優勢，在荒漠和草原上靈活撤退，轉眼間就消失得無影無蹤。於是，中原與西域之間形成了長久的拉鋸戰，誰也不能把誰徹底消滅。

遷徙

在草原上經常出現這樣的情景——一個部落或一個民族會在某一天舉族遷徙，人和牛羊排成一列長隊，緩緩向前行。遊牧民族一年一度的轉場只是小遷徙，如果說到大遷徙，往往是整個王國舉族遷離城邦所在地，去別的地方尋找新的居所。

致使他們遷徙的原因往往有兩個，一個是戰爭，另一個是自然災害。即使不願意看到戰爭發生，但別的部落或王國往往會毫無理由地向他們發起攻擊，他們不能勝敵，便只好向別的地方遷徙。細讀遊牧民族的歷史，我們不難發現，這些馬背上的民族實際上一直居無定所，不停遷徙的生活雖然影響了他們的牧業發展，但卻使他們免受生命傷害，像「緊緊鉚在馬背上」一樣，在草原上一代又一代地繁衍著。他們的這種生存狀態，恰巧證明了他們作為遊牧民族的生存就是在這種本能狀態下延續的。

同時，自然災害也是迫使他們不得不遷徙的一個重要原因。西域多沙塵暴，雪災和洪水也常常肆虐大地，由於遊牧民族的居住都比較簡陋，所以無法抵抗自然災害，因而常流離失所，苦不堪言。當他們發現現今的居住處並不能讓自己安身立命時，他們便馬上向別處遷徙。他們相信，上蒼一定在大地的某個角落為自己安了一個家，那個家在等著他們，他們必須去尋找。

不論是戰爭還是自然災害導致的遷徙都是別無選擇的，一旦要舉族遷移，那麼不論你居住的房子多麼完美，修建時投入了多少財產，在此時都不得不放棄；所有的人，不論男女老少，不論尊貴貧富，一律都得走。遷徙時，舉國上下一片混亂——有的人在埋藏財寶；有的人到河畔設壇祭神；有的青年男女則因遷移帶來的騷動躲進沙丘和蘆葦深處，完成生命的燃燒與激揚。

在遷徙過程中，他們實際上要從頭開始，去一點一點地建立自己的家園。多少年前，他們的祖先、或者人類的原始族群就是這樣生存的；現在，他們也要像祖先們一樣開始。在草原上，由於這些遊牧民族始終保持著較為古老的生存方式，所以他們經常會因為固守這些古老的生存方式而回到過去，但這種「回到過去」並不是倒退，而是對民族傳統的一種堅守。

遷徙是一件很痛苦的事情，他們往往會走很長的路，去很多地方，但都不一定能找到合適的居住地。為此，他們不得不繼續尋找下去，風霜雪雨不停地折磨著他們，疾病和瘟疫也不時出現，讓他們為此吃了不了苦頭。有時候，當找不到理想之地時，他們會返回原來的居住地，但出現在眼前的情景讓他們十分傷心，在離開不長的這一段時間裡，風沙已將他們原來居住過的地方掩埋得只剩下一個大致的輪廓，再也無法居住了。

消失

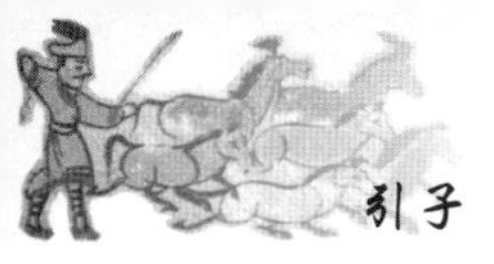

不論是不可一世的匈奴，還是其他小巧玲瓏的王國，在最後都一一消失了。致使每個王國消失的原因都不盡相同，它們或受到別的王國致命的打擊，不得不向別處遷徙；或遭受突如其來的自然災害，全城百姓頃刻間命歿，在沙漠深處的另一個世界長久沉睡；還有的王國消失的神秘，轉眼間就從人們的視野中變得無影無蹤，留給世人無盡的猜想和懷念。

許多遊牧民族在時間的長河中都消失了，他們消失時像謎一樣神秘，以致連居住的城邦也一起變得無影無蹤了。他們留給世人的只是關於他們的一段歷史，讓人覺得他們是一群永遠留在「昨天」的故人，在後來只是一片空白。

導致他們消失的原因很多，其較為重要的大致有三。首先，他們在與別的部落或王國發生戰爭時受到了致命的打擊，人員死的死、傷的傷，整個民族或王國迅速滅亡，從此不再在世人眼裡出現。這樣的例子很多，匈奴、突厥等在實施自己版圖擴張時，先後就使一些小民族悄無聲息地消失了。

其次，他們與別的民族混血，人種和血統逐漸被改變，慢慢依附於強大的民族，把自己的傳統丟得一乾二淨。人類的發展少不了民族間不停地融合和依附，在這一點上，西域的遊牧民族體現得最為顯著。他們因為受地理條件和自身因素的限制，在發展過程中不能很好地傳承本民族文化，很容易被先進民族改變。

最後，他們在遷徙過程中因為缺少與文明發達的民族接觸，所以他們一而再、再而三地「回到過去」，遠離了人們的視野，變得孤獨而封閉，不被外人所知。除此之外，他們不注重用文字記錄自己的歷史，所以，他們的歷史出現了空白，以至後人無從考證他們的行蹤，他們的去向變成了千古之謎。

這些從雪山上流下的雪水雖然恣肆洶湧，但最終仍無法在赤野大旱的西域走遠，一點一點被蒸發，到最後便消耗殆盡了。他們消失時悄無聲息，一點都不像出現時那樣兇猛，讓人覺得他們並不適宜在文明地區生存，進入文明地區的他們變成了瘸狼，註定走不遠。

第一章：

天似穹廬

匈奴：雪水對長城的沖湧

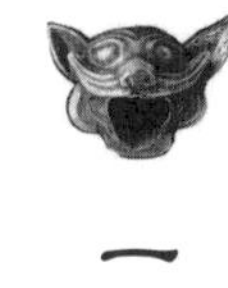

一　匈奴來了

匈奴來了。

他們像一群野狼一樣在赤野千里的大漠上前行，並對著太陽發出長嘯，雄鷹聽到後，飛翔的身子也禁不住左右亂晃。在西域大漠中，他們往往會突然出現，又會突然消失，其率性而為的性格在言行中體現得淋漓盡致。他們在西域快活，並非只是一天兩天，細細數來，他們已如此持續多年，在身後留下了很多歡樂的記憶。他們雖然粗鄙，甚至被稱為「蠻族」，但他們卻一直在蠻荒的西域生存，並把它當成了天堂。他們為了讓這個天堂永存，冒死與別的部落戰鬥，高舉繡有狼頭的旗幟奮力拼殺，既便戰敗或被殺死，他們也從不服輸。

據說，匈奴是夏朝的王子淳維被流放後，在漠北高原與當地部落的女子結合，慢慢繁衍並形成的一個部落。從這一點上而言，匈奴其實也是華夏民族的一分子。在用匈奴一名之前，他們曾用過山戎、獫狁、葷粥等。但直到現在，許多人對匈奴的印象都是模糊的，在許多文學作品和影片裡，匈奴一直是粗野之人，他們兇惡，長相醜陋，生性好殺。而由於匈奴早已在歷史的煙塵中消失，所以現在我們所說的匈奴，實際上只是他們歷史的某一部分，只能從歷史冊頁中捕捉一股西域特有的氣息，想像他們在飲酒、遊牧、唱歌、跳舞、騎馬、圍獵和拜天時的情景，還有他們的牛羊和馬發出的聲音，共同構成了我想像中的一個匈奴的家園。

但回歸歷史本面，從中還是可以捋出匈奴比較清晰的的命運經歷。在春秋戰國時期，匈奴慢慢發展壯大，不斷從漠北高原向南遷徙，到了陰山河套地區後，他們十分驚訝地發現，那裡氣候很好，田野上的泥土十分肥沃，四周長滿了樹木，這正是他們理想中要到達的地方；他們立即安營紮寨，佔領了陰山。好地方養好牛羊，他們操起遊牧的老本行，很快就更壯大了。

這樣的壯大預示著什麼呢？其實，匈奴遷徙只是出於生活的需要，當他們把「逐水草而居」這種在他們看來非常簡單的生活問題解決了之後，他們天性中的某些東西就開始騷動了。我們可以看到，匈奴實際上是在天性的驅使下向南遷徙的，他們猶如強壯而兇猛的野牛一樣，經常被自己的某些血性刺激得難受，這種時候，他們便只顧發作，在西域大地上狂奔。這種狂奔的結果是，他們一不小心就會撞到長城上，於是戰火就會燒起。匈奴沒有後顧之憂，因而殺伐的痛快會使他們忘記一切，即使被擊倒，他們仍會在倒地的一瞬，發出幾聲激奮的叫喊。

中原人為這些騎在馬背上，在陰山一帶活動的遊牧者感到憂心，他們知道，這些外表一點都不起眼的牧羊人，實際上用一雙深陷的眼睛在「窺視中原」。中原朝廷的擔心不無道理，匈奴確實有一種天生的獵取習性，而且騎術和射術都很厲害；但他們長時間用這些高超的獵術對付的都只是一些獵物而已，當他們不再感到打獵是一件刺激的事情時，便把箭頭對準了中原——他們想到中原獵殺一番。可以想像，由於他們野性熾盛，在他們眼裡，中原的獵物與陰山一帶的任何一隻獵物沒有什麼兩樣。

人吶喊，馬嘶鳴，一股旋風般的隊伍從陰山河套一帶撲向中原。中原朝廷沒有想到會從蠻荒的西域突然殺出一匹黑馬，中原人甚至對匈奴這個名字感到陌生。匈奴像暗夜裡突然從雪山傾瀉而下的雪水，把一股寒氣激濺到了人們面前，讓人不寒而慄。

二　胡服騎射

所有的人都慌了，但有一個人不慌，他冷靜地觀察著匈奴的動靜，從中尋找著打擊他們的有力方法，這個人就是趙武靈王。他通過冷靜地觀察，終於發現了匈奴之所以能夠一直在戰場上取勝的原因。

首先匈奴在戰場上很靈活，騎兵可以在馬背上竄上竄下，手執彎刀的步兵進退自如，皆善於作戰。細細一看，他明白了，原來匈奴下身的穿著和中原人不一樣，他們統一穿胡褲，褲腿處用一根牛皮繩紮了起來，這樣就使得他們行動起來十分便捷，尤其有助於衝鋒。相比之下，他的軍隊都穿著長袍，加之渾身裹著厚厚的甲冑，衝鋒起來十分不便。

緊接著，他又觀察到了匈奴在騎術方面的優勢。他們在馬背上顯得很靈活，上上下下如履平地，左右衝突更是像在平地上翻跟斗一樣自在；他們的騎術很好，一般的馬往往在他們轡繩一抖之後便能迅疾如飛，如要停下，把轡繩一勒，馬便立即穩穩地站定原定。相比之下，他的軍隊因為駕著戰車，在機動方面遠遠不如匈奴靈活。

這一番觀察讓趙武靈王震驚不已，發現敵人優點的同時，其實也就比照出了自己的缺點。兩個發現，兩個比較，讓趙武靈王有了一次難得的機會審視自己。沒過多長時間，他便在趙國提出了一個讓舉國上下都十分驚訝的建議：棄長袍戰車，用胡服騎射。不但軍隊要這樣，老百姓也一律改變著裝，全部穿胡褲。

人們不能接受，紛紛譴責他不遵守漢人多年的傳統，讓趙國人人穿胡褲等於「胡化」，是傷風敗俗之行。趙武靈王苦口婆心地向大家一一列舉了長袍和戰車在當前已處於多麼不利的位置，如若不改，在以後和匈奴人打仗時只能吃敗仗。趙武靈王能下這麼大的決心進行改革，說明他是一個很有魄力的人，而此事也讓他留名於史，被後人記住了名字。古往今來帝王們一個一個如同跑龍套似的從歷史舞臺上一晃而過，能讓世人記住名字的並不多，但趙武靈王卻讓我們對他心生感激，因為我們今天穿的褲子就是他引進的，是他讓漢人從此走路時變得便捷，不再慢吞吞地耽誤了事。

趙武靈王遇到了兩個支持他改革的人，正是有了這兩個人的支持，才使他的想法得以順利實現。其一是他的叔叔公子成，另一個是他的重臣肥義。幸虧有這兩個人站出來支持他，才讓他感到有了一點依靠，覺得既然自己的想法得到了別人的支援，那麼就說明還是可行的。這樣一想，心裡便踏實的多，同時也更加堅定了要將改革徹底進行下去的決心。一個人不做事便不會煩心，不會忙得顧頭不顧尾；可一旦要做事，而且做的是一件在當時受到多數人排斥的事情，那麼他面對的困難和所承受的壓力就會很大，弄不好會被人視為怪物，舉起輿論的棒子，把他殘酷地打將出局，讓他從此再無翻身的機會。

好在趙武靈王面臨的局勢稍好一些，有叔叔公子成和重臣肥義鼎力支持，讓他有了得力的左右膀。

且看這兩人是如何用實際行動支持趙武靈王的：公子成上朝時穿上了胡褲，在大臣中大步行走，讓眾人頓時一陣譁然，但大家同時卻也看到了一個事實——穿胡褲走路確實比較方便，要是讓士兵們穿胡褲去打仗一定會更好。眾人有了這樣的反應，說明公子成的目的達到了，他其實是在拿自己是趙武靈王的叔叔這一優勢做了一次宮廷胡服秀，趙武靈王不能親自走秀，他可以；走秀完畢，別人又能說什麼呢？趙武靈王的叔叔的面子還得給吧，所以，大家都保持了沉默。

公子成走秀完畢，我們再看看肥義又是怎麼做的？他採用了與公子成不同的方法，直接走到眾臣中去與他們面對面、心貼心，著實做了一番思想教育。公子成是展示，肥義則是引導，讓大家能夠更具體地瞭解胡褲和射術的好處。瞧這兩個人配合得多麼好啊，一硬一軟，把工作做到家了。滿朝文武都被他們打動了，紛紛表示同意趙國軍隊改用「胡服騎射」。一次人類服飾的重大改革見效了——褲子，從此便成為漢人的重要穿著了。

但趙武靈王之所以這樣做的目的，最終仍是改良軍隊，讓趙國的士兵改用「胡服騎射」增加戰鬥力。很快地，他便訓練出一支精銳的騎兵隊伍，其裝備和戰鬥力堪與匈奴騎兵相媲美。刀子磨快了，總得試一試才知道它到底是鋒利還是不鋒利。其實，趙武靈王在磨這把刀子之前就已經想好了怎樣用它，他要把這把刀子先刺向匈奴，讓他們知道「以其人之道還治其人之身」是什麼意思。

沒想到，匈奴居然把趙國軍隊的進攻不當回事，他們不相信羊會轉過身來吃狼。輕敵有時候會讓你犯下致命的錯誤，你看到別人身單力薄，兩手空空，那實際上是一個假像，在這個假像的背後，則隱藏著一把早已磨好了的刀子，別人會趁你不注意時把那把刀子插到你致命的部位。看看匈奴輕敵的結果吧，林胡、樓煩兩個部落被趙國輕易擊敗，趙國的領土也由此又擴大了一些。趙武靈王為了鞏固這些得之不易的領地，在邊界上修建了長城，把匈奴隔在趙國土地以外。

匈奴咽不下這口氣，忍耐了幾年後便又向趙國發起了進攻。他們這次是有備而來，既然知道趙國有著要人命的刀子，他們便準備了更鋒利、更有殺傷力的刀，以報上次的仇，出一口積壓在心頭的氣。這時候，一個叫李牧的人閃亮登場，在這場真刀真槍的打鬥中大顯身手！

他冷靜分析了當時的形勢，覺得不能再依賴趙兵的「胡服騎射」和匈奴過招了，上次雖佔優勢，這次卻未必管用。不過他也從匈奴的軍事上得到了啟發，決定和匈奴玩一玩戰術，學來他們經常愛用的「佯裝失敗，誘敵深入，埋伏殲滅的方法」打擊他們。為此，他把戰車一千三百乘，騎兵一萬三千人，步兵五萬人，弓箭手十萬人精心佈置成了一個巨大的埋伏圈，然後在邊界一帶「大縱畜牧，人民滿野」，把十萬匈奴引誘進了包圍圈中。呵，匈奴一點都不知道李牧的計謀，大咧咧地把脖子伸到了刀子下面。既然脖子都已伸到了刀子下面，那還猶豫什麼，趕緊往下劈吧！李牧的步兵和弓箭手發揮了巨大的殺傷力，匈奴的十萬餘騎被殲滅了。匈奴又一次吃了大虧，等他們明白過來後才發現，怎麼我們經常用的戰術被人家學會了，而且還用在了咱們身上？中原人精於謀略的做法讓匈奴感到害怕，覺得漢人的腦子似乎不是那麼簡單，他們讓腦子轉幾個彎彎，就會拿出讓你意想不到的武器，給予致命的打擊。

匈奴覺得玩不過趙武靈王，便又一次向後退去。李牧乘勝追擊，一舉擊破東胡和林胡，逼得匈奴的單于四處逃跑，「士不敢彎弓而抱怨」，從此再不敢有南下放羊的想法了。

三　長城

野火燒不盡，春風吹又生。從春秋戰國時期到秦始皇一統天下，匈奴實際上一直在西域騰鬧著，讓人覺得他們活著就是要不停地給別人找麻煩。他們像壓在中原人心頭的一塊石頭，既讓人覺得委屈，又無力把它卸下。

秦始皇一統天下後，有好事者對他說：「亡秦者，胡也。」不知那人是根據什麼理由說的，但在當時無疑像晴天霹靂般，讓秦始皇禁不住心頭一緊。一股恐懼漫上了他的心頭，隱隱約約感覺到這是一句讖語，彷彿好不容易大一統的天下，真要應了這句話似地終歸泡影。但片刻之後，他還是從恐懼中冷靜了下來，他心高氣盛，怎麼能容許自己的帝國受到一絲傷害呢？正是由於害怕匈奴滅秦，他在心裡有了打擊匈奴的想法。可以說，那個好事者的一句話像投進水中的一粒石子一樣激起了漣漪，它波及了中原與匈奴的關係變化，乃至秦始皇為了防匈奴而修建的萬里長城，也與這句話有著糾葛不清的關係。

也許是因為剛結束了戰爭的原因，秦始皇沒有急著去打仗，他也像趙武靈王一樣在冷靜地觀察著匈奴。從趙武靈王到秦始皇，對待匈奴的態度都是很慎重的，這就讓我們明白一點，這群在西域看上去不起眼的牧羊人確實已經對中原構成了很大的威脅，弄不好他們會一手舉著彎刀，一手用羊鞭趕著羊群到中原來放牧。但對於善於運用謀略打仗的秦始皇來說，他要

等待時機，他覺得西域遙遠而又陌生，地理條件和氣候對他的士兵都是一個挑戰，他怕一旦深入進去遭受到伏擊時將無計可施。其實他的擔憂是對的，在後來匈奴確實利用地理優勢和遊牧民族圍獵的方法對中原軍隊實施了一次又一次的打擊，他們作戰靈活，尤其是精湛的騎術和射術發揮出了巨大的殺傷力，讓中原軍隊損失慘重，有時甚至全軍覆沒。

等待會讓每個人都感到時間難挨，因為希望中的一枚果子已經近在眼前，但你卻不能馬上伸手去摘，只能痛苦地壓制著欲望。但在很多時候，人因為痛苦地壓制了欲望，所以一旦解脫後便會變得像勢不可當的猛獸一樣，一躍而起將那果子揪下來吞噬掉。苦苦等待時機的秦始皇還沒有找到好的方法，匈奴——這群西域的牧羊人卻越來越逼近，他們已經扔掉了羊鞭，手中高舉的彎刀發出的光芒刺得人的雙眼發痛，形勢出現了前所未有的緊張。不行，得攔住他們，不能讓他們到家門口來胡鬧。秦始皇不能再等待了，再等下去就明擺著要挨打了。於是，他命令蒙恬率三十萬大軍北上河南地（今蒙古河套一帶）抗擊匈奴，阻止他們南下的腳步，把他們想侵入中原的念頭滅於初始。

蒙恬善戰，是始皇的愛將，加上又有多於匈奴幾十倍的軍隊，所以他一路取勝，在河南地擊敗匈奴。匈奴在兵敗之後，仍不改遊牧的生活習慣，又遷往陰山一帶去了。史書上對這場戰爭記述不多，裡面也不見感人的故事細節，所以如今說起也只能描述一個大致的輪廓。揣摩了一下，那應該是一場簡單的戰爭，蒙恬有多於匈奴幾十倍的軍隊，所以匈奴幾乎沒有任何抵抗力，一交手便處於劣勢，一看情況不對便倉皇逃走了。

對於遠古時期的戰爭，我們只能憑藉想像，無法知道一些更具體的事情。比如雙方在打仗的時候，都如同在向對方展演著自己的馬上功夫、射術、刀術、以及進攻的方陣等等。而這次是中原軍事與匈奴軍事的第一次大規模的交鋒，雙方都為對方顯露出來的軍事力量而驚訝。想像這麼一個鏡頭：一位秦將與一個匈奴頭目廝殺，拼鬥正酣，匈奴頭目忽爾撥轉馬頭而去，秦將一時不知所措。卻見頭目從馬背上摘下一個人頭，旁邊的小卒立刻上前倒酒，他舉起狂飲——「噗」的一聲，秦將倏地射來一箭，將他手中的人頭飲具射落於地。匈奴頭目回過頭來，二人對視著，繼而一起哈哈大笑起來。

激烈也是一種美。用一種戰鬥的場景來表現戰鬥者的美，遠遠要比誰勝誰負有意思得多，它可以緩解戰爭殺伐的殘忍，把惡的東西變美，或者表現出惡中的美。當然，後來蒙恬還是得勝而歸，受到了秦始皇的獎賞。而匈奴在再次遷徙的時候，並沒那麼在意失敗，他們覺得這只是一場經常玩耍的遊戲，儘管死了人，但卻無所謂。匈奴在遷徙的過程中很快平靜了下來，當輕涼的風迎面拂來，眼前出現一塊水草豐美的草地時，他們又按捺不住內心的喜悅，高聲唱起了歌。自此，他們悄悄隱進了陰山以北的草原，安寧地生活著。河南的那塊戰場，慢慢從戰爭的陣痛中平靜了下來。

秦始皇是作為中原第一位皇帝，自他開始，「秦人」變成了「漢人」，他同匈奴的較量可以說是秦朝與匈奴較量的第一個回合。結果，他與匈奴只扳了一個平手，並未定出輸贏。儘管有「東向掃六合」，平定春秋戰國延續多年的戰亂，收攏群雄割據的紛爭局面的功績，但他對西域那片大沙漠，以及深居沙漠中，常常疾行如飛，而且善騎善戰的匈奴卻不得不深思遠慮，不敢輕易動手。為了防禦匈奴再度入侵，他下令在河套一帶建立四十四個縣，讓這四十四個縣的人一邊屯田，一邊守護河套，並命令蒙恬帶兵坐鎮上郡（今陝西榆林）防止匈奴入侵。接著，他把原來秦、趙、燕三國在戰國時候遺留下來的幾段長城修葺連接起來，築成西起隴西臨洮（今甘肅嘉峪關），東至遼河（今黑龍江鴨綠江）的萬里「禦匈城牆」。中國歷史上最宏大，而又最具防禦戰略意義的長城由此產生；但長城修了很多年，人力物力消耗極大，從某種意義上講，正是修長城加速了秦的滅亡。長城修好了，秦始皇站在長城上正自得意滿，這堵又厚又長的高牆往往選危險的地帶建造，具有易守難攻的戰略價值，比派多少軍隊在這裡駐守都管用，他覺得匈奴人是無法把這道高牆打出一個缺口的。

果然，匈奴被阻擋在了長城外。

四 歸向西域

西域，大雪飄飄，匈奴偶爾在飲酒的間隙，或於縱馬急馳的偶然一瞥時，便又想起了中原。但這偶然間的念頭仍不及飄過額際的一朵雪花帶來的清爽更讓他們心動，一朵雪花可以讓他們神思飛揚，一次暢飲可以讓他們醉生夢死。所以，他們沒有想去打仗的心思。

春天來了，荒野化凍，萬物復甦，他們將羊群趕入山中，高唱一曲牧歌，內心便泛起幾絲溫暖之感。盛夏，烈日普照赤野的大地，在草原升騰的炙熱地氣中，他們內心又有了幾許衝動，圍獵和賽馬，又成了他們發洩血性衝動的首選方式。夕陽西下，得勝者興高采烈地回家，不遠處的帳篷門口，美麗的女人已翹首張望許久，遠遠地，就以動人的笑容迎向自己的男人。深秋，又是一次向冬牧場的遷徙，他們將所有的東西都繫於馬背，在山谷中緩慢運行。牛羊們踩起的塵灰向四處彌漫，不時有歌聲從塵灰中升起，在山谷中回蕩。這是暢飲的季節、是享樂的季節，在帳篷裡，人人都變得很幸福。

歷史事件都是偶然發生的，在時間的長河中，都將一一化作縹緲的雲煙散去；但有些人和有些民族突顯出的人格和精神卻是永存的。他們衝不開長城的缺口，便像一場風一樣呼嘯著，沿長城向西漫去，進入河西走廊，湧入天山南北的塔里木盆地和準噶爾盆地，從此佔據西域廣大土地。匈奴人善鬥的心理是收不住的，他們像大漠上一掠千里的大風一樣，一聲高過一聲，使綿延萬里的邊關一帶烽火硝煙千年不息。就像從雪山流下來的雪水，再也不會倒流回去一樣，在他們頑強而執拗地要參與締造中原歷史的能量未耗盡之前，是決不會回頭的。

匈奴的鬧劇就那樣一點一點地拉開了一場中原與西域之戰的布幕。匈奴被長城阻擋在西域，時間長了，便無法忍受這條又長又厚的「牆」的存在，他們不喜歡有什麼東西阻擋馬蹄，而當他們真正弄明白這堵長「牆」就是為阻擋自己而修建時，他們憤怒了；但憤怒之餘又有些興奮，他們認為那堵牆不費什麼力氣就可以攻破。很快，他們就整裝南下，入侵漢朝。

當然，漢朝在他們每次入侵時，都很有力地打擊了他們。匈奴由此受到了刺激，他們在大草原上騎馬馳騁匯集的力量和逐水草而居的堅強意志，聚成了一股從乾旱高原上傾瀉下來的北方大潮，一浪高過一浪地衝擊著中原，激濺起片片如刃的浪花，使邊關一帶殺伐聲不絕。後來，這股大潮還是沒有把長城沖開缺口。匈奴慢慢地平靜了，早先想在漢朝「射殺獵物」的心理也已消失。只是他們的血液依舊沸騰，仍在不停地圍著漢朝的邊緣澎湃洶湧著。他們像一股強大的潮水，碰到什麼物體就濺起陣陣浪花，繼而又向前沖湧，即使洩入歧途也不會停止衝擊。匈奴就這樣一直向西，遷入了西域的中心塔里木盆地。漢朝也似乎失去了與匈奴較量的興趣，從此按兵不動了。西域廣闊和豐饒的土地很快就使匈奴決定留在那兒，不再往前走了。

攥緊韁繩的手終於鬆開了。匈奴們望著落日下的牛羊，以及在遠處像綠綢一樣鋪開的大草原，欣喜地笑了。他們唱起了牧歌，吹響了胡笳，好像到達這裡，是結束了一段遙遠的征程，他們並未感到什麼深切的苦處，好似只是這麼隨意玩了一把。對他們來說，這次玩得似乎還算盡興。當夜晚來臨，歌聲和燈光一起消失之後，一切平靜了下來。

匈奴的本性以至於行為，並非全然的好或壞，從他們的身上仍表現出某種美好的精神；他們與漢人的戰爭只是匈奴史的一部分，如果更寬泛地把他們放在西域背景下看，他們是一群有著頑強的生存精神，而且熱愛大自然的人。從某種意義上來說，正是他們啟動了西域，使這塊土地的雄豪之美慢慢地展示在人們的面前。秦始皇統一了中原，而是匈奴，結束了西域諸王國一般散沙的局面。

匈奴：冒頓，頭羊的雄威與挑釁

一　頭曼的殘忍

提起匈奴，就不能不提單于冒頓。羊群中總有一頭羊會跑到前面成為頭羊；人群中間總會有一人脫穎而出成為首領。冒頓是匈奴歷史中的一位顯赫人物，如果說，在那個時候不管是秦漢的皇帝，還是領導一個部落的匈奴單于，都集權力、政治為一身，那麼以統治階級而言，冒頓之於匈奴也就是一位王。

冒頓在少年時命運多舛，在很小的時候，命運的沉重枷鎖就禁錮在他的身上。匈奴遷入西域後，與這裡的許多王國相比，顯得很弱小，在各方面都不如人家。就在他們剛剛站住腳還沒有來得及喘口氣的時候，月氏人就把箭頭對準了匈奴，匈奴頓時亂了方寸。這個在以前顯得很頑強的民族似乎頃刻間便要陷入生死存亡的危難之中。冒頓的父親頭曼那時是匈奴的單于。作為單于，當時他心裡的滋味很是不好受的。

黑夜裡走路需靠摸索，沼澤中挪腳也須小心。頭曼正苦苦地思索著匈奴的出路。歷史的教訓告訴我們一個道理：一個民族或國家要在危難時刻力挽狂瀾，便該採取不與人硬碰硬的方式。頭曼也是這麼想地：臣服月氏，把長子冒頓送給月氏人當人質。頭曼如此，其實是一舉兩得，因為他非常喜愛的閼氏生了一個兒子，他想在日後立這個兒子為單于，但這樣做就得想辦法廢除天經地義要繼承單于的冒頓；明廢不行，所以他便想到了讓冒頓去月氏當人質。

這樣一來，既可以立閼氏的兒子為單于，同時也讓月氏人覺得自己心甘情願送人質是有誠意的表現，高高興興地退兵。太妙了，天底下再也沒有比這更好的辦法了。

月氏人答應了頭曼的這個條件，籠罩在匈奴人頭頂上空的陰雲一時散開了。而冒頓則變得痛苦不堪，像今天的少數民族一樣，匈奴在飲食方面也有很多忌諱，冒頓去月氏生活，首先就要他屈從於這個民族的飲食，這是一個比較殘忍的問題；再則，他這一去月氏，作為頭曼長子的他就不可能在以後被立為單于了。這都是作為父親的頭曼精心策劃的，年少的冒頓對此一無所知。其實，一個兒子對頭曼來說是無足輕重的，匈奴在那時候就已經是一夫多妻制，一個匈奴男人往往有很多個孩子，所以，你說頭曼會在乎冒頓嗎？失去冒頓，對頭曼來說不足掛齒；他要是想要孩子的話，作為單于，隨便可以把任何一個女人叫進帳篷。

冒頓被月氏人帶走了。離開匈奴時，不知冒頓是否大哭大叫，不願離開父母。但我們不難想像得到，不管他多麼痛苦，頭曼都會無動於衷，一臉的冷漠。冒頓也許回頭大聲喊叫父親，用一個兒子最真摯的渴求讓父親留下自己，但當他看見父親並不理睬時，也許在那一刻，他永遠記住了父親的表情，聲裡充滿了絕望。

冒頓作為一個人質，他的生命是有條件的：匈奴不能侵犯月氏，否則冒頓只有死路一條。但後來，頭曼卻明知故犯，向月氏發起了進攻。頭曼這樣做，對冒頓來說簡直是要命。但頭曼就是要這樣做，他既然立幼子為單于，作為長子的冒頓日後必然與之相爭，所以必須把冒頓除掉。如何除掉冒頓，是早已設好的伏筆，那就是借月氏人的手殺冒頓。不愛兒子的父親不義，不愛父親的兒子不孝；一個父親，對親生兒子能下得了如此殘忍的手，就不得不讓我們明白，匈奴儘管有著頑強生存的能力，有著百折不屈的意志，但在人性的一面卻有著讓人駭然的殘忍和無情。可憐的冒頓，就要被殘忍的父親置於死地了。當一隻羊不得已變成一頭狼時，這時它一定是要吃人的。

冒頓很快就知道了父親的險惡用心。一個人發現自己有著這樣的身世，將是怎樣的一種心情？

讓我們欣慰的是，冒頓沒有害怕，由對父親的恨他生出了反抗的決心；更欣慰的是，此時的冒頓已經具備了反抗的能力，而且在月氏有了自己的心腹。因此，匈奴的歷史走到這兒的時候，忽然在冒頓面前停下，等待他揮灑出輝煌的一筆。這是一種殘忍的輝煌，冒頓對父親的憤恨已無以復加，他下了決心，不除去父親頭曼誓不為人。這種子弒父的事情，是人世間最大的殘忍，人世間有些心寒的事情，就是在人性被扭曲的時候發生的。

二　天倫悲劇

匈奴的歷史從這裡開始進入了高潮。司馬遷也許感到這樣一個父要殺子，而最終子亦弒

父的事件已經成了人間極惡，徹底喪失了人性。為警示後人，他採用了細緻的敘述筆調，推出了事件情節，還用了人物對話，頗像小說。這在其撰寫的其他列傳中是不多見的。

一天夜裡，冒頓偷得月氏人的一匹好馬，逃出月氏，去見頭曼。冒頓在袖中藏了一枝箭。他發誓要把這枝箭插進頭曼的心臟中。冒頓回到匈奴營地，頭曼格外驚異，然而，性格殘忍的頭曼卻輕乎了那一刻的驚異，並沒有對冒頓產生懷疑。緊接著，頭曼就有了把冒頓用酒灌醉後除去的想法。殘忍的人，殘毒已盤據他的心胸，不管什麼時候，他都不會為自己的殘忍多加深慮。有些殘忍之徒最後落了個慘不忍睹的下場，也許，是他們把自己推到了那種地步。

冒頓走到頭曼跟前，裝出一幅對父親久盼之情的樣子。而頭曼也在心裡打著小算盤，準備先穩住冒頓，在酒桌上再下手。感謝上帝啊，它讓頭曼的棋比冒頓慢了一步。冒頓走到頭曼跟前，大聲喊叫父親，淚水狂湧而下。此時冒頓的淚水是多麼複雜呀，他內心悲恨交加，一時無法控制自己，只能化做淚水，從雙眸中湧出。頭曼被冒頓的哭弄得一時不知所措，只是一臉冷漠地望著這個陌生的兒子。冒頓哭著哭著，就想起了今天來到這裡要幹的大事，於是，他停住哭泣，向頭曼講起了自己這麼多年來在月氏的遭遇，他邊講邊向頭曼靠近，隨時準備著向頭曼出擊。但頭曼卻忽然問冒頓「你在月氏學了哪些功夫？」

冒頓想起了藏在袖中的箭，立刻靈機一動說：「我在外學得最好的是射術；月氏人的強弓我稍用力氣，就可以拉斷。如果父親有興趣，孩兒可以給您表演一下。」

頭曼點了點頭，命人拿來了一張弓。冒頓一拉，果然不費絲毫力氣就是一個滿弓。

頭曼見冒頓騎來的馬是良馬，就命令將領們乘騎，結果他們都被摔下馬。而冒頓一跨上馬背，那馬便紋絲不動，十分聽話。

頭曼這時忽然起了殺心，他對冒頓說：「你騎馬奔跑，我讓人射你，你能躲得過嗎？」

冒頓不疑有詐，說：「能。」

於是頭曼讓冒頓騎馬急馳，讓人射他。但那些弓箭手卻害怕那匹駿馬和冒頓，沒有人敢向他開弓，頭曼大怒，將射手一一斬首。

冒頓忽然明白了父親的險惡用意。他在心裡想了想，就生出一個計謀。他對頭曼說：「父親，這雖然是匹好馬，但我可以在它跑起來後，將它上面的人射中。」

頭曼用手一指冒頓的愛妻，說：「那就讓她騎在上面試試。」

冒頓一聽這話，頓時心如刀絞，但他還是咬了咬牙，把妻子扶上馬背。夫妻倆含情對視，不願分開。

這時，身後傳來了頭曼兇惡的聲音：「你要是射不中，我就要把你像那些射手一樣殺掉！」

冒頓將馬狠抽一鞭，然後含著淚水把弓舉起，一箭射出，妻子從馬上落地。

「好！」頭曼的叫聲中既有讚賞，也有得意。

冒頓悄悄把淚水全咽進了肚子裡。

後來，頭曼讓冒頓給他訓練射手。冒頓訓練射手時，做了一些草人綁在那匹馬上，如果誰不能射中，就將誰斬首。

眾射手紛紛爭先恐後將箭射出，百發百中。

冒頓的心到了這時才稍微輕鬆了一些。這些射手，將來必有善用。

一天，頭曼出獵，冒頓勸他乘那匹駿馬。頭曼不疑有他，非常高興地騎了上去。

冒頓暗地調來那些射手，等頭曼下午返回時，他大聲對他們說：「快射馬上的那個人，誰射不中斬誰。」

眾射手亂箭齊發，射向頭曼。頭曼還沒有明白是怎麼回事，就倒在了地上。

冒頓一步跳過去，把頭曼的幼子抓住，用刀逼著他交出了單于印。這時，一同出獵的兄弟們也殺了進來。冒頓提著單于印，聲稱自己就是匈奴單于，眾匈奴被冒頓嚇壞了，紛紛表示臣服。

不吃羊的狼必定被餓死，不殺人的刀必定生銹。這是一個真實的子弒父的故事，血腥味千年不散，一股股從史書中向外湧動著。不知道司馬遷對這件事抱有怎樣的一種心態，但他的筆觸卻一直不躲不閃，將事情原本道出。這樣的事情對於被儒家文化養大的漢人來說，是不可思議的，不知道人們看了這個真實的故事後，當時在心中留下了些什麼？

三　戰神的復仇

冒頓做單于後不久，東胡人就來找他的麻煩了。其實，自匈奴入西域後，與月氏一樣強大，並同樣對匈奴形成很大威脅的就是東胡。只是當匈奴和月氏人在強烈地衝突著的時候，東胡人保持著沉默，似乎在隔山觀虎鬥。現在匈奴終於崛起，而月氏卻已不比當年，所以東胡人坐不住，跳出來向匈奴提出一連串的無理要求。

東胡人的第一個要求是，匈奴必須向他們獻千里馬。此時匈奴已今非昔比，所以左右賢王說，這是我們匈奴的寶馬，不能給。而冒頓卻顯示出了王者深謀遠慮的大度風範，他勸左右賢王，一匹馬算什麼呢？如果不給他，他將馬上舉兵來犯，我們的傷亡肯定比一匹馬的價值大，給他。

東胡王得了千里馬，於是又試探性的提出要冒頓把他的妻子送過去。左右賢王怒不可遏，認為這是污辱他們，堅決反對。而冒頓卻仍然答應給他們。左右賢王覺得東胡王太不像話，應當給他點厲害看看。而冒頓覺得不能為了一個女人這樣蠻幹，於是又把妻子送給了東胡王。東胡王更驕傲自大了，於是他又百無聊賴地提出要求，要匈奴把東部無人居住的地區送給他們。至此，他認為匈奴只不過才剛剛成長起來而已，根本無足掛齒，對匈奴失去了應有的戒心和重視；而大多數的匈奴們這次也抱著無所謂的態度，覺得那些地方比較荒涼，就是開墾出來，估計也不會長出什麼東西，給不給東胡其實無關緊要。沒想到，冒頓卻做出了一個完全出乎眾人意料之外的決定——不能給！土地是國家的根本，日後要在土地上生存，豈能白白送人。冒頓自開始便在試探東胡王的心理，終於，他認為東胡王提出要一塊不毛之地如此的無聊要求，已說明他對匈奴的掉以輕心，只是戲弄而已。他冷笑了幾聲，覺得出手的時候到了。於是，他帶領精兵奇襲東胡，東胡在猝不及防的情況下被匈奴一舉殲滅。

那聲冷笑，其實就是一把在等待著時機的利劍。一個人要想成就事業，有時候就必須得忍受屈辱。當他一步步後退，實際上是在握緊了藏在身後的冷劍，在對方得意或被勝利衝昏頭腦時，冷不防出手，一劍使其斃命。冒頓的這種等待方式，是一種殘酷的寧靜。

幾年過後，匈奴的軍事實力已強於西域的所有王國。按說，冒頓可以把這些小國毫不費事地打敗，但他還是等待了那麼幾年，直到他認為可以出擊了，才率領五萬多人馬開始征戰。懂得看路的馬聰明，善於等候的狼智慧。冒頓深受流傳於遊牧民族中間諺語的影響，懂得如何把握自己。值得一提的是，這五萬多人馬是冒頓全部的本錢，他之所以都用上，是想一鼓作氣拿下西域。幾年後，冒頓的勢力已基本上在西域擴散開了，又過了幾年，冒頓長驅直入，東破東胡，西敗月氏，南並樓煩、白洋，收復河南，北服渾庾、屈射、丁零、鬲昆、薪犁⋯等，匈奴在西域的地位如日中天。

連日奔跑的馬總要停歇，長期勞苦的人總要睡覺。但冒頓不，他還要去幹一件長時間以來一直想幹的事情——滅月氏。於是在西元前一七七年至一七六年，冒頓派右賢王大規模西征，攻滅了河西走廊的月氏，大部分月氏人被迫遷往伊犁河流域，稱大月氏，小部分未遷者只好越過祁連山，與羌人雜居，稱小月氏。這場廝殺的場面肯定是很激烈的，有很多月氏人可能被匈奴士兵砍翻在地，血腥味彌漫著整個戰場。冒頓之所以要發起這麼大規模的戰爭，其原因大概有兩個。首先，他要實行他的擴張計畫，把長期以來在西域當老大的月氏幹掉，讓匈奴來坐頭把交椅。這是他長時間不斷反覆思考的念頭，個中利弊自然明諳於心。這就好比在西域這棵大樹上，月氏是一枚長得最漂亮，最引人注目的果子，你去把它摘了，自然就引起眾人對你的關注。其次，他要通過戰爭報仇，雪人質之恥。做了單于之後，大概當人質時飽受的痛苦時時像一條蛇一樣竄出，不斷噬咬著他的內心，使他痛苦不已。按匈奴的習性，他是不能咽下這口氣的，他要殺了全部月氏人，以抹平自己內心的痛苦。

在當時，月氏人的人員數量和軍事力量其實都還不算弱，甚至是強於匈奴好多倍的，但他們為何卻被冒頓派出的軍隊給打敗了呢？原因大概是冒頓的仇恨，像火一樣引燃了匈奴的血性和鬥志，使他們的身體裡燃燒著較之於平時要多出好幾倍的戰鬥力。月氏人力不勝敵，慘敗於河西走廊。但冒頓並未因此消了氣，他讓士兵們找到月氏王的屍體，手起刀落把腦袋砍了下來，回到駐地，讓工匠們把月氏王的頭顱沿眉毛處鋸下，作成了一個飲酒的器具。每天，他都用那個玩意兒飲酒，心裡交織著快意恩仇。從這件事上可以看出，冒頓身上有那麼一股戰神的野性，那股野性改變並鍛造著他，使他一點一點地變成了引人注目的匈奴大單于。

當了大單于，眼前的選擇便只有繼續去征服。冒頓緊接著沿河西走廊大規模西征，很快就平定了樓蘭、烏孫、烏揭等國。冒頓的征戰成績斐然。但是，當冒頓終於在沙場上勒住馬韁時，匈奴已經控制了東起遼河，西至蔥嶺，南抵長城，北及貝加爾湖的廣大地區，結束了北方遊牧民族互不相屬的分散局面，實現了北方地區的統一。

一群牧羊人，在放下羊鞭拿起彎刀後，變成了一塊土地的主人。

四　飲恨白登山

西邊已經統一，那麼南邊呢？就在冒頓思忖著如何讓匈奴南下捕獵，去一個從來都沒有去過的地方玩一玩時，漢朝的開國皇帝劉邦卻在這時登場，要和冒頓一較高下了。冒頓儘管好鬥，但在關鍵時候卻往往能夠保持冷靜，仔細分析對方心理，找到可以給對方致命打擊的方法。這時劉邦正志得意滿，揮舞著雙拳在大耍威風，因此冒頓反而變得沉默起來，仔細觀察著劉邦的路數，看他到底有哪些招式。就這樣，兩個人之間形成了動與靜的對峙。事實上在後來的整個較量過程中，冒頓始終在以靜制動，甚至很多時候他變得像一個隱形人，任憑劉邦怎麼嚷嚷也不出聲，只是在耐心等待時機。

有人喜愛熱鬧，有人喜歡沉默。冒頓在西域像是隱藏起來了似的，不再露面。只剩下劉邦一個人在表演著他內心編排好的戲碼。劉邦也許是一個愛唱歌的人，經常自編自唱，樂此不疲。比如他打敗了項羽後，便忍不住唱了一首《大風歌》——「大風起兮雲飛揚，威加海內兮歸故鄉」。讓人從中感受到他在成功時的喜悅，心情好得不得了。他打了好多年仗，別人一直都不看好他，認為他難成大事，但他一直忍著，忍到最後卻把不可一世的霸王項羽打敗了。取得勝利後，他便可徹底放嗓一唱了。但不知怎的，他卻突然若有所思地唱了一句：「安得猛士兮守四方」。他為什麼突然意識到要守四方呢？或許他在內心已經隱隱感到了匈奴的威脅，不把雄踞在西域的匈奴除掉，他的江山便似乎不完整，他的人生價值便體現得不那麼充分。但作為帝王，他深知一個再簡單不過的道理，那就是如果你要想與別人打仗，就必須得徹底認清對方，否則即使你有千軍萬馬都是無用。他知道，要想與匈奴展開一場決定勝負的角逐，角力場就在西域。他對秦始皇的「固守而安」的方法不以為然，覺得必須「走出去」，與匈奴面對面地在那片大沙漠中分出高下。不然匈奴對漢朝的挑釁將越來越嚴重，後果將不堪設想。「攻漠北高原，滅匈奴」——劉邦下了一個很大的決心。

就在他下了這個決心還沒有來得及具體施行時，卻發生了一個件讓他意想不到的事。他派大將韓王信進駐馬邑，防止匈奴南下入侵，沒想到韓王信到馬邑後不久便投降了匈奴，讓他覺得臉面掃地，很是丟人。這件事大大刺激了劉邦，他坐不住了，馬上就要起兵征討匈奴。很快，三十二萬大軍直抵西域，向匈奴發起了攻擊。在馬邑，漢軍取得了大勝，劉邦很高興，內心有了打敗項羽時的那種喜悅感；但他不知道冒頓此時正用狩獵的眼觀察著一切。當漢軍因為取得初步勝利而又向匈奴發起追擊時，冒頓的臉上有了得意的神情，一個陰謀在冒頓的

心裡悄悄產生，冒頓要運用匈奴常用的誘敵深入的方法打擊這個愛唱歌的漢朝皇帝。劉邦對此毫無察覺，一步一步地往冒頓的陰謀陷阱裡走。從這一點上可以看出劉邦雖然玩政治很有一套，但軍事才能卻很一般，匈奴稍微玩一點花樣，他就傻頭傻腦地狠命地往裡鑽。如果他在此時能想起李牧與匈奴打仗時的往事，就一定會識破冒頓的伎倆。可惜他不是這樣的將才，所以即便是掉了腦袋也想不起李牧。

一個人遇事腦子一根筋，那他的思路一定不會輕易改變。劉邦一心只想著打一個大勝仗，而且覺得已經勝利在握，於是像許多領軍打仗的一號人物一樣，來了個身先士卒，親自騎馬在隊伍前頭往前衝。這時他又犯了一個致命的錯誤，由於他率領騎兵追得太快，到平城時已遠遠地把步兵丟在了後面。冒頓仍眯著雙眼在緊盯著劉邦，看著他一點一點入網了，便把手一揮，一下子從滿山遍野湧出了黑壓壓的匈奴，把劉邦的軍隊圍了個水洩不通。也許劉邦命中註定要飲恨西域，要在匈奴面前飽受屈辱，這次進攻使他的士氣一落千丈——匈奴把劉邦一步一步逼上了平城旁邊的白登山。白登山陡峭險峻，一旦佔領便易守難攻，劉邦趕緊帶領士兵們爬上了白登山，抓住了這根救命的稻草。天黑了，劉邦站在寒風中的山頭上，失敗的滋味讓他黯然神傷，他想起自己「掃平六合」是何等威風，此時又率領三十二萬大軍，卻居然在匈奴跟前不堪一擊；看著這些「黑髦、赤面、著獸皮」，頃刻間騎著馬從天而降般的匈奴，他就有些心驚膽戰——他們看上去醜陋矮小，打起仗來居然如此勢不可當。到了這時他才明白自己犯了輕敵的錯誤，但這個錯誤顯然犯大了，他一時也不知該如何挽回過失。

這時候冒頓露面了。從不抬頭的狼是惡狼，從不鳴叫的鷹是雄鷹。在這個事件中，冒頓一直顯得很冷靜，像一個幕後導演一樣指導著他的匈奴士兵在表演，他把每一個情節都設計好了，讓事態的發展按著他的設想一步步進行著。他策馬細看劉邦，見他躲在山上連腰都挺不直，勝利的喜悅頓時便溢滿內心。他讓匈奴士兵把白登山層層圍住，就算打不上去，餓也要把劉邦餓死。夜晚，匈奴在山下點起大火，高歌狂舞，十分高興。劉邦在山上苦於無計可施，只能挨著時間。這種時候每分每秒是痛苦不堪的，但劉邦卻挨了六天六夜。第七天早晨的太陽升起時，他的命運出現了轉機，他手下的謀士陳平看見冒頓和他的閼氏騎馬並行於隊伍前，突然靈機一動想出了一個辦法。他先請示劉邦說這是一個「薄陋拙劣」的方法，細細講了一下，問劉邦不知可行否？劉邦此時已幾近於絕望，聽完之後自覺得陳平的辦法可行，立即採用，也管不上是否真的管用了。當日，陳平給冒頓的閼氏送了一尊金頭像，並對閼氏說，你若不勸冒頓放我主上，我下一步便要給冒頓單于送漢族美女了，到時候冒頓沉溺於美女，你恐怕就沒了地位。閼氏對他的話信以為真，果然在枕頭邊勸冒頓放了劉邦。當晚，也就是第七日的夜裡，冒頓居然真的網開一面，讓劉邦逃回長安。

好懸呀，陳平的這個計謀本來沒有一點把握，但在那種情況下劉邦只能碰上一招試一招，不料居然成功了。如果冒頓抓住時機對劉邦發起一次猛攻，好幾天的缺糧斷飲，又怎能只憑藉一座山而抵擋匈奴呢？冒頓之所以沒有發起進攻，在第七天又網開一面放走劉邦，說明他並不想置劉邦於死地。劉邦大概也不敢相信這樣的事實，冒頓怎麼能就這樣放了自己呢，這是否有點太過違反常理？但他卻不猶豫，趕緊抓住機會讓自己安然無恙地回到了漢朝，穩穩地坐回了他的那把龍椅。大概在坐穩之後，他才鬆了口氣。但內心卻充滿痛苦，從此對匈奴害怕至極，再也不敢向西域挑戰了。

這是中原政權的皇帝與匈奴單于面對面第一次交鋒，結果，劉邦技不如人，輸得很慘。

五　呂后

傷口癒合後身上會留下疤痕，噩夢過後心裡會留下恐懼。據說劉邦之死也與冒頓有關。白登山失敗後，為了緩和漢匈之間的關係，他對冒頓採用了和親的辦法，把一位皇室女兒冒充公主嫁給了冒頓，並贈送大量財寶，但他如此煞費苦心卻作用不大，冒頓是來者不拒，女人財寶照收不誤，對漢朝邊界卻也照樣入侵不停。劉邦對冒頓恨得牙疼，但卻沒有一點辦法能收拾冒頓。也許劉邦命中註定要在匈奴面前輸得很慘，而且要輸得連老本也要賠上。事情迅速惡化，不但他派去和親的親信投降了冒頓，就連燕王盧綰也死心塌地地投降到了冒頓的軍中。一時間，匈奴成了漢朝的心病。劉邦的身體越來越差，因為想著自己老是輸給冒頓，病便越來越重。人就是這樣，心病比肉體的病更難治，而如果他的心和肉體一起犯病，那這個人的性命就有危險了。果然，在投降冒頓的漢人帶著匈奴屢屢入侵中原時，十分懊惱的劉邦又因箭傷復發，一命嗚呼。劉備之死其實讓我們懂得一個道理，西域和活躍於西域的遊牧民族在中國歷史向前推動的進程中，其實是不容忽略的，像劉邦這樣在歷史上響噹噹的人物卻與匈奴有著如此深的宿怨便是一例。

劉邦死後，他的皇后呂雉繼劉邦主政，堂堂大漢仍不敢對匈奴發動征戰，匈奴的氣焰由此大漲，虎視眈眈地要南下牧羊捕獵。一天，冒頓致書調戲不可一世的「女皇」呂雉，戲辱她是寡婦，而他自己則正「獨居」，不如我倆苟合，享受快樂。信中言辭頗為淫穢：

「……陛下獨立，孤僨獨居，兩主不樂，無以自虞，願以所有，易其所無。」

冒頓單于這樣意淫下流的話語對陰險毒辣的呂后打擊顯然是很大的，而呂后卻也只能一再忍聲吞氣，悄不做聲。冒頓之所以要寫這封信，無外乎與和親和對漢朝的入侵心理有關。先說與和親有關的原因。漢朝給他送去了一位公主，儘管是假冒的，但他卻不知道，美滋滋地享受著得到了漢公主的喜悅。秦漢時，中原的燕趙嬌娃很是出名，冒頓為此心旌飄飄，心想公主的滋味已是如此美妙，那麼皇后一定更是妙不可言，於是便給呂后寫了那樣一封信，藉以滿足一下他的意淫心理。但他不知道，呂后在當時已人老珠黃，不見當年的一點風采；其次，他覺得一個女人，尤其是執政的女人，是不會站出來與自己面對面較勁的，那麼最好

的辦法就是調戲她，從心理上一點一點擠兌她，她傷心難受了，便會跳出來過招。但冒頓不知道呂后非一般女人，她之所以能以一個女人立身於朝野之中，就一定有她的過人之處；別人吃不了的苦她可以吃，別人忍不了的痛她可以忍，你匈奴單于的一封信又怎能左右的了她呢？不久後她親自給冒頓寫了一封信，稱自己「年老氣衰，發齒墜落」，已沒有力氣和大單于歡娛，但和親之事一定會一直持續下去的。

一封本來含有挑釁意圖的信並沒有引起風暴，漢朝由此躲過了一劫。事情有這樣的結果，完全取決於呂后過人的心理素質，她知道冒頓在激她，想讓她在怒不可遏的時候出兵。為此她不生氣，給他回了一封從表面上看去似乎很誠懇的信，實際上都是做樣子給他看的。只要能把他哄住，多說幾句話又有何難。

之後，一位又一位漢宗族的女兒冒充公主嫁給匈奴單于，以和親的方法緩解漢匈局勢。西域由此安靜了下來，匈奴人一邊遊牧，一邊唱歌。歌聲悠揚，天高雲淡。到了深夜，應該是草原上最安靜的時刻——稀疏的星空垂下幾絲光亮，人們都已熟睡，偶爾從帳篷中傳出的幾聲囈語裡，也有歌聲飄蕩，像是有許多人正聚攏而來。有風吹到帳篷上，發出細微的聲響後，便又變得平靜了。

大地一片安寧。而在這安寧的背後，又隱藏了多少人的哀痛？

匈奴：郅支，孤獨的狼嗥

一　鬩牆

流淌的河水總會分流，成群的羊隻總會走散。匈奴在時間的長河中像一枚樹葉一樣起起伏伏，經歷了一系列戰爭和遷徙之後，分裂成了南北兩派匈奴，不久，北匈奴神秘地消失了。是他們在人生的路途上已走到了終點，再也無力舉起那雙粗糙的雙手打開歷史的頁冊，還是別的民族發展壯大了起來，使他們無法再在西域這個大舞臺上站住雙腳，隱退到一個小角落裡去了？抑或，是他們在遠遷之中將自己走丟了？從西元前三五年到西元四世紀，這四百多年間，他們變得無聲無息，像一場颶風一樣在一瞬間驟停，四周出現了一種讓人難耐的寧靜。昨天，他們還在荒原上縱馬馳騁，引吭高歌，但一夜之後，他們卻消失殆盡，不留一絲痕跡。他們的出現是一場颶風，消失也同樣是一場颶風。一匹將冒險推向極致，劫掠了許多村莊的狼停止了嗥叫；一股從雪峰傾瀉而下的崩雪蒸發了；一個為漢朝促成「邊界意識」，為自己樹立英雄主義的匈奴帝國滅亡了。

造成這一毀滅性事件的起因與兩個兄弟有關。一個叫呼韓邪，另一個叫郅支。呼韓邪和郅支都想當匈奴的單于，一統草原。匈奴從這兩個人開始分成了南北兩部。這是匈奴自頭曼、冒頓後，在西域不斷湧動中的一次大分裂。這兩個人一南一北各自為政，自恃為大，不理對方。如果單純的鬧彆扭，不理對方倒也沒什麼，但他們兩個都擁有一定數量的部眾、土地和牛羊，無形之中就會在心理上產生一些對比，他覺得你強了，就在心裡嘔氣；你看到他過得舒服了，就覺得不順眼。時間長了，這些在心裡不舒服的東西就會慢慢長大，最終會跑出來惹是生非。本來，他們兩個是親兄弟，理應把兩雙手合在一起，但現在卻鬆了開來。而且一旦鬆開，就握成拳頭向對方揮打過去。揮出時帶動的虎虎風聲，使草原為黑暗的降臨忍不住發抖。

一切都因為那把「單于」的椅子太誘人了，兩個人都想將其爭奪過來，讓自己坐在上面當老大。但這把交椅到底該誰坐呢？上天似乎沒有定律，二者相爭，一者必勝，一者必敗。一場生死之爭由此拉開序幕，矛盾像一把雙刃劍一樣，反射出灼目的寒光，將呼韓邪和郅支都圍裹在了裡面。匈奴只有一種，領導匈奴的單于只有一個，到底誰來當單于呢？一山不容二虎，他們都有了消滅對方的想法。對於生存於蠻荒之地的這兩個人來說，他們也許並不懂得如此淺顯易懂的道理，但人的心理是一樣的，而且事實是教育人的最好辦法，它總是能夠讓人很快就知道該怎麼辦。劫掠成性的狼會撲向對方，將對方的喉嚨咬斷，將身體撕碎。但這次他們卻保持了異常的平靜，都沒有向對方出擊。郅支一心想發展牧業，讓自己壯大起來與漢朝作對，所以他天天泡在草原上無暇顧及別的；呼韓邪在悄悄走後門、拉關係，偷偷到長安朝廷表示願意歸順，希望得到漢宣帝的支持。

微風拂動，大地不會有什麼大的動靜，但假如在這不動聲色的微風中暗含著什麼的話，

也是無法輕易發現的。很快，呼韓邪的後門走通了，關係拉順了，宣帝承認南匈奴是漢的附屬國。而郅支卻對此一無所知，仍天天在關心著他的草場和牛羊，做著他發展的夢想，對事態的發展連一點預感都沒有。不得不承認，呼韓邪是一個頗有心計的人，他這番舉措比親自把郅支撕碎要省力氣，而且還要有力得多。試想，他和郅支一番拼鬥，即使拼了命，也未必一定能贏；現在，搬來一塊大石頭，砸你這顆小幼苗，還不愁砸不死你！

很快，漢朝就發兵來攻打郅支了。晴空落下一塊大石頭，呼呼的風聲驚醒了郅支，他這才知道有人在背地裡搗鬼了。閃身躲過那塊大石頭後，他雖準備奮起反擊，但那塊石頭早已鎖定了目標，郅支躲得了初一，躲不過十五。無奈，他只能節節敗退，向別處遷移，去另一個完全陌生的地方碰運氣。郅支這個人心太直，只想著和漢朝這個大個子較勁，他覺得一旦自己贏了，就成了西域的老大。像這樣的人，漢朝當然要把他作為打擊的敵人。

每向前走一步，便是背離故鄉一步，誰也不願意離開在草原上出生長大的家。但不離開又有什麼辦法呢，漢朝是明刀，呼韓邪是暗箭；明刀難鬥，暗箭難防，只有走才有出路。兩個昔日的兄弟，如今一個施計暗算了另一個。也許，郅支吃虧就在於太心直了，他一心想幹大事，但卻又無防人之心，所以他註定要失敗。在匈奴中，呼韓邪和郅支這兩個人大概都不會受人尊重，匈奴出於耿直的天性是不會喜歡呼韓邪這樣的人的，他讓人感到可怕，不可相信，與這樣的人打一回交道後，就會與他保持距離；相比之下，匈奴也不會喜歡郅支，他動不動就玩命，註定要吃虧栽跟斗，人們不會同情他，既使遠走他鄉，人們也不會祝福他。

慢慢地，郅支率一支人馬走遠了。荒野的煙塵升起，將他們的身影淹沒了。

二　緊隨之影

走在路上，郅支的心情慢慢地變得不平靜。他媽的，大草原本來就有我的一份，憑什麼全讓你小子一個人獨佔。也許，在憤恨之餘，他在心裡暗暗下了一個決心，日後一定要東山再起，返回故土洗雪仇恨。

其實，郅支被逼西遷，對匈奴，甚至包括呼韓邪來說都不是什麼好事。只可惜，呼韓邪心如蛇蠍，只顧個人利益，看不到這一點。昔日匈奴靠著人多，互相團結，一直聳立於西域不倒，他們是一棵大樹。現在，這棵大樹被劈成了兩半，雖有根，但卻搖搖欲墜。如果一場大風暴刮來，說不定就轟然倒了。

大風在暗處湧動，向他們一點一點圍攏了過來。首先要圍攏的是郅支。幾年過去了，郅支實際上並沒有走多遠。他當初倉皇出逃，沒有帶多少備用物品，部落的生活很快就出了大問題，人缺少糧食、牛羊也越來越少，有不少人得了瘟疫，在半路上一頭栽倒便再也沒有起來。郅支為此深深感到憂慮，眼下這般情景，連生存都成了問題，哪裡還談得上實現復仇計畫。一想到復仇，郅支可就急了，他的心頭被一絲隱痛揪得不安了起來，仇恨在這時候油然而生。對於生存在大草原上的古老遊牧民族來說，仇恨是能夠激發他們爆發出原始狼性的有力火種。其實在西域出現過的許多民族，如突厥人、柔然和蒙古人等，都是以狼為圖騰的，當他們安靜生活時可以忍受艱苦環境，可以默默地遵從古老的生存方式，而一旦向外出擊，他們便會在一瞬間變成另外一種人——這樣變化的唯一原因就是仇恨，仇恨可以把他們點燃！匈奴早期的單于冒頓之所以要滅月氏，是因為他曾痛苦地寄生於這個部落；成吉思汗之所以要遠征歐亞，是因為他派出的商人在中亞被殺——仇恨是點燃他們向外擴張的火種。

走在路上，郅支的心情可能很快就變得不平靜了。也許，在憤恨之餘，他在心裡暗暗下了一決心，日後一定要東山再起，返回故土報仇雪恨。他身上的匈奴血性開始起作用了，加之他內心充滿仇恨，很快就像一把火一樣燃燒了起來。他什麼也不顧了，困境使他迅速恢復了狼的兇猛。他是烏孫國王小昆彌烏就屠的舅舅，於是便請求烏就屠幫忙，但卻遭到了拒絕。他很生氣，發兵把伊犁河畔的烏孫人打得大散而逃，緊接著他又將所有可能阻止他的——居住在額敏河邊的呼揭人和鹹海草原上的堅昆人征服，納入他的統治之下。不久，他又征服了貝加爾湖南岸的丁零。戰鬥結束，勒住韁繩，他這才鬆了一口氣，征戰獲得了糧食，肚子不會再挨餓了。更重要的是，在戰場上拼殺了一番，骨骼間隱隱約約又有了一種快感。這是早先在漠北高原戰鬥時經常會有的感覺，這幾年苦於奔波，將這些早已忘了。

意念復甦的一刻，郅支鐵了心。他要重新征戰，要掠奪，用瘋狂的意念去完成他的慾念。

匈奴被民族血性刺激，開始冒險時，散發出來的野性力量不光影響了他們的信念和意志，而且最終還會影響到他們的命運。郅支在流離他鄉的過程中，經由血性被喚醒而使內心又衝動起來，他要通過征服新的世界消解掉以往的失落。

很快，一群狼如同旋風一般掠過草原，撲向前方的城堡、村莊和部落。他們殺紅了眼，在楚河和怛邏斯河畔一帶的草原上，無人與之抗衡。最後，他們在堅昆國停住腳步，安頓了下來。但堅昆國人稀地少，冬天來了，郅支很快便面臨缺衣少食的困難。這時，康居王聽說了郅支的情況，想借他的力量攻打烏孫，便遣使者邀請郅支到康居國定居。郅支到了康居國後，康居王和郅支將女兒互嫁對方，康居王在塔拉斯河畔為郅支修建了一座域，命名為「郅支城」，讓他屯兵其中。但不久，郅支的野心再度發作，輕率地將康居王嫁給自己的女兒殺死，並把幫助過他的康居人也打散了。只是郅支做夢也沒有想到，他的這次瘋狂殺戮，卻是他一生中的最後一次輝煌。一場大風暴正悄悄向他席捲而來，他和他那群歷經滄桑的匈奴兄弟們馬上就要被這場風暴吞沒了。其實，郅支西遷時，他的後面一直悄悄尾隨著一支漢朝派出的軍隊，領隊者是一個叫陳湯的副校尉。陳湯擅於用兵，他尾隨郅支很久都按兵不動，一直在尋找可以將郅支一舉殲滅的機會。我們可以想像得出，陳湯的等待一定非常難熬，他在西域蠻荒之地不敢輕易出手，因為匈奴在這種地帶特別善戰，稍有不慎就會被他們反擊而受重創。他慢慢向前推進，終於一點一點地接近了郅支城，發起一次異常大膽的襲擊。郅支看見漢朝軍隊突然來襲，本想帶領妻子女兒逃跑，走到城門時，他怕日後沒有人收留自己，於是便又返回城內率匈奴迎戰。一場廝殺後，匈奴們一個個人頭落地，鮮血飛濺，潔白的雪地在倏然

間綻開出一朵朵駭人的紅色花朵。混戰中，郅支被射傷，漢朝的士兵杜勳衝到他跟前，手起刀落便取了他的腦袋。郅支死了，其餘部眾大部分被殺，一小部分神秘地消失了。

警惕性很高的狼，為什麼會放鬆了嗅覺，而沒有發現跟在身後的漢朝軍隊呢？這是一個突變的戲劇性事件。到了一個新地方，內心有了一些舒適感，讓他們喪失了警惕性，也許他們覺得漢朝軍隊不可能再繼續追殺了，才會被忍耐性極強的陳湯一舉擊潰。跟隨郅支苦苦遷徙到鹹海邊的匈奴死的死、散的散，從此消失了，沒有人再見過他們，也沒有任何文字記錄下他們的行蹤。

蒼穹一如既往地降下大雪，大地很快又恢復了平靜。

三　烽火

郅支滅亡了，呼韓邪應該高興了吧。他兩次入長安求親，得到了王昭君那樣一位大美人。從此，呼韓邪名正言順地成了漢朝的女婿，有了堅實的靠山。但這樣又能怎樣呢？早在他和郅支鬧彆扭的前一、二十年，漢朝就在西域實施了一系列統治政策——校尉常惠聯盟烏孫人多次打擊匈奴、將軍鄭吉收服車師、將軍馮奉世推翻莫爾羌，一次次的戰火紛紛燃燒，最後，所有的火焰便形成了一片火海，騰起沖天的烈焰，將塔里木盆地圍攏了起來。匈奴處在這片火海之中，不動則無險；一動便惹火燒身，性命難保。呼韓邪也許正是被這片火海散發出的煙塵嗆得腦子忽然清醒了，才去漢朝拜見，自願做了附屬國。郅支被逼走，在異國他鄉了無蹤跡地消失了，這邊就剩下了他，但他的處境也一天天變得艱難起來。兩棵並蒂的松樹，伐了一棵會影響另一棵；一個人的兩個膝蓋，缺了一個走路便會顛跛。隨著漢政府對西域的統治一天天加強，呼韓邪一急之下，狼性又馬上復甦了，他想聯合其他匈奴部眾——但這時他才發現，那些部眾早已被排擠出塔里木盆地。因此他也不得不踏上了尋求生存之地的遷徙之路。

一個新的命運選擇擺在了呼韓邪的面前——如何重新確立自己的地位呢？再次投靠漢朝嗎？他感到有些心寒，很快便打消了這個念頭。經過了前面的事，他才明白自己面對的是一隻大老虎，原以為在它面前獻獻媚，說些好聽的話，就能討得它的歡心。沒想到它笑起來是那麼好看，可一旦不高興了，那張血口一張開，兩隻大爪子便要落將下來。其實，事實一直就是這麼可怕。匈奴一旦強大了，往往就想把漢朝作為一個「大獵物」來捕獲，而漢朝呢，也一直不能容忍在西邊蠢蠢欲動的這一股野蠻勢力，從始至終都在尋找著打擊他們的機會。因此呼韓邪或許有點太自恃聰明，以為用幾句好話就可以把漢朝呼嚨過去，殊不知在他怡然忘我地表演時，漢朝雖然臉上不露聲色，但心裡卻在冷笑，就等著他一頭從舞臺上栽下去，一個跟斗摔得再也爬不起來。

好在呼韓邪還有點預料事態的本事，發現狀況不對，懂得踩煞車，趕緊尋找新的出路。

到了這步田地，呼韓邪大概什麼都明白了吧！費了老大的勁，原以為排擠走郅支自己就可以獨霸草原，安安穩穩地坐單于那把椅子了，不料一不小心卻讓自己待在最危險的前線，成了活生生的箭靶子。想想自己的這點小心眼原來並不足以成事，有更厲害的人一直不動聲色在掌控著全局。唉，算了，自己不是玩火的那塊料，趕緊撒手吧。眼前的事實再明白不過了，漢朝那隻老虎誰也鬥不過，為保全性命只有一走了之吧。至此，一隻狼已無力發出長嗥，悄悄在草原一角彎下身子，低下頭，不再挪動一步。

但躲避畢竟不是長久之計，接下來該怎麼辦？到了這種地步，呼韓邪還會做何打算呢？按照匈奴不辱失敗的習性，我們可以估算出一點，那就是他有可能躲在一個偏僻的角落養精蓄銳，等待機會。如果真是這樣，那倒也是一個辦法，等風頭過去，東山再起，不愁幹不成事兒；但呼韓邪的運氣不好，在他剛站住腳，還沒有喘過氣時，災難像平地突起的沙塵暴，再次降臨到他的頭頂。當時，西漢滅亡，後漢應運而生，新官上任三把火，漢朝又一次加強了對西域的統治，匈奴再次被作為打擊的對象。這次打擊來勢兇猛，目標是鄂爾渾河畔的匈奴老巢。有史以來，這是對匈奴最致命的打擊，就像一把刀子，一下子便狠狠地插進心窩，還能活嗎？！更要命的是，這次有好幾隻手一同合力在攥著這把刀子——漢朝、烏桓和鮮卑。烏桓和鮮卑是兩個部落，他們雖然不是狼，但卻要比狼更兇猛，被他們盯上，匈奴的麻煩大了。

這時候，呼韓邪已死，草原上沒有出現曠世奇才，匈奴成了一盤散沙。漢朝在這時候派出的班超也是一隻老虎，爪子輕輕往西域大地上一按，沙子便在指縫間一動不動。就這樣，匈奴湊合著堅持了近百年，如同死水無波，再沒有出現什麼大動靜，到了最後，匈奴終於再也支撐不下去，被鮮卑人徹底征服，降歸鮮卑部落。鮮卑滅了匈奴，如同螞蟻將一頭大象活活地吃了。有多少匈奴在這場戰鬥中死了？夕陽如血，大地一片猩紅，那一刻的空氣大概也被撕裂了；生與死，只在一瞬間，許多人高舉著彎刀，血流如注的倒下。

這應該是西域大地上發生的大事。匈奴曾經是多麼強大，多麼英勇，在草原上創造了那麼多幾近於神話一般的故事；他們走過西域大地時，與這塊蠻荒的土地是多麼的匹配啊！那是一種曠世的絕美，但當歷史的大門關上時，他們別無選擇地在一個暗淡的角落裡消失了。一隻狼，哪怕堅持到最後，也應該發出一聲嘶啞的長嗥呀！但一切都如同早已被誰安排好了似的，轉瞬間就結束了。

匈奴滅亡了。這群至今讓人想來都感到渾身充滿力量的人，沒入荒野的煙塵，誰也無法再將他們喚回。

四　蒸發

這之後，匈奴餘部慢慢進入長城，融入了人口密集的漢人中。他們會不會像細小的溪水

一樣，在荒野間無聲地蔓延，到了哪裡，便被哪裡的民族同化？再或者說，他們越來越少，不再繁衍，在最後徹底消失了？

被同化的匈奴人早先屬南匈奴，在北匈奴滅亡之後內附中國，在長城以內生活，慢慢地接受了漢文化，變成了漢人。最有意思的就是「天下匈奴都姓劉」這一說法。南匈奴的最後一個單于呼廚泉進入中原生活後，見天下間還是中原漢人最為強大，突然想起他的一位遠曾祖母是漢朝劉氏家族的公主，就說我們應該姓劉。於是，匈奴人大量姓劉氏、用漢名，一個種族迅速被改變了。這呼廚泉是個大滑頭，他為了討好別人，連自己種族的尊嚴都不要了。不過，從呼廚泉的身上可以看出，匈奴到了這種地步，已被改變得差不多了，已經能夠精明地掌握別人的心理，並學會了卑躬屈膝，所以也就沒什麼能可堅持的了。

後來五胡十六國時期，一位叫劉淵的匈奴人率五萬匈奴起事，在山西太原稱自己是單于。他的兒子劉聰更一鼓作氣，攻下了晉都城洛陽，強迫投降的晉皇帝在酒宴上當斟酒者，他們吃飽喝足之後，又讓其去洗碗涮碟。他們是英雄，在種族被改變後又一次掀起了狂潮，可惜因為持續的時間太短，最終還是失敗了。到了這種地步，他們已經失敗不起了，一旦失敗，就要傷筋挫骨。大部分人被殺，其餘的人從心理上更屈服於漢文化。這是一次大褪色，他們身上剩存的為數不多的種族的氣節，又一次迅速流失。他們留不住自己，把自己丟了，變成了另外一種人。這一股從雪山傾瀉下來的雪水，一經上路，便變成了兇猛的洪流，東淹西漫，好是威風，但最終卻沒有流入理想的「水庫」，沒有為世界建成一座漂亮的水上樂園。

今天，我們只能懷念他們身上曾經出現過的那些美好的東西，正是因為他們對世界充滿了瘋狂的愛和奇特的想像力，他們的冒險才變成了一種勇敢的行為，他們的身上才被蒙上了一層英雄主義的色彩。這種英雄主義色彩比他們在歷史中曇花一現的滄桑身軀更真實。因為——它是一種精神。

「在幾乎毫無價值的蠻族遺產中，這是唯一受到後人珍視的珍珠。」英國歷史學家湯因比在後來總結的這句話一語中的，讓人感到時間的煙塵散盡後，他們慢慢地還原成了真實的人，他們的精神終於被孕育成珍珠，放射出了光芒。所以，我們應該記住匈奴，記住我們今天穿的褲子，就是趙武靈王在西元前三〇〇年引進中原的「胡褲」，以及後來仿效匈奴「胡褲騎射」而進行的改變，甚至從更高的層面說，他們在歷史中的重大功績是，他們向東、向西運動時，對中國、波斯，以及歐洲諸多國家產生了巨大的影響，這種影響在特定的時期內不斷地改變著這些地區的發展，他們為這些地區換血，啟動和革新了駛過這些地區的歷史巨輪。

曾經，有那麼一雙粗糙的手，伸過來推動過。

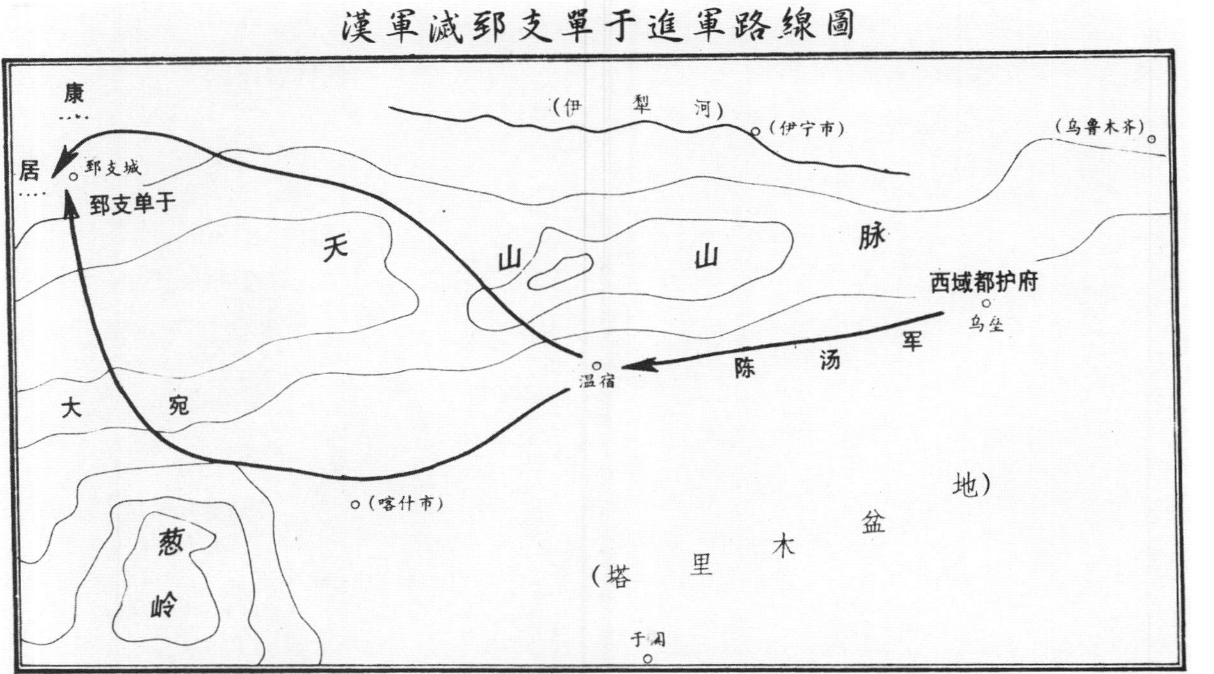
漢軍滅郅支單于進軍路線圖
康
居
郅支城
郅支单于
(伊 犁 河)
(伊宁市)
(乌鲁木齐)
天
山
山
脉
西域都护府
乌垒
陈 汤 军
温宿
大 宛
(喀什市)
葱
岭
(塔 里 木 盆 地)
于阗

第二章：滄桑王國

樓蘭：兩千多年前的微笑

一　被時間遺忘的消失

樓蘭對於今天的人來說，已經變成了一個遙遠的神話。樓蘭遺址在新疆的羅布泊沙漠內，由於太遙遠了，羅布泊大沙漠也漸漸被世人遺忘，變成了一個似乎和時間沒有關係的地方。它從幾千年前開始，保持著一個固定的姿勢，一直悄無聲息地延伸到了現在。赤野和浩蕩是它的外表，起起落落的沙塵是它的呼吸，而它龐大的軀體則披著一件斑駁的衣服，那些礫石是這件衣服上永遠都不會改變的圖案。它披著這件衣服躺在時間之外，因此，它的生命將會有多麼長久，我們更是無法知道。曾經存在於羅布泊，後來忽然消失了的樓蘭王國，因而顯得更加神秘。即使現在到了羅布泊，我們也很難從樓蘭遺址上推斷出它在當年是怎樣繁華和獨特的一個王國，除了想像，我們無法客觀地對它進行準確的定論。

說起樓蘭，人們的心頭便會閃現出樓蘭美女的影子。她們是活在人們想像中的女人，幾近完美。所以，經由樓蘭美女又會讓我們想到樓蘭的美。樓蘭的美與大沙漠形成了強烈反差，讓人覺得它猶如一顆明珠，雖然地處大沙漠那樣一種環境中，但其光芒卻並未被遮蔽。同時，樓蘭的美是從它神秘的消失中體現出來的；它消失得太過於突然，以至於讓人覺得它從沙漠表層消失後，並沒有受到絲毫傷損，而是完完整整地存在於沙土深處，等待著有朝一日能重新出現在世人面前。因此，當我們今天懷念樓蘭的時候，它的消失就變成了一種美，使我們的想像和懷念變得很豐富，似乎它的消失也是一種生命，在用消失這樣一種方式存在著。反過來說，樓蘭的一切都被消失替代了，替代得完美徹底。懷念樓蘭，不是懷念它死了幾千年的靈魂，而是懷念它在消失的那一刻的疼痛，樓蘭在那一刻的消失，讓一塊土地變得隱秘起來，但它的外表則不動聲色，變成了真正的天荒地老，讓一片蒼涼從此橫臥於大地之上。

最讓人動心的，是斯文．赫定在羅布泊挖掘出的那具樓蘭女屍唇角上蕩漾的微笑。當斯文．赫定用手輕輕撫去沙塵後，出現在他面前的情景讓他歎為觀止，那具女屍已經在沙漠中長眠了兩千多年，而一絲動人的微笑卻仍保存在唇角上。任何人的笑往往都只是一瞬，但她的笑卻在那麼長的時間中都沒有消失，最終仍展現在了世人面前，向世界再次顯示出了生命奇異的魅力。

每當懷念樓蘭的時候，總覺得那千古笑靨似乎在時間深處再次綻露。

二　心之病

樓蘭是一個沙漠中的綠洲。有人按照樓蘭城的遺址，設計出了樓蘭當年的結構圖：在樓蘭城的週邊，便是偌大的羅布泊湖；由遠而近，塔里木河、孔雀河、車爾臣河等大小不一的河流，像柔軟起伏的絲帶，從大漠中穿越而來，匯入這個大湖。這幾條千里流淌而來的河流，使四周的樹木長得茂密蔥綠，使城中的空氣清新怡人。水，用無數雙美妙的小手在呵護著樓蘭。不遠處還是蠻荒沉寂的沙漠，但它們邁不動走向樓蘭的腳步，樓蘭依靠羅布泊湖無比安然地生存著。從遠處看，就好像是誰用一把鋒利的刀把大漠切開了一個口子，先讓這幾條河流淌進去，繼而把一座精緻的小城安置在了裡面。

不難想像，城內的一切都顯得井然有序。城外，也許有牧民喊叫著在趕牲畜，從他們的聲音裡就可以感受到人們生活得安然自在；在城周圍，還應該有一些訓練的士兵，他們手中的彎刀在陽光下閃閃發光；有一些人騎馬進進出出，馬蹄聲裡隱隱在這個沙漠王國裡傳蕩，像一曲輕柔綿長的古歌。樓蘭城肯定也是獨特的，龐大的王城應該修得精緻而牢固，一字排開，首尾相連；樓蘭人的房屋也許更具西域特色，鱗次櫛比，頗為壯觀；還有街道，應該寬敞筆直，乾乾淨淨。人們的臉上可能都洋溢著安居樂業的歡樂與滿足。夜晚，一輪新月升起，整個樓蘭像一位安然沉睡的美人。城外無風也無雨，一切都因為平靜而變得悠閒無比，讓人有沉醉之感。

使樓蘭為世人所共知的是張騫。因為要去尋找月氏人，張騫曾經到過樓蘭，在此作了短暫的停留後又上了路。可以想像得出，在張騫面前走動的樓蘭人大概神色自若，步履悠閒。從形式上看，樓蘭和張騫似乎彼此都擦肩而過了，但我們都知道，就從這裡開始，樓蘭的命運已經默默地發生了變化。張騫回到漢朝後，在向漢武帝彙報自己的經歷時，講述了分佈在西域的幾個王國的細節，漢武帝眼睛裡的興奮之色越來越濃。誰都知道，漢武帝一直想統一西域，張騫帶回的消息無疑給了他幾分信心和決心，一些想法在漢武帝心裡悄悄地產生了。西元前一〇八年，漢武帝派驃侯大將軍趙破奴率兵數萬前去攻打樓蘭。大兵壓境，樓蘭人第一次感到了恐懼，對峙數日後，樓蘭王表示臣服，並將他的一個兒子送到漢朝當人質。悠閒安寧的日子就這樣被打破了，樓蘭人也從這裡開始知道了外面有著怎樣的世界。這是一種恐懼。因為他們發現，漢朝居然是那麼強大，而且一夜之間如同天降般殺來了好幾萬的軍隊，他們未曾想像過會有這樣的國家，更是無法承受突然降臨在他們面前的可怕事實。

月亮入雲，夜色朦朧。樓蘭本來是一個不諳世事的纖弱美人，經歷了這次漢朝的打擊後便變得恐懼，黯然神傷而不知所措。但世界還是按它的規律運行著，這個美麗而又纖弱的美人該怎麼辦呢？沒有人能幫她，因為她多年來一直幽居在不為人知的地方，沒有什麼朋友，也沒有什麼親人。沒辦法，她不得不挺起嬌嫩的肩膀，咬著牙一點一點扛起沉重的命運。

很快，樓蘭為漢朝送人質的消息像風一樣在西域散開，不久就傳到了匈奴的耳朵裡。此時的匈奴是一隻猛虎，在與漢朝頑強對峙，準備實施他們入侵中原的野心；而在西域，他們早已蠻橫地統治了西域各王國。所以他們不能容忍樓蘭有如此投靠別的頭羊，尋求保護的行為。很快，匈奴便向樓蘭發兵。樓蘭才剛剛強裝笑臉把漢朝的軍隊送走，便又不得不舉起酸痛的雙臂迎接匈奴——那一陣子，誰也得罪不起匈奴，因為他們就是頭羊，在西域他們想怎樣就怎樣，別人是不能出聲的。而像樓蘭這樣僅僅依靠湖水生存，近乎穴居的小國，又怎能是他們的對手呢？所以，樓蘭王又不得不把另一個兒子送到匈奴當人質，以示自己對匈奴無背叛之心。匈奴這才退了兵。

這種捨親的辦法，在那種時候實在是不得已而為之，但不做這樣的選擇，便別無辦法。送吧，把兒子送出去，先換回樓蘭的安寧再說。樓蘭王明白漢朝和匈奴只有收了人質之後才肯撤兵，這裡面有很深刻的戰略意義。仔細想一想便不難發現，漢朝和匈奴都可能懷有一致的想法：你樓蘭王的兒子在我們手裡，你不聽我的，將來還想不想讓你樓蘭國有繼承人？甚至這裡面還有別的因素存在著，比如作為人質的王子在中原和匈奴中生活幾年，必然要受到這些地方的影響，而待他們回國後，又將用怎樣的行為和方式治理國家？所有的這些，樓蘭王大概都能想到，但他又怎能顧得了這麼多呢？只要能夠讓樓蘭不面臨滅亡，他還是願意採取這種兩面討好的方法。

樓蘭王的這種無奈，在西元前一〇四年發生的一件事中表現得更為淋漓盡致。這一年，漢武帝派李廣利去攻打大宛，掠奪他夢寐已久的「汗血馬」。漢朝軍隊剛出發，匈奴馬上就獲知了這個消息，匈奴先是決定在中途突襲漢朝軍隊，但一打聽知道漢軍人馬較多，於是作出一個新的計畫，他們讓樓蘭王率領人馬在漢軍經過的地方潛伏，等他們主力過後，把隊尾運送糧草和掉隊的士兵殺死。匈奴和樓蘭的這一陰謀尚未實施，便被駐守在玉門關的尚文所獲悉，他吃了一驚，樓蘭王真是一點忠心都沒有，別人往哪邊撥，他便往哪邊倒；不行，得給他一點顏色看看。尚文所派兵忽然襲擊樓蘭，將樓蘭王抓住，質問他為何聽從匈奴的指使與漢朝作對。樓蘭王能說什麼呢？長期這樣被兩國要脅，又做人又做鬼的角色早已弄得他心力交瘁，於是便忍不住號啕大哭，索性說出了心裡話：「小王在兩國之間，不兩屬無以為安。」一個人發自內心的肺腑之言總是能打動人，樓蘭王的這番話傳到長安，漢武帝聽了後沉思良久，不說一句話。一位老臣在這時站出來說了一句話：「樓蘭王所言，心之病矣。」漢武帝點了點頭，下令：不傷害樓蘭王，護其回樓蘭。

在今天看來，樓蘭王在無可奈何中只能做出那樣的選擇，在大老虎跟前，只能先裝出一幅聽話的樣子，它才認為你乖，讓你在草原上有一席之地。沒辦法，誰當了那只大老虎，誰就是王法，一切都受它的操縱，它要鬧將起來，一切都在它的掌控之中。站在今人的角度看這件事情，我們就會發現樓蘭王也是竭智盡慮，與大漢和匈奴兜著圈子，模棱兩可地做了幾十年的聽話人，沒有使樓蘭在他手裡被葬送掉；對於樓蘭人民來說，他是功臣。沒辦法，一匹馬除了在草原上馳騁，有時候還得拉拉車；該拉車的時候，你便不能像在草原上那樣快意。樓蘭王拉的是一輛沉重無比的車，拉到那種程度，已是一件非常不容易的事了。樓蘭王能忍，送兒子去做人質，他忍了；他人百般折騰，他還是忍了，只要樓蘭在，我可以對你們俯首稱臣。一棵小樹苗，最好不要迎風雨，正是樓蘭王採取了忍讓的辦法，樓蘭國才躲過了一次又一次被漢朝和匈奴消滅的危險。唉，如此艱難一世，樓蘭王的內心該是何等的痛苦和無奈啊！熬到了最後，那輛車該交給下一任的樓蘭王了；新的樓蘭王應該由他的兒子接任，但漢朝和匈奴都沒有遵守最初的諾言，未把人質送回樓蘭。無奈，樓蘭只好重新選王，而當新的樓蘭王繼位之後，兩方又提出了那個老要求，逼他按老規矩再交人質。新樓蘭王無奈之下，他只好把長子安歸送到了匈奴的營帳，而次子尉屠耆則被送到了漢朝。

十幾年過去了，這位新樓蘭王仍無力改變「夾於兩國」之間的痛苦，在鬱悶中死去。這時匈奴人很聰明，馬上把他的長子安歸護送回樓蘭，讓他繼承了樓蘭王位。匈奴大概覺得，安插一個自己人在樓蘭，比什麼都重要。這位安歸在匈奴人的環境中長大，自小受匈奴的影響，幾乎已經變成了一個匈奴，回樓蘭後，因血氣方剛，便斷絕了與漢朝的關係，立誓要使樓蘭在西域崛起。

樓蘭之死的序幕就此揭開。

三　使者

西元前七七年的秋天大概過早地降下了涼意，樓蘭人下意識地準備起了過冬的東西，打算像往年一樣度過即將來臨的寒冬。但他們沒有想到，一場巨大的災難正在悄悄降臨。漢使傅介子一反樓蘭在冬天不來外人的常規又造訪了樓蘭。他已經是在這一年第二次光臨這個地方了，樓蘭人不知他到底要幹什麼。樓蘭王安歸最不願見的就是漢朝和匈奴來的使者，但人家是大爺，只要來了你便不能不見。他心情沉重，但仍裝著笑臉迎接了傅介子。傅介子的眼睛裡有一種遊移的目光，閃來閃去，讓安歸在心裡對他有了一些討厭之意，但出於接待客人的禮節，安歸還是熱情地把他安頓在驛館裡住了下來。

安歸王之所以反感漢使是有原因的，多少年來，樓蘭人一直受漢朝和匈奴的壓迫，蠻橫兇殘的匈奴經常衝進樓蘭城中，向他們強行徵收牲畜，儘管這樣，樓蘭王還是得親自出面接待，擺設酒宴款待他們，在他們走的時候再贈送禮品。有時候，醉醺醺的匈奴在樓蘭胡作非為，見了好東西就搶，見了美麗女子就姦污，對於這種不堪目睹的凌辱，樓蘭人一直把眼淚咽進了肚子裡，不敢怒更不敢言；至於漢朝，時不時地就會下達霸道的命令，讓樓蘭或出人或出錢補給玉門關和陽關駐軍，還經常要樓蘭為出使西域的人供送途中所需的水和糧食。長期以來，樓蘭的那些身體強壯的男丁都在外送水和送食糧，田地裡無人耕作，人們在心頭有了怨恨。但是，當這些使者來到樓蘭時，樓蘭王卻不得不換上一副歡迎的面孔，用好吃好喝的東西招待，好像那些不愉快的事情根本沒發生過似的。但不論是漢朝還是匈奴的使者，每次到來都顯得神秘兮兮的，讓人在內心感到忐忑不安。

傅介子被晾在驛館好幾天，安歸王都沒去見他，因為總覺得傅介子的微笑讓人懼怕，那裡面似乎隱藏著什麼不可告人的目的。傅介子多次求見安歸王，安歸王都藉故推辭，回避不見。傅介子慢慢地便明白了安歸王的心思，於是他給安歸王帶話，他此行只有一個目的，就是代表朝廷給西域送禮，如果安歸王不收禮品，就說明樓蘭不願意再和漢朝交往，他即日將起程趕往別的王國，至於以後會有什麼後果，一切均由樓蘭王安歸一人承擔。安歸王把他的話細細琢磨了一番，仍感到不放心，便派人到驛館去打探一下傅介子的虛實，探子很快回報，在驛館見到了傅介子帶來不少黃金和絲綢，安歸王的心裡這才踏實了。看來既不會得罪漢朝，他本人也可以得到精美的禮品。於是，他很快定下日子決定會見傅介子。

安歸王設宴款待傅介子的那個夜晚有些反常，天黑得出奇，城外還刮著大風。安歸王率樓蘭大臣步入大廳的時候，心頭突然掠過一絲不祥的預感，但他只是猶豫了一下，沒再想什麼，就裝著笑臉走進了大廳。見安歸王如期而至，傅介子也滿面笑容，談吐一直表現得很親和，不但沒有為自己近日來受冷落而向安歸王問罪，反還頻頻向安歸王舉懷敬酒，營造出了非常友好的氣氛。安歸王和眾大臣都被氣氛感染了，紛紛舉杯豪飲，很快，人便已經有些醉了。

這是一個可以盡情狂歡的日子嗎?樓蘭城中的氣氛正沉悶無比，窗外的月亮不知不覺間已隱入雲層，黑暗像一塊寬大厚實的黑布，把樓蘭城籠罩在黑暗之中。但在大廳內，人們都已有了醉意，場面顯得有些嘈雜和混亂。傅介子端著一杯酒微笑著走到安歸王跟前，壓低聲音說有話要單獨告訴他，已經有些醉眼惺忪的安歸王聽不清傅介子在說什麼，便傾斜著站起來，伸過頭去貼近了傅介子的耳朵，就在這時，坐在傅介子身後的兩個侍從突然一躍而起，發出一聲暴喝，把兩把利刃刺進了安歸王的心窩。一時間，大廳內滿座皆驚，一股撲鼻的血腥驚醒了人們的醉意。

傅介子臉上的笑容馬上沒有了，他聲色俱厲地對大廳內的樓蘭重臣說：「奉天子之命，殺反漢罪王安歸，立留漢為質的尉屠耆為新樓蘭王！你們不要因盲目抗爭而亡國。」說著，他一刀砍下了安歸王的頭。又一股鮮血刷的濺出，落在地上變成了一朵烏黑的花朵，大廳內的人都不敢動了。

此時的尉屠耆仍在漢朝，他並不知道自己的兄長安歸已身首異處，自己的祖國已然命運攸關。安歸王因為實行了親近匈奴而排斥漢朝的政策，所以他在漢朝人眼中已與匈奴別無二致，漢朝必須要將他除去，他的存在就等於是一個漢朝的敵人。漢朝這麼想，可安歸王卻連一點預感都沒有，他不知道自己在漢朝心目中已被定為必須要消滅的目標，所以，全然沒有防備。

傅介子成功地做了一個殺手，懷著滿心喜悅返回了漢朝。從他端起那杯酒走向安歸王開始，僅僅只有幾分鐘，就完成了自己的使命。而樓蘭國也僅僅在這幾分鐘內，猶如失足懸崖，一落千丈。至於安歸王則因他的不稱職而送上了性命。首先，他一開始表現出了對傅介子的冷落，這本來是無可厚非的，如果他那樣堅持下去，傅介子就不得不離開樓蘭而使他的陰謀破功；其次，安歸王沒有一個國王最起碼的傲骨和尊嚴，像傅介子這樣的使者，大可不必親自出面接見，派一個相應的大臣就行了。在傅介子說要送貴重禮品時，也可以派人去領回。這樣既不得罪漢朝，又緩和了氣氛，同時還避免了讓傅介子接觸自己的機會。但他都沒有那樣做，而是誠惶誠恐，唯恐得罪了漢朝，親自設宴款待傅介子，讓傅介子得到了刺殺他的機會；再次，安歸王缺少最起碼的戒備，既然他已發現傅介子剛來時笑裡藏刀，而且在進入大廳時已有預感，進入大廳後，又見傅介子一改往日神態，笑容可掬，就應該有所戒備，但他卻被幾杯酒和傅介子故意營造出的氣氛完全矇騙了，直到喪失生命也沒明白是怎麼回事。

當然，一手釀成這齣悲劇的還是傅介子，從始至終，這都是一個大陰謀，樓蘭逃不脫這個陰謀，它的命運已經在特定的條件下無可挽回。傅介子這一趟出使西域實在是太划算了——手刃了樓蘭王，他算是出盡了風頭，回到朝廷後自然有一份厚賞。但仔細想一想，他並不能算一個使者，以他如此出其不備行刺的作為來衡量，他只能算一個殺手。他這一刀下去，不光使樓蘭王安歸掉了腦袋，而且使樓蘭國從此也步入了命運的低谷，他並沒有像其他使者一樣，讓樓蘭和漢朝走向友好與和平。

從安歸王被刺開始，樓蘭王國的死亡已初見端倪。

四　太陽葬禮

傅介子回到漢朝後，很快就派兵護送在長安當人質的匈奴王子尉屠耆出關，在路上艱難行進了二十多天，終於抵達了樓蘭。按照漢朝的旨意，新的樓蘭王將由他來擔任。

此時的樓蘭國內惶恐不安，仍然彌漫著一股死亡的氣息。人總是這樣，在和平的日子裡是不會有所戒備的；而一旦痛嘗苦果，儘管加強了戒備，但仍然避免不了恐懼。尉屠耆走進王宮時，大臣們一臉漠然，既不行禮，也不說話。他不明白眾人此時心中想的是什麼，為何對自己是這麼樣的態度。這時，他看見安歸王那驚人美豔的王后也站在人群中，她是一個匈奴女子，那一刻她用一種仇恨的眼光看著尉屠耆，使他的內心發出一陣絕望般的顫抖。他的腳步變得緩慢起來——慢慢明白了人們對他的懷疑和仇恨，也更清楚被兄長安歸從匈奴帶來的王后對自己的仇恨的原因所在——漢朝是為了立自己為樓蘭王才殺了兄長安歸的，現在，眾人都把自己當成了漢人。這不免使他有一點生氣，覺得樓蘭的這些人目光短淺，處事不知道分寸，但他還是用一種從容的口氣宣佈自己是樓蘭新王。宣佈完之後，他帶領著從長安帶來的待衛向宮內走去。身後一片沉寂，人們用不解的目光望著他，不知如何是好。從此，尉屠耆陷入了沉默，雖然大家都希望他能拿出一套治理樓蘭的方案來，讓樓蘭儘快恢復原狀，但他卻似乎思緒混亂，無力支撐眼下的局勢。這不是尉屠耆的錯，他沒來之前，這裡就已經是一個爛攤子，他怎麼能在短時間內搞好呢？

樓蘭人在耐心等待著，他們隱隱約約覺得尉屠耆肯定能想出一個好辦法的。幾天後的一個黃昏，尉屠耆召集大臣，傳諭了自己任國王以來的第一道諭令：放棄樓蘭，舉國遷移到伊循（後稱鄯善）一帶去——這個消息大大出乎樓蘭人的意料，頓時全樓蘭人都變得不知所措。

一位年邁的大臣跌跌撞撞地跑到王宮前，用手指著尉屠耆大罵，見他沒有反應，便慘叫：「離樓蘭，國亡爾」；見尉屠耆對此仍無動於衷，他拔劍往脖子上一抹，自刎了。那一抹鮮血刷地噴出，在夕陽中的地磚上綻開成一朵駭然的紅花。宮內很快亂成了一團。尉屠耆理了理情緒，準備到城外看看民情，剛出宮不久，幾個兒童便追著他的車隊高叫起來：「勿捨河龍」。尉屠耆的臉色一下子變得難看起來，他身邊的幾位侍衛也一個個臉上既有疑惑，又有憤怒。尉屠耆眉頭緊鎖，竟然立即打道回宮，改變了原先的計畫。河龍是神的名字，是樓蘭人的圖騰崇拜。由此他又想到了水，一旦樓蘭人離開羅布泊，到伊循附近缺水怎麼辦？

當晚，他把所有大臣招來，對大家說：「遷國之舉並非我與漢朝的陰謀，當著河龍和列祖列宗的亡靈起誓，如果我說假話，當如此劍！」說著拔出腰間佩劍，雙手捏緊兩端用力一折，那把劍「啪」的一聲斷成兩截。眾人都驚駭不已，一時不知該說什麼。尉屠耆又說：「我在漢朝當人質，不光是我的恥辱、先王的恥辱，也是樓蘭的恥辱。然而為了生存下去，我們只有忍辱負重。長期以來為什麼一直是這種情況呢？因為樓蘭處於漢朝入西域的咽喉之處，所以，漢朝因為出入方便而一再要脅樓蘭；匈奴為統治樓蘭而一再扼制我們。我們是無罪的羊，但生活在一塊有罪的土地上，所以我們必須放棄樓蘭，到南方去建立新的國家，才能擺脫四面受擾的困境」。他這一番話說到了大家的心裡，大家都抬頭注視他，只見這位新王面色已熬得蒼白，說著話時，有幾行淚水懸掛在兩頰。眾臣心有所感，繼而為之歎息。尉屠耆又接著說：「其實我也不願放棄羅布泊和樓蘭人用世代血汗經營的城池到一個陌生的地方去，但不這樣做，我們將長期受辱，或在短時間內被別人吞噬。我在長安學習了很多先進的文化知識，我知道樓蘭不是匈奴的對手，更不是漢朝的對手。」眾臣都被他說動了，窗外不知不覺間起了風，室內的燭光不經意地飄起來，似是人們的心靈也變得活了起來。大家議論紛紛，氣氛慢慢熱絡起來。最後，他們確定了遷移的新都——離鄯善城不遠的一個湖泊旁，有人提議到那裡後仍將它叫樓蘭，尉屠耆擺擺手制止了他，他對樓蘭已傷心至極，既然已經放棄，就不必再用這個名字了。商議完畢，尉屠耆看見了躲在人群後面的那位王后，他看著她如新月一樣美麗的面容，心裡一陣衝動，一個念頭悄然產生——他想娶她為妻。

大家走出王宮時，腳步都有些疑惑和緩慢。也就是從這時候開始，樓蘭人將去另一個地方，而樓蘭王國也將在歷史的煙塵中慢慢變得虛無縹緲起來。

搬遷之前的準備使舉國上下一片混亂——有的人在埋藏財寶；有的人到羅布泊和塔里木河畔設壇焚火，祭祀河龍；有的青年男女則因遷移帶來的騷動雙雙躲進沙丘和蘆葦深處，脫光衣服擁抱在一起，完成生命的激揚與燃燒。這時候，誰也沒有注意到尉屠耆帶著一名貼身侍衛悄悄走向了那位王后的寢室。這些天儘管忙於事務，但他心裡始終有一隻兔子在瘋狂竄跳，讓他坐立難安、神魂顛倒。而現在，終於有了一點閒暇時間，他要去找亡兄留下的這位美麗王后。很順利，路上沒有碰到什麼人，他筆直走了進去。大約一小時之後，他心滿意足地離開了那裡，那位侍衛不經意間從被風掀開的門簾裡窺見，王后在床榻上玉體橫陳，裸露著渾圓的雙乳和豐滿的身軀，從窗戶透進的陽光照在她身上，使她的全身美如白玉。

南遷選在一個早晨開始。想必在那個早晨樓蘭像以往一樣又迎來了一個陽光明媚的日子，但人們卻已經沒有了往日的那種悠閒，所有的人都整整齊齊地集合在城中心的廣場上，牛羊駱駝等也都已編好隊伍。尉屠耆一聲令下，大家一起朝樓蘭城拜了三拜，繼而再拜太陽，然後無聲地上路了。這是傷痛的離別，每個人臉上都不知不覺湧出了淚水。到了黃昏，尉屠耆和眾大臣作為最後一批隊伍要離開廣場了，此時的夕陽正好灑下如血的光輝，眾人被深裹其中，一陣驚悸、一陣悽楚。

這時，王后跟前的那個宮女慌慌張張跑來，對著尉屠耆的耳朵說了一句什麼。尉屠耆一驚，直奔那位王后的寢室。出現在他面前的王后衣著華麗，面容安詳，嘴角仍掛著動人的微笑，但嘴裡含著的卻是一枚劇毒的葉片——她已經咽氣了。在人們都要離開樓蘭時，她不願意走，以死亡的方式和丈夫一同留了下來。出了這樣的事，尉屠耆心灰意冷，用發抖的手把那枚毒葉拿了下來。王后唇角留有一縷攝人心魄的微笑，他可能想去撫摸，但手一定沉重得抬不起來，捏在手裡的那枚毒葉不知不覺被揉碎了。尉屠耆下令，大臣們和最後一批樓蘭人推遲一天離開樓蘭。天黑下來後，天氣變得淒冷而又沉悶，他坐在王后的屍體旁為她守靈。天亮的時候，他把淚水悄悄擦乾，內心深處的某些東西已悄悄消失了。

他命令眾人在日出之前，為王后舉行「太陽葬禮」。人們在城外的一片密林裡砍下環形樹樁，圍繞墓室構成一個同心圓，遠遠地看上去，就像一個太陽。尉屠耆親自把那位王后放進棺木，讓她的頭部向著晨光漸亮的東方，然後蓋上了美麗的綢布。太陽緩緩升起，哀樂齊奏，死亡和悲傷的樂聲再次把人們的心情攪得起伏不定。儀式完畢之後，尉屠耆一行邁著沉重的腳步走了。

一個容納了西域文明精華的樓蘭，從此因難堪背井離鄉之苦，慢慢枯萎在朔風黃沙之中。

五　詩意的王國

這之後，再也沒有了樓蘭人的消息。「樓蘭死了！」，曾經一段時間，人們一直說著這個話題。有人說，樓蘭人遷到鄯善後，第一個冬天就使他們吃盡了苦頭，因條件所限，尉屠耆居住的王宮只能是臨時搭起來的草棚，其他人便只能將就著過了。後來，他們不得已又遷離了那個水泊。如今人們都認為鄯善人的後裔就是樓蘭人的後代，但又有人持反對意見，甚至對樓蘭舉國遷移與否無法下一個準確的定論，眾說紛紜，莫衷一是。

樓蘭之所以消失，其實是因為它在悲苦命運中掙扎所致，尉屠耆想帶領樓蘭人找到一個理想的生存之地，所以，他和樓蘭人便得離開祖先們生存了很多年的樓蘭，加之他們又為樓蘭更換了名字，所以在西域名盛一時的樓蘭至此已成為過去。

樓蘭留給時間的，並不僅僅只是古屍和廢墟，還應該有那種穿越了時空，在今天仍然暗暗波動的生命氣息。樓蘭變成了今天人們的幻想。那麼多樓蘭人在荒野大漠中生存和繁衍，好多王者在深夜無眠時的一連串歎息，王后冰冷的唇角上存留千年的微笑，還有樓蘭勇士與敵人的喋血之鬥……發生了這麼多的事，它在消亡後便留給我們無限的嚮往和冥思。可不可以這樣說，神話般的樓蘭是今人的感情依託，當我們發現世界已然缺乏新意時，我們反而對那些不怎麼清楚的事兒感到興趣。它無形，任我們按照自己的感情去感悟它，鍾情於那些曾經流露出的某些真實細節；我們既嚮往它的神秘，又喜歡它的安寧；既承認它的遙遠和模糊，又看重它的獨立；既接受了它的悲愴，又理解了它的命運——我們對樓蘭的嚮往和懷念僅限於它在羅布泊沙漠中的歷史，在樓蘭人離開樓蘭時，這種嚮往和懷念就中止了。

如果說，史學考察是無比艱難的話，那麼就這樣用感性認識樓蘭，對於大多數人來說還是很好的，因為有些事情我們很難弄清楚，也很難尋找到它確切的定論。比如：為什麼北印度滅絕失傳的佉盧文會遠涉重洋，被樓蘭作為國家語文；還有英國學者提出的疑問：鄯善國建於西元二三六年，如果說是樓蘭人創建了鄯善國的話，從西元前七七年樓蘭舉遷，中間這三百多年樓蘭人在什麼地方。再者，樓蘭城為何在他們遷移後那麼短的時間內就變成了廢墟，是被一場大風沙摧毀的嗎？據說曾有人不滿意遷移後的生活條件，偷偷返回樓蘭，然而出現在他們面前的樓蘭城已面目全非，羅布泊和塔里木河已經乾涸，沙塵一躍而過，已埋沒樓蘭城頭。他們看著看著淚水便沖湧而出，不得不又踏上來路。

換一個角度說，如果樓蘭真的是消失於一場千年一遇的沙暴的話，那麼樓蘭的命運，吻合了沙漠生存的規律，使它的死亡更是美麗至極。當它被遺棄時，它便已經死了，但因為這場沙暴的襲來，反而讓它又煥發活力，重新與大漠融為一體。

思想家奧修說：「這個世界是一個沙漠，綠洲只存在於你的覺知當中。……生命的河流要繼續下去的道路就寫在沙子上。」因此，樓蘭是生命與世界的大融合。在今天，我們看到它苦難的同時，也看到了它在時間中的另一種生命。在羅布泊，樓蘭遺址是一件被風沙雕刻出來的傑作，時間從兩千多年前開始雕刻，到現在還沒有結束。所以樓蘭故城是對時間的記錄，當我們看到樓蘭遺址時，我們就會深切地感受到人類是怎樣走來的，在這裡，人類留下了停留過的一個偌大的腳印。一個王國死了，一個故城遺址開始了它的生命，每一代人走到它跟前，都將看到一個不同的樓蘭。

時間在另一種意義中也在孕育著生命，樓蘭變成了一個詩意的王國。

隱隱地，紙墨間似乎傳出了胡笳之聲。

一愣，疑是聽到了樓蘭的呼吸。

龜茲：綠洲腹地的安靜生活

一　尋找

天鵝為湖泊而棲息，人為水草而停留。在西域，有水有草的地方就是綠洲，它足以讓人們停下前行的腳步，從此在那裡安家。為了尋找新的生存地而奔波，一片綠洲的出現，就等於是上天賜予的家園。那一刻，也許沒有歡呼，也不怎麼激動，只是很平靜地從馬背上卸下行裝，一步一步，向綠洲中走去。

龜茲土著最早居無定所，苦苦跋涉，在塔里木盆地東尋西找，一直想找到一個可以讓自己安身立命的地方，避開其他民族和野獸的侵害。但尋找了許多地方，他們都覺得不滿意。終於有一天，龜茲（今新疆庫車）這片綠洲出現在了他們面前。頃刻間，他們覺得自己苦苦幻想的夢，實現了。

龜茲土著是最早的龜茲人。漢代以前，龜茲尚未成國，人們的生活基本上處於半原始狀態，逐水草而居，刀耕火種，一切來源於土地、依賴著土地，就連遊牧生活也不大具有規模。後來，他們的生活無法再維持下去了，疾病、饑餓、其他民族的侵襲，迫使他們不停地遷移。其實，龜茲土著人之所以會不停地遷移，還有一個原因——他們的生活實在太簡單——沒有糧食和牛羊，更沒有什麼生活器具，要走了，收拾一下即可。那樣的環境，誰也不敢要求生活品質。同時，龜茲國尚未成立，階級分化沒有出現，那種古老傳統的生活沒有受到刺激，所以也就不會有什麼覺醒。人和世界一樣，不論怎樣，外界一旦對人產生了強烈的刺激，那麼他的變化就不可預估了。成吉思汗不遠征歐亞，頂多是個草原的酋長而已；玄奘不西行取經，一輩子也只能天天念經。所以龜茲土著的生活在漢以前可以說是封閉的。生活固然平靜，但這種閉塞的平靜，實際上只是一種落後。

赤野千里的大沙漠是不會變的，他們的傳統生活也是不會變的，唯一有可能變化的，是他們的命運。但他們不知道命運會怎麼改變，或者說，他們根本沒有意識到自己的命運正在隨著移動而產生了變化。但不論如何，他們幸運地找到了這塊綠洲。

那天是一個好天氣。他們像以前一樣對這一天的尋找並不抱什麼希望，轉過一個山頭，本來只想歇歇腳，但眼前卻忽然一亮——一大片綠色像是從天而降似的落在了他們面前。茂密的樹木連成一片，有河水從旁邊流淌過去，四周的土地上長滿著草，不時地有鳥兒從林中飛出，鳴叫出悅耳的聲音。站在山頭放眼望出去，這片綠色一直綿延向遠處，還環繞出幾個大湖泊。有樹、有草、有水——這就是理想的家園。

由於這片綠洲出現得太突然，很長時間他們都無法從愣然中反應過來。也許在輕涼的風拂過他們的額頭時，他們才有所反應。「找到了！」找到了我們夢想已久的家園。他們歡呼成一片，山野裡響起了高亢的回聲。

冷靜下來後，他們才發現，這裡之所以出現這麼一個綠洲，是因為它背靠天山，山峰上有厚厚的積雪，雪水在夏天流淌下來滋潤著它；再則，它的前面不遠處有著幾條河流，也使它的氣候更加完美。他們向天而跪，口中念念有詞，感謝蒼天賜給自己一個美好的家園。散失在其他地方的同族族人聽到消息後，紛紛遷移而來。同族的心是相通的，他們將這個消息向四方傳出，招呼同族來這裡生活。這一舉動從表面上看似乎很平靜，但卻隱藏著龜茲土著們的一些想法，他們害怕別人聽到消息後來犯，就趕緊把自己人拉攏過來，讓本族成為一個集體，變得強大一些，別人就不敢打主意了。很快，他們的願望就實現了，同族紛紛遷移而至，告訴世人：那片綠洲是屬於龜茲人的。

就這樣，龜茲初步具有了一個王國的規模。

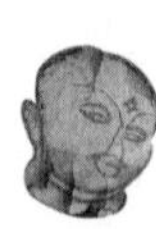

二　扁頭

慢慢地，龜茲變成了一個小王國。因為龜茲佔據了地理上的優勢，人們的生活一直很好，也沒有受到別的民族的侵害。我想，就是到了現在，一個國家對別的國家形成威懾，也不必直接用武裝手段，它自身的發展和已經具備的實力就是一種武器。如果你強大了，別人自然就在心裡怕你，不敢冒犯你；如果你弱小，別人不把你放在眼裡，說不定哪天想打你了，就毫不猶豫地動了手。所以，當一些戰爭真正打起來的時候，有的國家實際上已經從心理上先失敗了。

龜茲在西元前大概過了兩百年到三百年的好時光。那時候西域還沒有被匈奴掀起動盪的波瀾，漢朝也沒有派兵征服西域，就連開通「絲路」的張騫也還沒有出生，所以，西域是平靜的。平靜對於龜茲這樣一個處於成長階段的國家來說，至關重要，因為就它的規模而言，它還不具備征伐別人的能力，而從長遠利益來看，發展自身似乎比什麼都重要。

眾多的史書都沒有對龜茲這一時期的事件進行記敘。我想之所以這樣是因為中原在這一段時間太熱鬧，春秋戰國時期，諸侯之間弄得戰火紛飛，天下時事轉眼之間就掀起一段段高潮，史學家的眼睛和筆都被吸引到了那裡，沒有人會關注在西域悄悄崛起的一個王國。再則，當時漢朝和西域尚無往來，也沒有人把龜茲國的消息傳遞到漢朝去。所以也就沒有人能夠記錄下有關龜茲的史料。按說，漢代在這方面做得非常好，《史記》、《漢書》和《後漢書》等是前無古人，後無來者的大作，再沒有誰的作品能夠趕上。而記錄龜茲最早事件的，仍在班固的《漢書》當中，記錄的是西元前一世紀的事情。

在今天看來，班固應該是龜茲的一個功臣，是他的筆把一個王國引入了歷史。而在玄奘的《大唐西域記》中，也記敘了一段關於臣民等級分化的事情。

龜茲國發展到後來，階級分化已經越來越明顯，國王和大臣自認為自己是屈支人種，高人一等，應該要想辦法和別人區分開來。有人給龜茲王出了個主意：可以把貴族人家初生孩子的頭夾扁，這樣以後就能夠明顯地區分出貴族尊貴的地位了。當時的龜茲王一定是個很注重等級的人，馬上就聽信了這個意見，並吩咐那個出主意的人去執行。龜茲國的其他大臣都沒有表態，也許是考慮到自己也是受益者的緣故吧。

從這件事上可以看出，龜茲的這些貴族似乎很迷信，仍樂於接受這樣把孩子的頭夾扁的原始古老習俗。其實這樣強行改變人肢體的行為，是一種野蠻的表現，由此可以想像得出，龜茲人實際上是非常落後的，維持部落或王國秩序時用的是這樣一種殘酷的方法。可憐那些貴族剛出生的孩子，因為要與平民家的孩子區分開來，腦袋便不得不被夾扁。這樣的事情對於那些貴族來說是對其高貴身份的維護，但對他們的孩子來說，則是一種摧殘。通過這樣的事，我們實際上不難明白，西域的有些遊牧民族實際上一直沿襲著野蠻和殘忍的方法在生存，他們視貴族尊嚴和信仰為至高的目標，從不珍惜生命，不懂得尊重生命的意義。這樣的事很多，比如匈奴百姓在單于死後將其割喉等，都是其野蠻行為的典型事例。

當晚，龜茲國的一戶貴族人家傳出了嬰兒的哭聲，正在執行國王命令的士兵敲開了他的家門。「行了，就從這個出生不久的孩子開始吧。」領頭的人擺擺手轉身走了。孩子的父親當然知道把孩子的頭夾扁是一件在日後提升他貴族地位的事，所以便要把孩子遞給士兵們，但母親卻心疼孩子，護住自己的孩子不放。士兵把孩子抱走了，孩子的母親驚叫一聲，跌坐在地上哭了起來。士兵們嘩啦一聲展開了國王的命令，孩子的母親哭喊著孩子的名字，淚水潸然而下。那一夜，那個孩子大概哭了一晚上。士兵們用木板將他的頭夾住，綁上繩子，把他的頭慢慢壓得扁薄。

這件事被玄奘記錄在《大唐西域記》中，雖然在書中對這些情形只記錄了兩句話，但讀來卻無不讓人心悸：「其俗生子以木頭，欲其扁也。」

從此以後，凡是龜茲國的貴族有嬰兒出生，不久，就會被夾上木板，把頭夾扁。

我們可以想像得出，那些孩子的童年是多麼的痛苦，他們在不懂事的時候，就背負起了沉重的命運。想想，兩個木板夾在頭上，再用繩子綁緊，那該是多麼疼啊。但這卻是為高貴身份所必須付出的代價，等他們長大懂事了，就會深深地為自己的命運而自豪，頭已扁，凡事都高人一等，甚至不用任何人說什麼，只要看一看頭就知道身份了。如果把一個人的頭夾扁，可以遺傳該有多好呢？那些第一批被夾扁了頭的孩子長大，結婚以後生下的孩子，就不用再去受那份罪了。一個人即使承受了最沉重的命運，也必將走完一生，這似乎並沒有什麼特別，只有在他們剛出生不久時，頭被夾上木板時發生的痛哭，時時猶如響在耳際，這是人世間罕見的酷刑。龜茲國貴族的孩子就這樣在哭聲中長大。

權力，貴族的尊嚴，從孩子的疼痛中開始，一步一步的鞏固。

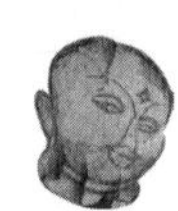

三　權勢之禍

一個王國、或者一個人能夠留名於史，大多是與那些離奇的事件有關。這些事件的深刻性會在當時引起人對它的關注，也會讓後人對它久久遙念。

龜茲國的歷史已十分久遠，玄奘在西行途中是經過龜茲的，對龜茲的大龍池和小龍池的傳說，以及龜茲國的宗教、人文都記錄甚為詳細。《大唐西域記》中這麼寫著：

「……昔此國先王崇敬三寶，將欲遊方觀禮聖跡，乃命母弟攝知留事。其弟受命，竊自割勢，防未萌也。封之金函，持以上王。王曰：「斯何謂也？」對曰：「迴駕之日乃可開發。」即付執事隨軍掌護。王之還也，果有搆禍者曰：「王令監國，婬亂中宮。」王聞震怒，欲置嚴刑。弟曰：「不敢逃責，願開金函。」王遂發而視之，乃斷勢也。曰：「斯何異物，欲何發明？」對曰：「王昔遊方命知留事，懼有讒禍，割勢自明。今果有徵，願垂照覽！」王深驚異，情愛彌隆，出入後庭，無所禁礙……」

玄奘是唐朝人，但估計他敘述的這件事發生在西元前的漢代，或者說還要更早。玄奘著力記敘的這位國王弟弟的忠貞，是人世間不多見的，甚至可以說，因為他的行為太過於決絕，我們幾乎無法從現實生活中再找到這樣的事例。仔細想一下，就可以發現他的內心其實充滿了苦衷，當皇帝的哥哥要出去遊山玩水了，讓他這個當弟弟的來管理國家事務，他肯定能盡自己最大的努力把該做的都做好。但他突然一想，會不會有人在哥哥回來後，誣陷自己趁機進入後宮去勾引王妃呢？也許這個想法只是一個偶然的念頭，但想來想去，他仍覺得別人很有可能會這樣誣陷自己，於是就找來一把刀子，將自己的生殖器割掉，裝在金匣子裡，在哥哥出發時交給他，請求他返回時再看。哥哥返回時，果然有人誣陷他淫亂宮中嬪妃，弟弟這時讓哥哥打開金匣子，一切在頃刻間真相大白。

這個故事本身是感人的，這位弟弟以自殘證實自己的清白，讓人佩服。但我在心裡想，這樣做值得嗎？哥哥只是在出去遊山玩水時讓弟弟暫時管理一下國家，回來之後就又將權力收回去了；而弟弟為了證明自己的清白，卻要受如此大苦，何必呢？看來，身為皇家貴族，也有痛苦的時候，而且這種痛苦遠遠要比百姓的痛苦大得多。

一把冷冰冰的、泛著寒光的刀子，看上去讓人覺得多麼可怕啊！但弟弟卻不能害怕，不能猶豫，毫不留情地把自己閹了，不這麼做，將來自己便可能有殺身之禍。而且就當時的形勢而言，別的地方都不行，只能割那個玩意兒，割了它，一了百了，不論誰說什麼都不會再有事了。多麼苦啊，身為王室貴族，卻不得不走這麼一步，你說當皇帝的弟弟有什麼好啊？

從這件事上，我們可以理出一兩個思路來，分析一下龜茲國當時的形勢，包括國家的風氣和人與人之間的關係。首先，弟弟能如此忠於哥哥其實是基於懼怕，說明哥哥在龜茲國的威望很高，在治理國家方面很有一套，以至於弟弟必須時時小心翼翼，防止自己犯錯誤，一旦犯錯落在哥哥手裡便是死路一條；其次，龜茲王國的朝廷中人心複雜，經常會出現一些誣陷之事。弟弟料事如神，認定有人會拿這事兒做文章，所以，他便只有向自己割上一刀了。後來的事情也如其所預想，那一刀子算是沒有白割。只是，當他證明了自己，鬆了一口氣之後，內心又會有怎樣的感受呢？他還得面對自己的生活，他的生活也許沒有什麼變化，但他的內心卻變得空蕩蕩的，總覺得自己不完整了。痛苦從此便將一直纏繞著他，讓他在失落和傷感中虛渡一生。

弟弟以自殘給了哥哥一個交代，哥哥又會有怎樣的反應呢？玄奘在《大唐西域記》中沒有提及做皇帝的哥哥在這件事上的態度，我們便無法得知事情的結果。但可以做一番推斷，當事情的真相大白後，舉國上下一定掀起軒然大波，哥哥也許會後悔自己的出遊，畢竟弟弟是自己的親手足，逼得他自殘成了這個樣子，當哥哥的一定很心疼。而那些搬弄是非的人，這下可得付出代價了。

玄奘在書中沒表明這件事發生在哪個龜茲王的身上，但一定是龜茲人給他講的，他被感動了，便將故事記錄了下來。如此這般讓人讀來反而輕鬆，一個沒有時間和人物的事件，從時間的煙塵中凸現出來，反倒讓人覺得已消經失了的龜茲又變得親切了起來。

四　不幸的太子

漢朝的兵戈指向了龜茲。漢貳師將軍李廣利率軍先是打到敦煌，繼而又攻破輪台，向前開進，將大宛國一舉收復。此時的西域，有許多王國在匈奴和漢朝之間扮演著雙面角色，漢朝的軍隊打進來了，他們便投向漢朝，漢朝軍隊開走了，他們又投向匈奴。總之，哪邊對自己有利，他們便靠向哪邊。他們就用這樣的方法維持著一個個小王國的命運。樓蘭王曾為這樣的遭遇發出過感歎。

李廣利破了大宛國以後，率隊伍進入了龜茲國。龜茲在這之前一直聽從於匈奴，表面上服從漢朝，暗地裡卻與匈奴來往。所以，李廣利此次也要好好治一治龜茲。龜茲王率眾臣將李廣利迎進城內，熱情款待。李廣利不想再打仗，就給他講了一些漢朝朝廷的政策，他說得是聲色俱厲，讓龜茲王在心裡害怕。最後，他要求龜茲王派一名親信子弟隨他入長安當人質，以確保龜茲不再和匈奴來往，否則，就殺掉人質。龜茲王儘管有些不願意，但懾於漢朝的強大，還是答應讓他的兒子賴丹跟李廣利去了長安。送賴丹離開龜茲的那天，龜茲王顯得比誰都沉重，他不知道兒子這一去將面對怎樣的命運，更不知道他何時才能夠回到龜茲。李廣利發現了他的不悅，鼻孔裡「哼」了一聲，他便又強裝笑臉，舉手向兒子示別。賴丹哭著隨漢朝的士兵離去了。

賴丹被帶走了，匈奴聽到這個消息後，在漢征和元年（西元前九二年），也就是賴丹被帶走後的第三年，匈奴日逐王率兵攻入龜茲，喝令龜茲王以後必須得聽自己的，和漢朝斷絕來往。日逐王在攻打龜茲前，先將李廣利留駐龜茲的僮僕都尉全部殺掉，這樣一來，答應過李廣利要保護好僮僕都尉的龜茲王就被逼得無路可走了。日逐王至此仍不達目的，要求龜茲王每年給他進貢。漢朝可以帶走你的兒子，那麼你為了表示對我忠誠，每年也必須對我有所表示才行。從此，龜茲每年都得給匈奴進貢一定的東西，實際上也就相當於向其繳納賦稅。如此，龜茲才慢慢平靜了下來。

在漢朝，賴丹一天天長大。由於來漢朝時年歲尚幼，在成長過程中接受的又都是漢文化，所以他已經完全變成了漢人。在他的意念中，龜茲是遙遠而又模糊的，他和那些當人質的太子一樣，心思全在漢朝，為人處世，都已學會了漢人的方式。十多年過去了，他已長大成人，漢朝大臣霍光看中了他，派他到輪台任屯田校尉。輪台在當時是一個重鎮，從漢朝往來的許多人都要在這裡停留，所以想必賴丹的日子應該過得是不錯的。賴丹受過漢文化薰陶，他一心想幹好本職工作，在心裡立下了遠大的志向，不幹出一番事業、不為漢朝立汗馬功勞，不踏回漢庭半步。

到了漢元鳳四年（西元前七七年），龜茲國的貴人姑翼向龜茲王告了賴丹一狀，說漢朝將此人安排在輪台，名義上雖在屯田，實際上是在監視我們，日後「必有害於龜茲」，還是把他殺掉為好。此時的新任龜茲王已不是賴丹的父親，聽了這樣的話，當然考慮的不會是骨肉親情。而且，每一個即位的皇帝如不是繼承本族傳位的話，都極有可能與前任的皇帝互有嫌隙，還有，龜茲王想到作為太子的賴丹肯定會回來奪取王位。因此就在這些複雜的猜測中，龜茲王聽從了姑翼的話，決定把賴丹除去。

此時的賴丹仍然在輪台帶領士兵們勤勞耕作，渴望秋後能有一個好收成。他太敬業了，全然沒多想另外的事情。龜茲王派人到輪台邀請他去龜茲做客，他毫不猶豫地答應了，走到半路，突然從紅柳叢中衝出十幾個大漢，揮刀向賴丹砍來。賴丹尚未有所反應，就倒了下去。大漢們將他的屍體剁碎，埋入沙土中，迅速離去。

沉寂的大漠像是什麼事情都沒有發生一樣，很快又沉寂下來。但輪台的士兵還是知道了賴丹是死於龜茲王之手的，罪魁禍首是姑翼。他們向漢朝修書一封，將這件事詳細彙報了過去。六年後，為賴丹復仇的計畫開始實施了。長羅侯常惠出使烏孫返回時，集結西域各國四萬七千人馬，從三面攻打龜茲，龜茲招架不住，願意和常惠講和，常惠怒髮衝冠，喝令龜茲王將姑翼交出，要用他的頭奠祭賴丹的在天之靈。龜茲王只得順水推舟，將姑翼親自押送到常惠駐所。一路上，雖然姑翼一再向龜茲王求情，希望求得生路，但龜茲王的臉一直陰著，一句話都不說。龜慈王能說什麼呢？當初聽了你這小子的話，走錯了棋，弄得自己現在也下不了臺，我還怎麼救你。到了這種地步，我還得保全我自己呢！一到了漢朝軍隊的駐地，士兵手起刀落，姑翼的人頭就落了地。常惠把他的頭在大樹上懸掛了幾天，以讓在另一個世界的賴丹得到安息。

從此以後，龜茲徹底歸漢朝統轄，再也沒有出現過動盪。

五　戰爭

古西域諸多王國最大的事情，就是軍事衝突。雖然有些軍事戰爭不怎麼浩大，但如果每一次戰鬥都是為了民族尊嚴的話，不管仗打得如何，只有透過一場場的戰爭，一個王國才能一步一步地向前走；敵人被一個一個地消滅掉，自己才顯得強大。在西域歷史中，一個王國的強大無外乎有兩種可能，一種就是發展自身，另一種就是消滅敵人。因此當一個王國發展時，消滅敵人就顯得尤為重要。

龜茲第一次打仗是在西元一六年，也就是兩漢交替，王莽天鳳三年。我們可以想像得出，此時的龜茲在政治和軍事上具備了相當的規模，也許因為地處偏僻的西域，加之以前尚未有過戰事，所以龜茲並不十分清楚自己在軍事上的實力。這種封閉，對於一個長期處於和平和安寧中的王國來說，是好事；但如果把它放在周邊環境形勢之中，就不一定是好事了。戰爭都是殘酷的，在某種程度上，它對每一個王國的要求都是一致的，它用一種無形的壓力要求你必須得拿出十二分的勇氣來面對戰爭，在戰場上，你必須樹立必勝的信心，強化自己的戰鬥力，處處占士氣與氣魄的上峰才行。

說到底，戰爭其實就是一個敵人，誰也打不過這個敵人。所以，就只有將看得見的敵人置於死地，才能獲得自己的立足之地。戰爭，從表面上看總有一方是勝利者，但從更深的意義上看來，卻皆是失敗者。

戰爭不可怕，可怕的是喪失人格和精神。龜茲人第一次打仗，當然不會體認到更深層的意義。在戰爭中，人性越被扭曲，生命越變得複雜，才越會湧現出精神意識的醒悟。想必那天出發的時候，龜茲的士兵都是很興奮的，打仗對一個士兵來說，儘管預示著死亡，但也預示著一種征戰。每一個去打仗的人都會抱著勝利的念頭，這也就是所謂的士氣吧。此次龜茲出征，有一個較為複雜的背景——三年前焉耆等國將西域都護但欽殺死了，但欽自從任西域都護府都護後，為西域諸國的穩定做了大量的貢獻，是一個很有能力的人。他被殺害了，漢朝在西域的統治在一夜間將被瓦解。為此，五威將王駿，西域都護李崇擔起了拯救都護府的重任。他倆以漢朝的名義向莎車和龜茲號令，讓兩國出兵，由他們帶領攻打焉耆。

莎車、龜茲兩國在當時是西域大國，自然被優先考慮在內。從表面上來看，這似乎是一件好事，能被大漢朝選中，說明了自己的國力強大，在漢朝有其地位。但往深點兒看，依然是種被利用的關係。但莎車和龜茲卻沒有拒絕，而是很高興地應允了。兩國很快匯集七千餘人，交王駿和李崇指揮。兩國之所以如此高興，大概還是受「國力」和「地位」的誘惑，為虛榮邁出了一步。結果呢，與焉耆剛一交戰，他們卻被打得一敗塗地，王駿率領的一支隊伍受伏兵襲擊，他本人在突圍時被亂刀砍死。出現了這樣的意外，李崇無力交戰，使出渾身解數，才「收其餘眾，還保龜茲」。

這場精心策劃的戰爭，結束得太出人意料之外，也過於簡單，少了些對峙、廝殺、與慘烈的鮮血。本來，王駿、李崇二人是要雪都護被殺之恨的，但仇恨未雪，王駿卻又把命給賠上了。這種屈辱想必是每個人都無法忍受的，但又有什麼辦法呢。戰爭就是一個誰也戰勝不了的敵人，人的屈辱和死亡在它跟前其實算不了什麼；再說焉耆，此時也已經將自己推到了身不由己的地步，如果說當初殺但欽尚有些輕率的話，現在它卻是為了自身的生存而戰。殺但欽無理，但在國家生死存亡的時刻，再次舉刀殺伐就有了一萬個理由，你們兩個國家聯合起來打我，而且後面還有漢都護府在坐鎮，實在對不起了，不是你死、就是我活，去你媽的，老子不客氣了。憤怒有時候是有力的戰爭催化劑。看著吧，戰爭就是這麼一種足以將一切道德和人性徹底改變的東西，戰火燒得越旺，這些東西就喪失得越快，直到這些東西喪失得乾乾淨淨，在戰場上才能分得出勝負。

對於龜茲士兵來說，那可能是一場傷心之戰，大多數人沒有生還，回來的人心頭佈滿戰爭的陰影，有一種欲說不能的心痛。龜茲在初戰失利後，不免表現出一些消極的情緒，因為它畢竟還沒有經歷過戰爭。這也就像一個人，經歷的事情少，一旦出了事便往往會驚慌失措。有什麼辦法呢，難道戰爭會因為龜茲人是第一次參戰，就讓他們免於品嘗戰爭的悲苦嗎？

過了三十年，龜茲又陷入一場戰爭。這一年是東漢建武二十二年，莎車王冷不防地率兵攻打龜茲。入冬之前，龜茲人怎麼也沒有想到會有一場災難降臨。當寒風愈烈，天上不時地飄下雪花時，龜茲人只是像往年一樣，將過冬的棉衣穿上，把爐子和柴火備好，準備過冬。

但一個平靜的冬日卻忽然被打破了，黑壓壓的莎車士兵不知從何而來，頃刻間就將龜茲城圍了個水洩不通。龜茲人欲反擊，但莎車人是有備而來的，不一會兒就攻破了城池，將龜茲王殺死了。龜茲人吃驚不小，這頃刻間的變故讓他們感到一種生存的顫慄，同時在心裡也隱隱約約恐懼於莎車國的殘忍——我們並沒有冒犯過你們，為何突然就來殺我們了呢？此時的龜茲，還像一個未諳世事的孩子一樣，對好多事情只是抱著單純的想法與希望，在虎口之下，還期盼著老虎能吟唱出動人的歌聲。對於一個王國來說，這種單純是可怕的，它不能使它站在國家利益的高度去審時度勢，也不能使自己冷靜地在殘酷中去選擇、去抗爭。老虎往往是饑不擇食的，它不會因為你是一個小孩就會頓生憐憫之心；或許，它還會因為小孩好吃而在心裡竊喜呢！

看看龜茲因為沒有防人之心而造成的後果吧。莎車王手起刀落，龜茲王的人頭就落了地，一股鮮血灑在地上，很快就被沙子吸了進去。龜茲王在平時頗獲龜茲人民的愛戴，此時看到他被殺，忍不住要往上衝給他報仇。莎車王將刀舉起，橫眉冷對，「嗯」了一聲，誰也不敢再往前衝了。國已破、王已歿，還掙扎什麼呢？他們無可奈何地站在原地不動，那一刻，是無奈和屈辱使他們變得沉默。

莎車王立自己的兒子則羅為龜茲王，兼併龜茲的土地然後離去。血腥隨著凜冽的寒風漸漸消失，一切都像一場夢一樣轉瞬即逝，龜茲仍是龜茲，只是換了個王，但人們卻在心頭默默深埋著屈辱。畢竟，這一切不是他們所想要的。王是一個王國的象徵，而一旦別的王國的人來當王，那榮耀感與象徵就變成了一種壓抑的東西。很快，龜茲人發現莎車王的兒子則羅是一個無能的人，不光治國無方，而且整天花天酒地，已經明顯地表現出了不稱職和自我形象的喪失。人就是這樣，一旦無能，別人就會看不起你，況且你還坐在國王的寶座上，自然會更不服你了。時間一長，這種不服氣就轉化成一種鄙視，一種欲取而代之的想法。本來嗎，則羅不是龜茲人，來當龜茲國的王，人們早就不高興了。現在看他這個熊樣，那也就怪不得人們不客氣了。

龜茲人暗暗策劃著如何推翻則羅，終於在東漢建武二十六年，也就是則羅當龜茲國王的第四年，龜茲人聽聞匈奴即將過來，便立即將則羅殺死，並傳出話去：他們之所以這樣做，是為了迎來匈奴，多年來，龜茲是一心向著匈奴的。至此，龜茲人終於變聰明了。他們這樣做，不光解了自己心頭的恨，而且讓匈奴也聽著高興，匈奴在西域是最為強大的，討得他們的歡心，以後的日子也就好過了。匈奴進入龜茲之後，立龜茲貴人身毒為龜茲國王。

龜茲又恢復了以往的平靜。平靜，是經歷了不平靜後的結晶；安詳，是經歷了眾多苦難後的回報。那麼多的人，為龜茲流血而亡，灑在土地上的血，在一夜間就被風沙淹沒了。這多麼像歷史的書頁啊，它一頁一頁被寫下的時候，總是蘸著鮮血，記錄下苦難和死亡。

但誰能阻擋住它呢？

車師：交叉的滄桑河水

一 交河

那一刻，車師人的眼睛一定都止不住滿目的驚喜，在他們眼前，出現了一個小島，島上一片蔥綠，四壁懸立；雅爾乃孜溝流到小島跟前時一分為二，像兩隻手臂，將小島環護其中。這正是車師人要尋找的理想家園。這些居住天山吐魯番盆地，原稱「姑師」，後來改稱「車師」的人們，此時正因經常遭受野獸的侵擾，再加上部落之間的打打殺殺，已心力交瘁。他們幻想著能尋找到一個安全的地方定居下來，安安靜靜地過日子。

那天也許是一個陽光明媚的日子，車師人從一個陡坡下到一個又寬又深的谷底，就被眼前這個神奇的小島驚呆了。他們敏感地意識到，這個有著刀劈斧削般的峭壁懸崖，和由天然屏障般的河流環擁的小島，將成為他們堅不可摧的城郭。

車師人為這個小城起名為「交河域」。消息不脛而走，遠近遊牧的人紛紛前來觀看這個神奇的小島，誰都感覺到這是一個生存的好地方。車師人向他們敞開熱情的懷抱，於是吸引了更多的遊牧民族前來，車師國的雛形於焉誕生。過了不久，車師人便在這裡建立起自己的王國。他們先將小島進行了規劃，然後，臣民一起動手幹了起來。那些天，沒有比建造家園的興奮更鼓舞車師人心的事情了。希望就在眼前，一塊塊土被挖開，一個個理想中的建築漸次在眼前出現輪廓；住宅、官衙、街道和寺院一日日成形。希望與現實就隔著這層土，激動和幸福充斥著他們的身心，他們揮鍬大幹，把自己的信仰與祈禱，國家安危和個人安身立命之所望，都化作了巨大的力量，向山丘深處鑿進。

數年之後，交河城終於建成，雅爾乃孜溝分成兩條交環而流，形成天然的護城河，四壁的懸崖是天然城牆，不但野獸不會來騷擾，敵人無論如何也打不進來。可以想像，此時的城內更是一片繁華，商賈雲集，人流不息。最有意思的是，牧羊人和僧侶都變成了市民，街道上牛馬嘶鳴，炊煙繚繞，鼓樂錚錚。

應該向車師人致敬，他們雖然是一群簡單的設計者，但一個小島經由他們的雙手，卻被創造成了西域的一個奇跡。

二　共治

車師國建都於一個由兩條河環護的小島，由於地形的環襯，車師頗像一個袖珍樂園。不久，車師又形成了前王和後王兩王之居，前王居交河，「領戶千五百餘，口四千餘，勝兵二千人」。而後王則居住在離交河四百多里的務塗谷，「領戶四千餘，口萬五千餘，勝兵三千餘人」。前後兩王，這樣的一種體制也頗值得玩味——前王，顯然是中央政權，儘管人口沒有後王所在地那麼多，但有可能都是上級機關的人，指示從這裡下達，傳達該落實的事項。由車師分前後兩王就可以看出，車師已經具備了發展壯大的趨勢，有前王，就有了後王；有後王，就會有隸屬的部屬，這樣下去，階級就出現了，等級也就擺在那兒了，誰高誰低，誰大誰小，就請按部就班，一一對號入座吧。

但一個王國有兩個王，不一定是好事吧？到了漢和帝永元二年，麻煩事情就出現了。這一年，大將軍竇憲大破匈奴，使整個西域震驚。這個竇將軍儘管不如李廣利、衛青等人出名，卻也是個響噹噹的人物，在西域打過幾次漂亮勝仗，只是在後來卻因權震朝廷，陰圖篡漢，因而退出了歷史舞臺。那次，竇憲大破匈奴，車師震懾，前後王皆趕緊把自己的兒子送過去，讓他們伺候在大將軍身邊。這種送兒子的事件與當人質是有所區別的，史書上將這種送兒子去侍候別人的行為叫「奉貢入侍」。看來，生在西域這些小王國的太子並不算好運，倒楣起來，就會被送去當人質或侍者——自己的死活是次要的，保住老爹的王位才是最要緊的。

前後兩王送兒子出去時，場面搞得隆重，還分別給他們二人「賜印綬玉帛」。兩個孩子也很爭氣，把竇大將軍侍候得舒舒服服的，讓他未生滅車師之心。而後王是個老實人，把孩子送出後，便覺得事情已經辦完，就回了去。但前王卻不這樣做，他爭取一切機會和竇憲套交情、打關係，鞍前馬後獻殷勤，深得竇憲的歡喜。前王與竇憲的關係已親如兄弟了，後王卻在他的那個山谷中一概不知。

前王這樣做的目的，一者，他與竇憲搞好關係，就會使竇憲覺得，送子侍候他，其實是前王一個人的功勞。再者，前王天天在大將軍跟前跑前跑後，你後王卻連個影子都不露，只要稍加搓和，說句你不尊敬大將軍的閒話，後王就等著被收拾吧。一山不容二虎，一個車師不能有兩個王，前王的算盤打得精啊，可惜後王在務塗谷深居淺出，對即將降臨的災難一概不知。

終於，前王的陷阱設到位了。八年後，屯田車師前國的戊己校尉找了一個理由要廢後王，後王這才如夢初醒——媽的，原來前王這小子一直在背後搞鬼；哼，想讓我死，我先讓你活不了。後王一怒之下，發兵攻打前王。前王招架不住，慌忙逃跑。後王洩不了恨，殺了前王家人，又把前王的妻子占為己有。前王眼看著後王站在城頭上趾高氣揚，卻無力反抗，只好躲在無人的角落，從此不再露面。

第二年，漢朝派遣將兵長吏王林帶兵攻打車師。王林很會打仗，領命時要求只需一人前往即可，別人為此感到疑惑，你一個人去是要怎麼打呢？他說：西域環境特殊，去那裡打仗還得用那兒的兵。因此他到涼州後，從涼州六郡選出一部分人，和先前俘虜過來的部分西域人編在一起，約計兩萬多人，浩浩蕩蕩向車師殺來。後王對漢軍來攻早有準備，率全城人奮力反擊，但無奈兵力懸殊，終告失敗，後王向北匈奴的駐地倉皇逃去。但這早已在王林的預料之中，他派出一支騎兵追擊，追上後一番廝殺，後王始終逃不過死亡的命運。

一國兩王，這本身就不是一件好玩的事情，從一開始，禍根就已經埋在了車師國。後來兩王互爭，直至造成車師內傷，乃至最後滅亡，一切似乎是早被預示了。一國國王往往為了自己的利益，而忽視了臣民們的死活，但一旦他走錯了路或惹出了事，他自個兒從那高椅上栽下來不說，還要殃及國民的安危。車師國人雖對前後兩王恨之入骨，但又有什麼辦法呢？兩個人說打就打起來了，人們為他們流血犧牲，但他們卻沒破一塊皮、沒流一滴血。等到好不容易平靜下來了，漢軍卻又殺了來，沒辦法，那就再打再殺吧。結果，車師人民又有一千多人被俘虜了去，兩個混帳國王，最後一個隱姓埋名，一個人頭落地，活該！

但有個人卻始終沒淌上這灘渾水，他就是後王的弟弟農奇。他雖是後王的親弟弟，但卻既不與前王對立，又始終不站在後王這邊。農奇是一個非常善良的人，他不忍心看著那麼多人流血犧牲，但自己卻又能力有限，無法阻止前後兩王惡鬥，因此只好選擇保持沉默。戰爭結束了，別人都躲得遠遠的，他卻在戰場上救死扶傷。王林看見了他的舉動，覺得這小傢伙不錯，就立他為新車師王。至此，車師國才又變得平靜和安寧。

一場熱鬧過去，之後又回復了平靜。縱觀歷史，一個王國的熱鬧，往往都是由戰爭、政變等等引起的。在這些熱鬧中，死亡是少不了的一個音律，不論是王、是民，都得把這個音律唱好，用一生中最漂亮的、也是最後的一次演唱，唱出一個瀟灑的死亡。

有意思的是，當初是為了鞏固車師國，才分為前後兩王共治，但沒想到，權力害人，致使他倆一步步走上了不歸路。但話又說回來，一個王國又怎麼可能不經歷戰爭呢？也許，戰爭在有些時候是使一個王國生存或者發展壯大的必然手段。這是一場老戲，從古演到現在，似乎仍然方興未艾。

到了東漢永寧元年，車師又起風波，時任車師後王的軍就和母親沙麻經過精心策劃，偷襲了漢朝駐守西域的後部司馬，不巧敦煌的行事來司馬駐地辦事，軍就怕他散發消息，便一併殺害。這件事做得大膽，他們也許覺得自己已經強大起來了，不對外打仗，無法顯示自己的實力。而要打，就打大傢伙，這樣才能顯示出自己有啃硬骨頭的本事。漢朝自然不會放過他們。延光四年，漢發兵直攻車師，這次帶兵的是個大人物——西域長史班勇。班勇是班超的兒子，將門虎子，打過不少大勝仗，區區車師的小小策反，拿下自然不在話下。大兵壓境，車師沒有交戰幾個回合便被打得大敗。漢朝士兵捉了軍就和沙麻，班勇信手一揮，士兵手起刀落，母子倆的人頭就落了地。

這幾場戰爭都不怎麼熱鬧，幾個人準備都沒有做好便匆忙操作，結果只使自己送了命。要想點火，不先堆好柴火怎麼能行；一丁點微弱的火星就想燎原，更是妄想。好在這幾場戰爭並沒有使交河這個美麗的小島受到什麼損失，在時間的長河中，誰也不可能留下什麼，哪怕你曾經是多麼輝煌。只有這個由兩條河環護的小島仍是美麗動人的，能可穿越所有苦難一直走到了今天，向我們展示出什麼是真正的滄桑，而什麼又是承負了滄桑的偉大身軀。

司馬遷在寫車師國的變革時，也許心中多有感慨，提著那支狼毫，久久不能寫出一字，思忖片刻，才皺著眉頭寫了八個字：「若微神道，何恤何拘？」這個問題問得好，對於每個人來說，腳下的一條路該怎樣去走，誰也不知道答案在哪裡？但美麗的交河自然在一切問題之外。

於是，當夜色降臨，汩汩流淌的河水便又使它進入了甜蜜安謐的睡夢。

三　後王阿羅多

東漢永興元年，歷史又將一個人推上了舞臺。這個人就是車師後王阿羅多。阿羅多是一個霸道、蠻橫、不講道理的人，而且就其志向而言，他又是一個沒有立場，風來順風倒，雨來趕快躲的人。這種人，就是我們常說的那種無德、無才、無能之人。

事發之始，在於他與戊部侯嚴皓有了嫌隙，兩人鬧來鬧去，產生了矛盾。本來漢朝與車師關係頗好，他與嚴皓也可以說是同事關係，如果相處得好了，到時嚴皓在中原給他說上幾句好話，他又何愁自己後王之位不長久。但他偏不，邪惡的心時時促使他想幹點壞事，如果不成，心裡就不舒服。

終於，兩個人對立了起來。阿羅多率兵圍攻漢朝的屯田城，要殺嚴皓，偏巧嚴皓不在，讓他落了空。氣急敗壞之下，他殺傷了幾個士兵快快地回去了。從這裡就可以看出阿羅多行事魯莽，要殺嚴皓，事先連嚴皓的去處也不打聽清楚，直到遣兵操戈後才傻了眼。事情弄到這種地步，他卻沒有想想後果該是如何，像是沒事兒似的，很快就把一切都置之腦後了。

後部侯炭遮一直在冷靜地觀望著事態的發展。當他徹底看清了阿羅多的嘴臉後，就動員大家應離開這個小人，跟著他，日後肯定不會有好結果。大家都是明白人，早已把事情看得清楚，經他這麼一說，便決定和炭遮一起離去。阿羅多從沒想到會有人背叛他，所以炭遮他們很快就逃出了車師。他們向漢朝請旨，請求發兵車師，收拾這個不講理的傢伙。於是漢朝就發兵來攻打阿羅多了。第一仗還沒有打完，阿羅多就已招架不住，慌忙帶著母親和妻子，從廝殺的士兵中逃跑了。也算他命好，居然順利地逃出了城，投奔北匈奴。匈奴與漢，往往就是這些西域王國投靠或背叛的對象，他們與匈奴好了，就不理漢朝，而一旦匈奴給他們施加點壓力，他們就趕緊又投靠漢朝。匈奴與漢朝的對立，或與這些順風倒的王國有很大的關係。

敦煌太守宋亮見車師一時又出現了無王的尷尬局面，便扶持軍就的兒子卑君為車師後王。卑君自小被軍就送到了漢朝當人質，當時車師王送子到漢朝做人質，說好了等他百年之後，由兒子回來當國王。但在漢朝長大的卑君已與漢人沒什麼兩樣，被宋亮推薦為後王後，才開始學習車師國條約，準備在將來為車師國出力。

對面的山頂上傳來歌聲，有人聽了嗓子會撓癢；別人的帳篷裡飄出羊肉香，有人聞了一定會流口水。這時候阿羅多在匈奴營中著急了，他覺得卑君的那個位置本該是他的，他想奪回來；但就實力而言，已不容許他用軍事力量去奪取，所以他決定採取迂迴的方法，一點一點滲透進車師國去。就這樣，阿羅多又背叛了匈奴，投靠到了車師。一回到車師，這個小人馬上就開始散佈傳言，說卑君是在漢朝長大的，並不瞭解車師，很難執掌車師後部大事。而事實上，卑君也確實存在這個問題，到車師多天，卻仍不知道該幹些什麼。經阿羅多四處遊說，群眾便開始動搖了。宋亮思前想後，覺得阿羅多這個人儘管小人，卻可利用，如果把他一腳踢出，反而極有可能「招引北虜，將亂西域」。所以還是把他穩住，讓他做個後王，以先穩住局面。

事情很快就定下來了，宋亮把阿羅多叫到跟前，對著眾人的面「乃開信告示，許復為王」。阿羅多也趕緊表態，發誓以後要好好幹，這次乃真心投誠，請太守大人放心。以後，阿羅多老實了。他也許終於明白了做人的道理，也許是因為後王之位失而復得因而更加珍惜。總之，便再也沒有胡亂鬧事。

其實阿羅多這麼一個人，並不能單純地把他當成一個小人，他有性格的多面性，處事也比較靈活，總能把握自己的命運。應該說，他是一個有手腕的人，當他被逼急了的時候，他甚至不恥逃跑；當他看到利益的時候，他馬上就會使出伎倆，去為自己謀取利益。從他身上顯現出來的是人性正常的掙扎，每個人其實都會有那樣的時刻。

四　死守

歷史的煙塵散盡，如今，交河已成為一片廢墟。

在城中大道上漫步，一扭頭，就看見吐魯番市林立的樓房。作為現代城市，它是有根的，那條根巨大的身軀，就是人類從遠古走向現代的歷程。它暗暗地延伸著，儘管一頭已經被死亡和沉寂佔據，甚至已經變成廢墟，但另一頭卻似乎仍然銳氣不減，像個倔強的孩子似的，努力向前延伸過去。人類的腳步幾乎就這樣一直跌跌撞撞，一成不變。然而不論一座現代城市如何發展，人類如何跌撞的走遠，那條根卻永遠不會中斷。交河故城是吐魯番的根，是一個包容著巨大疼痛與沉重的關聯。趙破奴於西元前一〇八年領數萬兵攻破交河、西元前九九年至六二年的「五爭車師」、西元四五〇年柔然攻破車師、西元六四〇年唐朝侯君集設安西都護府，以及西元九至十四世紀回鶻統治交河……等，在西域兩千多年的發展過程中，各王國之間發生的戰爭、自然災難、以及自身體制的衰敗等等上演著生與死的劇碼。車師國的生死沉浮就像大海中的一片樹葉，命運的巨浪襲來時，它只有隨之起伏、飄蕩，最後沉沒。

但交河城到底是怎麼被廢棄的呢?有人說，交河城有可能毀於一場千年罕見的大雨。吐魯番年降水量只有十毫米，人們的防洪意識是淡薄的，如果突遇一場罕見的大雨，很有可能在沒有任何防範措施的情況下被淹沒。但從故城遺址的房舍與街道形狀來看，顯然不是被洪水淹過的，因為那些牆基至今完好無損。再則，交河城地勢高聳，要淹沒它，該有多麼大的一場洪水啊。況且，西域典籍中沒有記載吐魯番曾出現過大雨和洪水。

張志榮先生曾在一篇文章中對交河的廢棄作了這樣的論述：「交河故城之所以能給古人一種『固若金湯』的感覺，一個比較現實的原因是它地處火焰山與鹽山交接處，控扼了鹽山、火焰山之間的天然豁口，將城設置於此地，等於在從吐魯番盆地通向西、北方向門道上安置了一把大鎖，利於加強盆地的軍事防禦工作。況且這裡地勢險峻，四周崖岸壁立，還有不大不小的護城河，易守難攻。但是，正是這樣重要的地理位置，險要而又便利的生存條件，使它一次次成了兵家必爭之地，成了或要嚴守，或要死攻的軍事要塞所在。這樣，它就要比其他故城不幸的多，不間斷的兵燹幾乎毀了每一座民居作坊和官署寺院，留下一片黃土疙瘩，神秘而又滿目淒涼。」

這裡，有一件事是值得一提的。西元四五〇年，安周借柔然之力向交河城發起了進攻。這時與車師相鄰的高昌國已被北涼沮渠無諱佔領，車師國處在困苦交加的地步。其實從西元四四二年開始，沮渠無諱就對車師發動了戰爭，八年戰爭，車師人既顯示出了誓死不懼的英勇，又默默地吞咽著戰爭釀成的苦果。

柔然人來犯，無異於火上澆油。幾經拼殺，車師國抵擋不住了。於是在一個夜晚，車師王伊洛和兒子突圍而去，投奔了焉耆。車師前王國從發現小島開始，到此畫上了一個句號。然而，就在這個句號即將畫完時，卻又出現了一場波瀾。

在最後掀起波瀾的是幾個士兵。柔然人攻進交河城，那些個車師士兵困在一座寺廟裡死守。兩天兩夜過去了，柔然人卻拿他們沒辦法。最後柔然人採取了「以不攻為攻」的辦法，圍住寺廟，想把他們活活餓死。第三天，柔然人發起了一次進攻。他們剛貼進寺牆，裡面便有利箭射出，幾個柔然人應聲從牆頭栽下。無奈，他們只好又用回老辦法，不敢再輕舉妄動。這幾天，柔然人從城中挖出了大量財寶，他們高聲歡呼，唱起了勝利的歌，但那座寺廟裡卻沒有一絲聲響。到了第五天，柔然人又沒了耐心，用木頭撞開廟門衝了進去。一瞬間，出現在眼前的情景令他們驚訝不已，那幾個車師士兵早已自刎，而寺廟牆壁上的圖畫已全部被刮掉。柔然人明白了，這幾個車師士兵反用了他們「以不攻為攻」的方法，爭取了時間，把牆上反映車師人遊牧生存的壁畫刮掉了，他們這樣做，是不想讓柔然人瞭解到車師人的生存情況。柔然人轉身離去，勝利的喜悅並沒有使他們好好想一想，為何這幾個車師士兵要置那麼多財寶於不顧，卻偏偏冒死刮掉壁畫的原因。

回溯到西元前三世紀，廣布在天山東部地區的土著居民姑師（車師）就以：「廬帳而居，逐水草，頗知田作。有牛、馬、駱駝、羊畜，能作弓矢。」的方式生活著。國情、軍事裝備都在這幾句話裡，對於車師人來說，這是不可對外洩露的秘密。

那幾個車師士兵的表現是何等高尚的愛國之情啊。

五　故城古道

交河故城，一片沉寂已重壓而來。這裡再也不聞鐘鼓之聲，看不見車水人流；沒有胡茄和羌笛從古巷深處悠悠響起，傳出歡樂與幽咽的曲調；再也看不到「戶七百，口六千五十，勝兵八百六十五人」組成的大家庭裡，每個人用真情與熱愛善待著人生；再也不見兵戈鐵馬，殺伐聲一陣高過一陣的駭人場面。

只剩一片廢墟。它是一個人，經歷了那麼多苦難與滄桑，終於讓歲月的殘骸把自己包裹起來，不吭一聲，任憑後人去觀看和訴說。時間原本就是一個製造災難的高手，沒有任何人事物經得起它的摧殘，最後多要變成廢墟。每一次災難降臨時，誰也無法改變自己的命運，只是像一隻被雨水浸濕翅羽的微小蚊蟲，掙扎在世界的股掌之中；一個王國，也無非就是這樣一種生存命運，當它在努力往前走動的時候，它身上的一些東西其實正在死去。生命是個黑洞，光明只能為我們引路，生命中那種偶爾一現的激烈與美麗，才是一個王國最為重要和感人的記憶。比如車師人發現小島時的那一份驚喜；以及他們終於安居下來，在城池中安靜地生活時，幸福與甜蜜掠過心頭的瞬間。古詩說得好：「荒台遺址，幾度春秋。羌兒走馬，早知解苦。」一切都似乎逃不脫命運，所以，早一點品嘗到酸苦也不是什麼壞事。知道了這些，讓我們好好對待每一天的生命。

在交河古道中慢慢往外走，涼風穿透熱浪，輕輕撫在臉上，讓人覺得有股親切；風是歲月永不停歇的大手，永遠呵護著生命，來回宣諭著生存之謎。轉身離去，遠古的聲響似乎仍未平息，凝神聆聽，恍惚間，想起詩壇泰斗艾青曾來過交河故城，在這裡眺望歷史，沉思人生。其時的一瞬，有涼風像精靈從悶熱中穿來，撫過他的前額，他的面容有了幾份釋然。少頃，他吟出了兩句詩：

活著的人好好活著吧
別指望大地會留下記憶

走出交河，回頭一望，交河故城仍是一個孤立的小島，環繞交叉的兩條河使黃褐色的這座墳城顯得凝重而沉寂，像是與周圍的任何事物都沒有關聯，只活在往事和記憶之中。是啊，屬於它的往事和記憶留住了它，讓它變得孤立而又冷峻，誰也無法再改變它。

呵，時間這棵大樹上，懸掛著一枝永不落下的乾果。

高昌：火焰中的城

一　牆上的佛

在交河以東約五十公里處，就是高昌故城。高昌在維吾爾語中稱「亦都護城」，意即「王城」，因此城為高昌回鶻王國的都城，故名之。它位於吐魯番市東四十五公里處，火焰山南麓的木頭溝河三角洲，是古絲路的必經之地和重要門戶。

交河與高昌之間有著千絲萬縷的關係，並不是因為它們二者之間離得太近的緣故，而是因為在歷史的一些時期，雙方在政治、軍事、民族等方面不停地發生衝突，致使這兩個王國的主權不停地東挪西移，今天在車師（交河），明天在高昌，讓人覺得眼花繚亂，好像一場歷史中的風沙刮了一兩千年仍沒有停息。與新疆所有的故城相比，高昌是最具規模的。而一座死去的城，除了更容易讓我們懷念往事以外，它還能不能從另外的意義上帶給我們警醒和啟迪？對於今人，要認識一座死去的城，儘量得把它想活，想成一個披著滄桑之衣，但仍在呼吸和行走的人，當然就更有意思了。而那些曾經為這座城的存在痛苦過、掙扎過、興奮過，最後都悄無聲息死了的人，在一座城仍然活著的意義中，無疑是它鮮活的血液。

在高昌走一走，馬上就有一個強烈的感覺，在這裡一步邁出去就是成百上千年，一落腳就踏在了漢唐。還有一個感覺，就是宗教氣息在這裡十分濃厚，遺址被大風長期吹刮，一些牆壁慢慢地變得像人，走遠了再回頭張望，它們又酷似一尊尊打坐或站立不動的佛。

如此看來，一座死去的城，它在另外一種方式中還活著。

二 客棧

高昌國似乎是一個一直忙於搞接待的王國，每天都在為過往的人準備著吃、用的東西。這很有意思，在西域的王國中，樓蘭曾經一度苦於應付匈奴和漢朝過往的軍隊，本來沒有罪的它最後卻因為生存在一塊有罪的土地上而遭受了苦難。相比之下，高昌所處的位置上來來往往的人比樓蘭要多得多，高昌國的國王就顯得像一個客棧老闆一樣，整天堆著笑臉地迎來送往，侍候要在高昌落腳的人們。

從現在高昌故城所處的位置上仍可以看出，高昌國在當時處於一個非常重要的軍事關口。它不光處於吐魯番盆地的邊緣，而且是火焰山和鹽山唯一的一個交叉出口。由此可見，不管是中原軍隊還是西域遊牧民族，不論要出入塔里木盆地或者向天山遷徙，高昌是必經之地。高昌城在不同的時期，有中原來的漢人、中原在高昌設置的軍事機構、耶律大石西遷途經高昌、與回鶻汗國滅亡後的一部分人遷徙落腳於高昌…等，都再再說明高昌地理位置的重要性。

高昌建於西元前一世紀的漢代，因其「地勢高敞，人廣昌盛」因而得名。高昌國在當時是西域王國中的一個新生國，加之它的成立有中原的很多因素滲透其中，所以它不像龜茲、疏勒、于闐那樣熱鬧。在時間面前，它還是一個沒有長大的孩子，周圍的一切對他來說都是陌生的，他需要慢慢地去把它們看清。此時的平靜並不等於長久平靜，並不等於在日後就不發生一點事兒。相對於日後的兵戈鐵騎，水深火熱，起初的平靜和單純是多麼好啊！它讓人覺得它像一汪清水，不光透澈見底，而且折射著明亮的光芒，如果它不往遠處走，那麼它將會變得多麼珍貴。

但即使它在原地一動不動，別人卻會向它走來。縱觀西域歷史，許多像高昌這樣的王國就是在戰爭和民族衝突中被改變的，它們慢慢地會被拉入一個無形的大潮中，東飄西蕩，開始了自己在西域的坎坷命運。

走向高昌的人中，有個應該特別寫一寫，他就是李廣利。漢武帝也許是念著他姐姐的情，給了人馬，封他為貳師將軍。於後，他帶領著人馬來到西域想打擊匈奴，但公子哥兒的出身，沒有打仗的經驗，這一路他吃盡了苦頭。《李廣利：遲來的憤怒》一文中曾描述過他行軍的情景：

他的腳一定被那像波紋般拱起、刀刃般尖利的地面劃得傷痕累累，慘不忍睹。事實上，李廣利一路上要努力克服的，遠不止自然環境的惡劣，沿途的小國聽說他帶兵要去打大宛，傾向匈奴的他們，在他到來時紛紛緊閉城門，拒不提供糧草。李廣利對天長歎一聲，只好採取攻城奪糧的方法養活自己。一路上，他邊走邊打，打得開城門，就補充些給養；打不開就只好忍著饑餓又往前走。按說，打別人的城和奪別人的糧是不道德的，作為大漢國的將軍，李廣利是知道這個道理的；但他無法面對自己兄弟挨餓這一事實，同時他又憎恨這些小王國見死不救的作為。所以，只要能把城門打開，他就讓兄弟們心安理得地去搶，去奪。就這樣，李廣利一路打到了大宛國。到了大宛國附屬的郁成國時，他只有饑疲不堪的幾千人馬了。郁成國的軍隊以逸待勞，與李廣利的軍隊一交手，就將他們打得大敗，一半人馬死傷。李廣利再也顧不上為漢武帝去奪汗血馬了，只好帶著殘部撤回到敦煌，派人到長安向漢武帝上書請求罷兵。

當然，李廣利在後來還是忍受了饑餓和寒冷，再度向西域挺進，經過一番痛苦地掙扎，他終於帶隊到了高昌。遠遠地看見高昌國的高大城牆時，他終於鬆了一口氣，高昌國中漢人居多，到了這兒就等於到家了。而事實上，這個家還是不錯的，他們得到了很好的招待，經過充足的休養之後，又有了向別處征討的力氣。也就是從李廣利開始，高昌成了中原軍隊在西域休養生息的家。

史書上並沒有提及高昌對李廣利的態度，但即使高昌國王心裡有一千個不樂意，面對強大的漢朝時也只能悄不做聲，滿臉微笑。毫無疑問，漢朝的強大給他們造成了一種威懾力，讓他們心生畏懼。同時，李廣利領兵入西域，本就是為了收拾不聽話的人來著，高昌此時如果表現不佳，弄不好就會被李廣利列為打擊的對象，哪才划不來呢。所以，高昌國王對接待這一差事大概早已掂出了輕重，心裡明白，也不過就是叨擾幾頓飯，提供睡覺的地方，走的時候再配備上一些食物而已嘛，沒什麼了不得的。把你們哄高興了，打發走了，我照樣過我的日子。

再提起一個歷史上名聲顯赫的人，他就是耶律大石。耶律大石是契丹人，在無法繼續與遼皇帝天祚合作的情況下，僅帶著二百多個人就到可敦城建立了自己的王國——西遼。不久，遼國滅亡，他審時度勢認為隨遼皇帝天祚兵敗，金國很快就會來找他的麻煩，此可敦城不可久居。於是，他再次做出一個驚人的計畫——率七州十八部遠遷西域。在告別儀式上，耶律大石對部下們說，金人本是我們的屬臣，現在滅亡了我們的國家，我決意遠遷西域，將來憑藉各屬國的兵力，消滅仇敵，光復國土。士兵們被他的這番話激起了鬥志，紛紛表示願意隨他遠遷。而他制定的路線中有一個必經之地——高昌。他率領一隊人馬從西夏國內借道，穿越沙漠向西而行。出發前，他致國書於高昌國回鶻王畢勒哥，要求從高昌境內借道，並希望能提供飲食協助。畢勒哥接到耶律大石的國書後，馬上下令開放國道，並親自迎接耶律大石。耶律大石到達後，他大宴遼軍三日，並表示願意臣屬於遼；當耶律大石走時，高昌又送上了數量可觀的糧草。耶律大石走後不久，金國派遼朝降將耶律余睹，率燕、女真、契丹軍等一萬人追了上來，但他們哪能追得上因高昌大力資助，而得復精力的耶律大石呢。進入沙漠後，他們就因水土不服而不得不放慢速度，被耶律大石遠遠地甩在了身後。最後，他們因糧草不足，加之人馬死傷不少，不得不退了回去；由此可見，耶律大石選擇這條路線是十分英明的，他借沙漠耗去敵人的體力，讓他們無力前行。甩掉了金兵，耶律大石從天山腳下繼續西行，沿途部落紛紛歸附於他，他由此得到了大量的駝、馬、牛、羊、財物等，隊伍迅速壯大了起來。

經由這些接待事件，我們可以看出高昌處於這麼一個南來北往的關隘之地，常常要迎來送往，強裝笑臉待客，這實際上是與它自身的實力有很大的關係，誰叫自己的實力不如人呢？所以，人家在上路之前打一聲招呼，這邊就得趕緊做準備，吃的、住的、用的，可得一應俱全才行。高昌在這方面做得可說是不錯的，知道了自己已經處於這樣一種位置上，所以便清醒地把握自己的命運，認認真真地維護高昌的穩定。如果高昌得能成為人人皆知的免費接待站，包括漢、唐、以及西域所有的王國都能夠記得高昌的好的話，那麼它的存在便是必不可少的，在西域所有王國都處於起伏不定的狀態中，高昌反而獲得了生存的優勢——因為人人都需要在高昌落腳，高昌的存在是大家共同的需要。

但高昌會不會有不樂意的時候呢？受委屈的事情做久了，心裡都不免會有對抗的情緒。高昌人不是上天生就侍候人的，讓他們長期把過路的每一個人都當成大爺，好吃好喝地侍候著，好話讚譽、好臉相迎，他們也會累、也會煩，恨不得把那些上門來白吃白喝的人一腳踢出去。同時，長時間提供這些免費服務，可消耗了高昌大量財力物力，使高昌人的生活受到了影響，大家心裡都憋了一口氣。但又有什麼辦法呢？多少年形成的規律誰也不敢輕易打破，就是再苦再累，滿肚子委屈也不能發作。

一隻手若無力出擊打人，便只能緊緊握住自己的命運。

三　生命之火

每一個國家都離不開國際這個大集體，高昌在當時自然也必須要與唐朝交往。從表面上看，這種交往似乎是兩國之間的禮尚往來，但實際上，高昌是出於對盛唐的依附，主動向它靠近。

高昌國在火焰山下安然，但有兩支勁敵始終對它不懷好意。一支是黠戛斯部。黠戛斯因擊敗回紇汗國（高昌人前身）而稱雄漠北高原。儘管回紇人脫離了蒙古草原，避開了黠戛斯的打擊，卻未完全逃脫黠戛斯部的勢力所及，他們隨時都有再度來犯的可能；第二個勁敵是吐蕃王朝，吐蕃在天山南部經營多年，一直將高昌一帶視為自身的安全屏障，儘管在和回紇的較量中，吐蕃連連失利，但它決不肯輕易認輸。

這一切，都一度使高昌處於不利的境地。但這時的高昌國王卻頭腦清醒，積極投靠大唐，為自己的安身立命找到了政治依靠。這不失為一個上策，當時的西域各國對唐朝一直抱著非常複雜的心理。從西漢開始，西域各國一直在動盪之中起起伏伏，對於各王國而言，匈奴和突厥人在他們心頭留下的陰影始終沒有消散。如果能遠離戰爭，自由自在地融入山川大野中去，他們很快就會忘記那些不快，為生活盡情地唱歌和跳舞，直到深深地沉醉其中。可一旦有什麼風吹草動，他們的這種生活就被打亂了。所以，西域各王國實際上都是在恐懼中生存著。

高昌身在其中，把這些看得比誰都清楚。在他們的爭取下，唐朝一直站在他們這邊，給予政治上的大力支持。這樣的事從唐朝開始，歷各朝而持續著，光西元九〇七年一年，高昌就對遼進貢二十四次之多；到了後周廣順元年，進貢已記錄在案；宋朝建立後，高昌與宋也保持著十分親密的關係。《宋史．高昌傳》記載：「建隆三年（西元九六三年）四月，西州回鶻阿都督等四十二人，以方物為貢。」「乾德三年（西元九六五年）十一月，西州回鶻遣僧法淵獻佛牙，玻璃器，琥珀墓。」更有趣的是，他們把自己與宋朝的關係比擬為外甥與舅舅的關係，高昌王對宋朝自稱為：「西州外甥獅子王」。

而中原各朝又是如何回應呢？比如漢朝，儘管高昌對漢朝的進貢在他們自己看來是十分隆重的，但在漢朝眼裡恐怕還是微不足道。不過漢朝想到的，卻是政治層面的東西，可以透過西域王國的主動投靠，影響其他還沒有動靜的王國。就這樣，高昌等國與漢朝形成了一種十分微妙的關係，這種關係對雙方互有好處，所以雙方都做得非常漂亮。想像一下，當一方使者到另一方的國土時，就會有盛況空前的歡迎儀式。當鼓樂奏起，人們把對方國的使者迎來送往時，臉上都掛有微笑。

正是由於漢朝和西域的這種關係，才使高昌迎來了生命中最為輝煌的時期，沒有戰爭的干擾，得到了茁壯成長的機會。人人神情安然，身著華麗的服飾；在田間地頭和城郭中，隨處可見人們載歌載舞，一幅歌舞昇平，歡樂盛世的樣子。這個遙遠的，不為世人所知的小王國，以它自足自樂的心態迎著每一天的太陽，當高昌城被陽光照亮所有的角落，人們臉上呈現著的，是邊地少數民族最為豐富的沉迷與冷峻。照這麼下去，高昌這樣一個燃燒著灼熱火焰的王國，極有可能又會寫下西域另一頁的輝煌。在高昌國以西三、四里，就是火焰山，山體的脈紋像向上竄升的火焰，很有氣勢，似乎要把天空一把火燒盡。

而在高昌國裡，一種更熱烈的生命火焰似乎也在竄升。

四　重生

張雄是高昌的一位重要人物，但卻因為時運不濟，其過人的能力沒有用在該用的地方上，尤其是在高昌處於命運攸關的時候，他卻因為英年早逝而不能力挽狂瀾，讓高昌如一輪夕陽墜落暗淡的陰影之中。

他為何在茫茫大漠中逃亡？
一身正氣，馳騁戎馬生涯
他為何鬱悶在胸，傷感而逝……

這幾句詩就是寫給張雄的，從中可以看出張雄是個錯失機運的英雄。史書上說，張雄亦名太歡，祖籍河南南陽，世居高昌國，生於高昌貴族家庭。他的祖父張務曾任高昌左衛將軍、綰曹郎中（最高行政官員）。其父張端曾任建義將軍、綰曹郎中。他的姑母是高昌王麴伯雅之妃。於後接任高昌國王的麴文泰與張雄是姑表兄弟。也許由於出身權貴世家的原因，張雄「愛自弱齡」，不久便「襲居榮職」，成了高昌王國的重要人物。史書上對他評價頗高：「天資孝友，神假聰明」，「不以地望高人」，「不以才優傲物」，「白面知兵，神機俊爽」，由此可見他不光是文武雙全的人才，而且在品行德才方面也有過人之處。

隋朝時，應是高昌王國後期，張雄就是在這時成長並步入政治舞臺的。二十歲那年，他的人生發生了一次重大的轉變，高昌國國王麴伯雅給了他一個到隋朝學習的機會，讓他隨高昌使團進入中原，而這個使團的團長就是麴伯雅。對於張雄來說，這是一個難得的機會，二十歲正是適於學習的年齡，讓他去一個更大的世界中開闊一下眼界，在日後定會發揮出作用的。史書上說他們一行在長安生活了四年才返回高昌，在那四年中他們接觸了中原很多先進的東西。張雄作為這個成員團中的一員，在思想和觀念上也有了很大的變化。相對於日後在高昌顯示出過人魄力的張雄而言，此時在長安的張雄一定獲得了非常好的「學習」機會。

四年時間很快就過去了，麴伯雅帶領張雄等人返回了高昌。四年時間雖快，但對麴伯雅來說卻是很充實的四年，他學習了隋朝的政治、經濟和文化等各方面的很多知識，並娶了隋煬帝宗女華容公主為妻。回到高昌後，他立即宣佈要對高昌進行改革，引進中原的一些好的方法。張雄聽聞後熱血沸騰，表示要當這次改革的先鋒。

然而，正如遊牧民族的諺語所說的一樣：看上去筆直的河流有時候會溢出意外的河水，身姿矯健的雄鷹有時候撞上石壁。麴伯雅當時的改革僅僅只有一個初步概念，都還沒來得及實施時，卻引發了未曾預料到的風暴，高昌國的親附國鐵勒國公開反對他改革，並突然在高昌王宮內意圖刺殺麴伯雅，幸虧麴伯雅反應靈敏，才躲過了一劫。鐵勒國人佔領了高昌，麴伯雅被迫逃亡。而張雄臨危受命，率領一支隊伍跟隨在麴伯雅左右。發生這樣的事，大大出乎意料。可以說麴伯雅付出四年時間規劃的一個藍圖，被鐵勒人摔碎了一地。鐵勒人之所以推翻麴伯雅，是因為不想再當高昌國的附屬國。他們把麴伯雅搞改革作為一個藉口跳出來鬧事。而麴伯雅萬萬沒有想到鐵勒人會幹出這樣的事情，所以被逼得逃亡在外，過著流離失所的日子。

張雄跟著麴伯雅在外流亡了六年。這六年的日子並不好過，他們要躲避鐵勒人的追殺，不得不曉行夜奔，但即使躲過了鐵勒人的追殺，還要克服艱苦環境的折磨。身處大漠戈壁，他們在六年中一直風餐露宿，時時承受風雨的吹刮，經常忍受冰雹的擊打，冰山、荒原、沙漠、高山，則是他們的道路。在那樣艱苦的條件下，張雄的意志始終都不動搖，積極鼓勵麴伯雅要堅定信念，耐心等待東山再起的時機。此時張雄的面容是清晰的，形象是明朗的，讓人覺得他生氣勃勃，是一個不怕吃苦，而且能幹大事的人。麴伯雅有張雄這樣的人在身邊，還會怕鐵勒人嗎？有了他，麴伯雅就有了信心，麴伯雅有了信心，高昌國就有了希望。如此一比較，張雄便是關鍵所在，少了他，麴伯雅的處境可能會變得很危險。

六年的艱苦等待終於結束了，麴伯雅與西突厥取得了聯繫，得到了他們的支持。一群老虎抖落掉身上的重壓後，馬上就要咆嘯而起了；更何況這是一群苦苦等待了六年的老虎，它們呼嘯而起時一定是很嚇人的。經過周密的計畫和精心佈置後，一支要殺回高昌的大軍組建而成，張雄作為統率這支大軍的將領，身先士卒，走在隊伍的最前面。回到高昌，不出三天便將鐵勒人打得大敗。嘿，這六年中鐵勒人似乎在睡大覺，在軍事上沒有一點長足的發展，更沒有在高昌建立起屬於自己的政權，在張雄反撲回來時，便如以卵擊石，一敗塗地。高昌被張雄收復了，高昌的主人又回來了，高昌國內萬民歡呼，人心鼓舞。收復了高昌，屬於高昌國王的那把椅子還待由麴伯雅去坐，張雄率領高昌人民列隊在城外迎接麴伯雅入城，重返高昌國王之位。張雄在這次戰鬥中力挽狂瀾，這可立一個大功。張雄受封為「左大將軍兼兵部」一職，相當於我們現在所說的三軍總司令。怎麼樣，這個官夠大的吧！

張雄當大官了，又處在高昌國關鍵的位置上，應該說迎來了好好為高昌國出力，盡情發揮自己的才能的機遇。然而，隨著唐王朝取代了短命的隋王朝，高昌國的命運也悄然發生了變化。新生的唐王朝實行了一系列治理西域的政策，麴伯雅面對這些新的政策，心裡覺得不舒服，他想到了他在危難時刻給他幫過大忙的西突厥，加之又覺得唐王朝因為「阻漠隔沙」不能到西域來，於是他選擇了親近西突厥而斷絕與唐朝來往的作法，讓高昌在西域自主。

張雄覺得麴伯雅這樣做很危險，唐朝雖然對西域實行了一系列治理西域的政策，但別人能接受，高昌為什麼就不能呢?再說，唐朝並沒有把高昌當作敵人，放著好端端的日子不過，你跳將起來反抗個什麼呢?張雄的面孔從這時候開始變得痛苦起來，他把一切形勢都看得很清楚，明白高昌國應該走哪一步棋。但麴伯雅卻聽不進去，他只能眼睜睜地看著高昌走上了下坡。

於此，他們倆的關係變得緊張起來。他們的對立並不是個人之間的對立，而是影響著高昌國生死存亡的對立。張雄為了高昌的生死，當然不會讓步；而麴伯雅也是憋著一肚子氣，心想在高昌是我說了算，你小子卻天天叫嚷個不停，我偏不聽又怎麼著?!張雄力勸麴氏父子要認清形勢，極早歸順唐朝才是上策。而麴伯雅卻認為，唐朝與高昌之間就像「鷹飛於天，雉竄於蒿，貓游於堂，鼠安於穴，各得其所，豈不快耶」！張雄尖銳地說，不不不，自古以來偷安無益，從歷史來看，與中原朝廷對立的王國都落不得一個好下場，如今唐朝強大如象，我等小如蟻蟲，惹惱了它，它一腳踩下哪還有活路。張雄如此苦口婆心，但麴伯雅對張雄的話卻一句也聽不進去，以至於張雄說得聲淚俱下，卻沒有起一點作用。尖銳的分歧使麴伯雅已不能坐下來冷靜地分析眼下形勢，對張雄充滿厭惡與不滿，而且在政治上開始排擠他，讓他坐冷板凳，不再給他說話的機會。

雄鷹不能飛翔翅膀難受，駿馬不能奔跑骨骼疼痛。張雄眼見得高昌已岌岌可危，內心如焚，坐臥不寧，以至於鬱結成疾，年僅五十歲便傷感而逝。

五　熄滅

張雄死後，高昌國一步步走入了下坡路，其生命火焰也開始慢慢變得暗淡起來。正如前面所言，如果西域的小王國完全處於封閉狀態，不受外界的影響，而且也不經受戰爭的干擾的話，它就會在本民族傳統文化的滋養下，成為絲路上的明珠。縱觀西域，這樣的情景曾多次出現過，但最終卻都沒有成形。

當麴伯雅死後，麴伯雅的兒子麴文泰接任高昌國王。這時候，麴文泰延著父親的步伐，把反唐的步子邁得更大了。高昌王麴文泰受西突厥葉護（首領，地位僅次於可汗）的影響，與西突厥人聯兵進攻唐朝的邊城伊吾。唐太宗寫信責備他，麴文泰置之不理；而隨後許多流民流入高昌，要求協助返回中原內地，唐太宗讓麴文泰遣送，他也頂著不辦。

而隋末動亂以降，以往通往敦煌的大磧路因無人問津而封閉，於是西域到中原就全部改道高昌，麴文泰更趁著做仲介之機，大肆從中攫取利益。以上這些，對高昌國而言，都在預示著一場災難的洪流即將傾瀉而來。如果說，高昌是一座燃燒著生命的火焰之城，那麼它必將被這場洪水澆滅而亡。但麴文泰卻始終沒有意識到這場洪水將給自己帶來滅頂之禍，在西突厥葉護的誘導下，正滿心歡喜地幹著與大唐作對的事情。一個國家的王，當他堅持錯誤時，往往因為自己有著至高無上的地位，而一意孤行地將錯誤堅持到底。這也就是許多王國到最後滅亡時，如山崩水洩般無可挽回的原因。

而從中做梗的西突厥又是如何思考的呢?唐朝把突厥汗國滅掉之後，突厥人分為東、西兩支突厥。東突厥很快又被唐朝消滅，只剩西突厥仍在頑抗。此時的西突厥人力量強大，大有與唐朝一較高下的意圖。但他們同時又深深地明白，要想與唐朝抗爭，務必要先在西域立的住腳，於是便把目光對準了高昌，而麴文泰顯然不知西突厥葉護的險惡用心，被他牽著鼻子走上了亡國之途。

這位西突厥葉護是一個相當有軍事才能的人，如果站在高處看一場戰爭，不把人們作好壞劃分，那麼處在生死存亡的關口時，誘導高昌王反唐倒是顯示出了他明智的一面。再把他和高昌王麴文泰作個比較，就可以看出麴文泰的愚蠢，高昌國的輝煌已使他麻木不仁，無法對治國護國再有一個清醒的認識。人有時候就是這樣，往往在危難時刻反而能警醒，能樹立不屈的精神，而一旦什麼都優越了，反而就糊塗了。

到了西元六三二年，焉耆王向唐朝請求重開大磧路，唐太宗同意其請求。麴文泰因失去課徵西域商人的大量稅收而大為惱火，便勾結西突厥人攻下焉耆的五座城，擄掠了大量財富。焉耆王向唐太宗哭訴，唐太宗便派人責問麴文泰：「你為什麼要高築城牆深挖溝，是不是想和唐朝打仗？」麴文泰把他父親曾說過的「鷹飛於天，雉竄於蒿，貓游於堂，鼠安於穴，各得其所，豈不快耶！」一番話原原本本地丟到了唐太宗面前，言語中明顯有不再臣服之意。後來唐太宗令他入朝，他也推病不從，完全與唐朝對立了起來。如果說，高昌有能夠與唐朝對抗的實力，在為了使高昌變得更為強大的情況下，這樣做也未必不可；但是唐朝與高昌相比實在懸殊太大，就如同以卵擊石，麴文泰卻對此置若罔聞，從來都沒有考慮到後果如何。在這一點上，麴文泰像極了他的父親鞠伯雅。

麴文泰的囂張氣焰終於激怒了唐太宗，西元六三九年冬，唐太宗派兵部尚書侯君集率兵數萬西征高昌，麴文泰聽到消息，滿不在乎地對身邊的人說：「唐朝離我七千里，中間要走二千里沙漠，無水無草，冬天寒風如刀，夏天熱風似火，平日一百人走，尚不容易過來，何況大軍？唐軍糧食吃盡，餓得爬不起來，到那時，我們只管拿繩子捆俘虜好了，愁什麼呢？」

他的這番分析有道理嗎？且看遠在唐朝兵馬尚未到達西域以前，高昌國內就有人唱著這樣一首歌謠：

高昌兵馬如霜雪，
漢家兵馬如日月；
日月照霜雪，
回首自消滅。

唐朝的軍隊是在第二年春，忽然出現在高昌城下的。麴文泰急忙登上城牆，被眼前的情景嚇了一大跳——數萬唐軍把高昌城圍了個水洩不通，護城河已被木料堵塞，無數輛拋石車正向城上拋擊石塊，使高昌兵無法在城上站立。而在東西兩側，幾輛撞車已把城牆撞開幾個缺口。此時的麴文泰正患重病，看著眼前他做夢都沒有想到的情景，又驚又怕，頓時就倒在了地上，很快便咽了氣。麴文泰被嚇死了，高昌國失去了指揮，唐朝軍隊輕而易舉攻進了城。當人們從廝殺中反應過來時，才發現麴文泰已經咽了氣。高昌國的餘音沒有激起任何波瀾，就這樣極其平靜地被唐朝軍隊畫上了一個句號。

唐太宗隨即在高昌設立西州，不久又設立了安西都護府。西域歷史上曾經無比輝煌的一個王國——高昌，沿著火焰上升的城，就這樣死亡了。

六　新芽

當我們如今再踏入高昌遺址時，高昌國的生命火焰早已熄滅。

方圓百餘方公里，殘骸和遺跡林林總總，像是還保持著原來的秩序。爬上一堵斷牆，就可以看出這個故城中基本上還保持著房舍、寺廟、街道，宮殿和佛塔的大致形象。放眼望出去才發現這儘管是一座廢墟，但還是顯得很整齊。現在的高昌正維持著一種衰敗的秩序。四周的圍牆大多仍尚好，因而又襯托出這座古城的嚴肅和明朗。由此可以想像得到，昔日的高昌該是何等的輝煌。王廷德在《使高昌記》說：「此高昌國中，沒有貧民，國人大多高壽。『絕無夭折』，『地產五穀，獨無蕎麥。貴者，食馬肉，餘者食羊肉，及鳧雁。』」多好啊，「貴者」與「餘者」組成這個王國，儼然一個現實中的烏托邦。然而，現在我們卻只能面對它的廢墟。如果在城中認真尋找，還可以找到玄奘當年講經時的佛塔，還可以找到王宮，找到冬暖夏涼的地穴，但這一切已只能嚮往而不復存在。

一年，高昌故城落了很厚的雪，一整個冬天都沒有融化。第二年，這些雪仍積蓄著，以致讓人弄不明白春天是否已經到來。然而等到有一天積雪全化掉，露出廢墟時，卻同時露出了已經長出的綠草。那些草儘管只是稀少的幾株，但卻綠得引人注目。或許生命就是這樣，它的外表似乎總是斑駁的，佈滿傷痕，但內部卻有生命的火焰在上升。

這是一座死去的城顯示出的一次生命的意義。

古格：神的追問

一　佛

西藏阿里，古格王國遺址一覽無餘地留存在一座山上，由於山上滿是密密麻麻的窟洞，所以使古格王國遺址顯得像一個巨大的蜂巢，讓人無法相信這裡曾經是一個王國。上山的入口處掛著一個門牌，上面標示這座山的高度近五百米，這便又讓人疑惑，這座不高也不大的山如何能支撐起王國那龐大的身軀呢？不過，仔細想一想，人類在幾百年前（據說古格是在距今三百年的時候消失的，其存在時間大概有七百多年）尚未發達，所以，當時的人選擇這個山峰作為城池，再在窟洞中安家，似乎合於情理。

細看，一條條縱橫交錯的溝壑在廢墟上組成了顯眼的「林莽」，就在起伏不平的山坡上，城垣和宮殿的殘跡星羅密佈，有的只剩下個房檐，有的則懸空裸露出牆坯。兩座紅廟要比所有的城垣和宮殿顯眼，放眼四周，也唯獨這兩個廟完好無損。可以看得出，人們為了使它們之間有明顯的區別，才把它們粉刷成了紅牆白壁。

在廢墟中行走，看到廟中的佛像大多已經破爛，有的手腳不全，有的成了獨眼，有的則身首異處。轉了半天，看見了銅佛和金佛，朝拜的心情便加重了，有一句話說得好，人心所向——向什麼呢？當然是至高和至尊的東西。

看到壁畫的時候，令人不免眼睛一亮。這些壁畫的內容無疑是豐富的，幾乎每一幅圖畫都講述著一個故事，有人說，圖中所畫為古格王國當時戰爭、作息和生活的場面。在今日殘存的古格遺址中，經堂宮殿，冬夏寢宮都一應俱全，就連內部地道也四通八達，佛殿佛塔保存更是完好，壁畫塑像堂皇華麗。有意思的是，壁畫中有許多細節頗為動人，有一尊佛脖子上掛著人頭項鍊，那些人頭皆張口痛叫，一幅被某種魔力鎮壓著的感覺。再細看，這尊佛腳下踩著他們的屍體，一律齊刷刷地斷了頭，這可能是一尊執法的佛，他在告誡人們，幹了壞事，到了他這兒，是要受罰的。壁畫中有許多女性，個個容貌秀美、華貴大方、身材豐滿。她們不論是端坐，還是顧盼流連，抑或揮戈征戰，甚至被野獸和天葬臺上的兀鷹吃掉，都顯得那麼虔誠，好像生與死的形式都是儀軌的過程。（詳見作者《參佛手記》）

所有廢墟中的房子在今天都被當作寺廟和佛殿來看。有一個宮殿據說是施刑的地方，殿中央有一個平臺，要被處死的人在這裡被宣讀了命令，然後行大禮。大禮也就是把他（她）的衣服脫光，用水淨身後送他（她）上西天的路。這樣的大禮在宗教中是最常見的；一個大禮下來，大概把他（她）在人世的罪惡已全部洗去，讓他（她）乾乾淨淨地到另一個世界去。這樣的做法是好的，一個人雖在此生此世有罪，但應該讓他們乾乾淨淨地上路；也許在另一個世界，他（她）會變成一個乾淨的人。寬容和理解在這裡變成了一種美，但這種情景與那個脖子上掛人頭項鍊的佛又有些相悖。

坐在山頂，鳥瞰腳下的廢墟，頓時覺得破敗也是一種美。這個王國遺址在當時肯定是輝煌無比的，有這麼多宮殿分佈在山，而且後山是絕壁，前山如若關閉的城門，無一通道上去。但是後來，為什麼忽然變為廢墟了呢？有人說，古格距今大概一千年左右，一個國家在延伸地過程中不是自生自滅，就是被別人消滅，抑或是歸屬於別的國家，再不然就是在自然災害中神秘地消失。在這麼長的時間裡，它必然要走過一條生死存亡的道路，在每一個環節上都可能消失。因此，應該在這座廢墟上擺上幾百架鋼琴，然後一起奏響貝多芬的《命運交響曲》。不奏別的，反復只奏那一支曲子。

在離佛很近的地方，聽著那支曲子，我們應該能聽出那種效果：大悲亦大喜；大喜亦大悲……

二 顯現

下得山來，或該問問古格的來歷。守門的旺堆老人行走已有諸多不便，見了人就只想往別處躲，據說他守了古格幾十年，對提問和打探之類的事情早煩了。用著藏語深問，或許是感到親切吧，旺堆坐在一塊石頭上，面朝著太陽，說起了古格的由來。

那是一個炎熱的中午，一切都寂靜無聲。大昭寺內空無一人，只有一片沙塵被風刮起，在院子裡飄動。早上就已傳來了命令，贊普（吐番國王）今天要駕臨大昭寺。——這兒，說的是吐蕃最後一位贊普，朗達瑪。他當上贊普以後，實施殘酷的「滅佛」政策，封閉了大昭寺與桑耶寺，甚至把小昭寺改為牛圈，塗毀壁畫，破壞佛像，強令僧人打獵、殺生，使得佛教在西藏開始進入了損失莫大的「毀法時期」。今天，贊普又要來講「毀法」的政策。

一個黑衣人在佛像後面隱藏著身形。汗珠密密麻麻地在前額後頸結聚，匯成涓涓細流，濕透衣衫。他一動不動，只有厚厚的嘴唇一開一合，喃喃有詞地念個不停。他的全身都是黑的，唯緊閉的雙眸內漸漸閃現紅光。他加快了喃喃聲，紅光愈來愈熾熱，終於化為熊熊燃燒的萬丈烈焰。烈焰完全升騰時，一位女佛顯現了，她渾身赤裸，皮膚上凝結著一層人血。她望向黑衣人，那片烈焰漸漸轉化為一片血海，她把雙手伸入血海之中，抽出一支長箭，遞給黑衣人，然後說——「殺了他！」黑衣人滿臉全是汗水。他睜開眼，女佛和血海全部消失，只有那三個字如同咚咚鼓聲，在一下又一下震撼著他的心，他在誦經之中終於讓神祇顯現了。他今天的任務就是來刺殺贊普，神祇已為他昭示，並送他神箭，他覺得自己一定能成功。過了一會兒，寺外傳來馬蹄聲和人的嘈雜聲，廟內的寧靜立刻被打亂了。在雜亂中，贊普已經來到。

黑衣人舉起手上光亮的鐵弓，搭上箭，對準了贊普。這時，一片沙塵旋轉著進入大殿，在贊普身邊欲墜未墜；這是一個關於死亡的兆頭，黑衣人當機立斷，「噗」的一聲射出一箭，殘忍兇狠的贊普便倒地而亡，在他光滑的前額之上，是黑衣人射出的那支長箭，上面隱約可見鏽跡。這一年是西元八四二年，贊普的統治在這枝箭發出「噗」的一聲後徹底結束了。很快，贊普的兩個兒子被爭奪王位的兩派大臣挾持，各地也紛紛叛逆或起義，西藏從此陷入了內戰和分裂的局面。後來，贊普的曾孫尼瑪貢逃到了阿里，得到了阿里藏民的支持，統一了阿里。幾十年後，尼瑪貢覺得自己在阿里已站住了腳，建國當了王，並劃地封賞。很快，他封賜他的三個兒子分別管理阿里的「三環」：即「湖泊環繞」的普蘭；「雪山環繞」的岡底斯山主峰一帶；還有「岩石環繞」的扎達。岩石環繞的扎達，就是古格王國的起始。

旺堆講完，停頓了下來。故事是美麗的，尤其是那個黑衣刺客誦經迎接神祇顯現的過程，讓人感覺到宗教力量是多麼的偉大。

人和神的力量合而為一，進行了一次謀殺。因為贊普有王者的地位，所以必須要讓神來懲罰他。在幻覺中，那刺客獲得了超人一般的力量。幻覺對人來說是多麼好的一種東西啊？它可以讓人超越自我，在瞬間飛翔。

有時候，幻覺就是人身體裡的宇宙。

三　預示

旺堆老人接著又說起古格的滅亡。同樣也是一個傳奇故事，但裡面對神的接近也讓人心儀。

古格的國王深諳祖先贊普「滅佛」罪孽深重，最終遭人暗殺，因此格外熱心於佛教，傾心在古格發展佛教信仰。一次，王室的一位成員被外族所擄，要求古格用與身體等重的黃金去贖，但這位王室成員卻情願自絕身亡，請求國王將那份贖金用來迎請印度高僧阿底峽大師來西藏講佛傳法。於是古格的藏傳佛教進入了「後弘期」，阿底峽尊者入藏時的托林寺也蜚聲全藏。

然而，戰爭爆發了。不知出於何因，拉達克人突然舉兵來犯。而這時的古格因為久旱不雨，瘟疾流行，加上國家殆於武備，因此，古格只能堅守，卻沒有回擊的能力。拉達克人圍城數日，卻無法攻破。古格王國借陡峭的山勢形成堅固的城池，在下面的敵人，沒有一點攻擊的辦法。雙方就這樣僵持了很長時間。一日拉達克人忽然醒悟，古格人被困如此之久，飲用水從何而來？他們肯定有通往山下的暗道，用於戰鬥時取水。於是他們找到了那條暗道，把它堵死；很快，古格人就招架不住了。古格國王慈悲為懷，眼見眾百姓都要被困死，他決定投降，但他提出了一個條件：古格所有錢財你們都可以拿走，我本人願自縊而死，但你們不能傷害百姓。拉達克人答應了。投降的前一晚，國王在本尊神祇像前誦經。他像那位黑衣刺客一樣，端坐在地上，嘴唇一開一合，喃喃念著經文——紅光在他的眼裡出現，那尊神祇顯現了。她亂髮倒豎，滿眼含屈，手中握著流血的人頭。細看之下，她的身上也在流著血。她伸手撥開烈焰，發出了摧金裂石的一聲——「亦善亦惡」。但國王卻沒來得及聽清楚。隨著身體陡然一震，他睜開了眼，紅光頓時消失，本尊神也已不知去向。兩行淚水從他面頰上流淌而下，他不知道本尊神提示自己該怎樣做。但既然拉達克人已經答應了他的條件，還是應該把希望寄託在這個條件上吧。於是，他一邊想著本尊神，一邊壓制著內心隱隱約約的擔憂讓人們打開城門投降。他認為向善是最妥當的辦法。但拉達克人卻背信棄義，殘忍的殺害了古格人。

在遺址北面的一處斷崖上，有一個驚心動魄的「乾屍洞」。洞中至今惡臭熏人，主室與側室十餘平方米的面積內疊壓著二三層屍體。這些屍體全部身首異處，沒有頭顱和頭骨，在洞中，還可以隱約發現許多髮辮和綁紮著的髮束，說明當時古格被攻破之後，有一部分人是被推進這個洞裡被殺害的。

但當戰爭和災難降臨時，神祇又能怎樣呢？不論人們修煉到哪種境界，也抵擋不住現實世界的殘酷殺伐。一個人要是沒有了明確的目標，大多數情況下，只能向善，而生死攸關之際，善與惡便再沒有嚴格的區分。

煙火人間，明明滅滅而已。

第三章：遠征的戰狼

塞人：異鄉的歸途

一　伊犁河

河西走廊曾經是一塊很熱鬧的地方。翻開史書，就會發現這地方經歷了不少酸甜苦辣和喜怒哀樂，在歷史的煙塵中，不時恍惚聽到這個地方像一個人一樣，發出幾聲歎息或長嘯。其實，從外觀上看，河西走廊頗像一個人，祁連山是他寬厚的脊樑，往那兒一挺，便把所有的東西都擋在了身後；而騰格里沙漠則像他懶洋洋伸出去的手腳，多少年了，都不記得收回，任憑風沙在一個個關節上，恣肆洶湧地吹出起伏跌宕的沙丘。任何一個地方都是在時間中存在著的，在時間之手的雕刻下，它的面容便慢慢地變得明朗起來。人們看到它的時候，會為它心動，於是便記住了它。

最早居住在河西走廊的有塞人、月氏和烏孫三個土著遊牧部落。他們是很古老的氏族部群，在那塊土地上已經生存了很多年。可以想像得出，那時的河西走廊是安寧的，人們的心思善良，能夠和平共處、友好往來。每個部落或每一家人都有著自己固定的草場，他們在劃定的草場內放牧牛羊，從不輕易進入他人領地。每當大的節日到來，或者部落裡有什麼喜事，人們便聚在一起暢飲美酒，女人們在這時會跳起動人的舞蹈，男人們則進行一些能夠顯示男性陽剛之氣的運動，比如賽馬、叼羊、摔跤等等。當月亮升起，人們都已有了幾分醉意。聚會結束時，人們歪歪斜斜地騎著馬回家去。

塞人在活著的時候追求高貴，死的時候也同樣要舉行隆重的葬禮，有身份或富貴的塞人死了之後，要在墓中為他（她）陪葬幾名生前服侍於身邊的奴隸。那些奴隸的一切屬於主人，生前如此，死後也如此。所以，主人死了，他們也就必須得死。刀、酒、鹽是塞人極為珍貴的東西，塞人中的一些女性在活著的時候佩刀，肩負著隨時上戰場打仗，去殺死敵人，並為保護部落而戰死的光榮使命。這些女性是勇敢的女英雄，生前有很高的榮譽，死後除了在身上佩帶一些貴重飾品外，還要在她們身旁放一把小刀，以示對她們勇敢靈魂的紀念。如果一個女人曾經殺死過許多敵人，那麼它的家族從此以後在部落裡就有了顯赫的地位。

像所有遊牧民族一樣，馬也是塞人須臾不離的夥伴，在居住地或者牧場上，人和馬總是像彼此的影子一樣緊緊相隨。在那時候，馬對於人是非常重要的存在。出遠門的時候，他們經常在馬脖子上掛兩個酒罐，一邊縱馬馳騁，一邊狂飲。狂奔的馬蹄聲和人高亢的歌聲，大概在戈壁上久久回蕩，直到人和馬在遠處的煙塵中化做小小一點，才慢慢消失。馬如果是在戰場上或遷徙過程中死的，塞人會選一個太陽一出來就能照到的地方將它隆重埋葬；如果它是病死或者在行走中不慎摔傷，他們會認為它們是弱者，會毫不遲疑地將它們丟棄。對於塞人來說，打仗和圍獵是一樣的，因為二者均需同樣的武器。他們最喜歡的武器是弓箭，其銳利、快捷的功能，被他們在捕獵和打仗中大量運用。平時，他們從狼群圍殲動物的場景中，觀察並瞭解動物們的習性，以便下次捕殺它們時把握住出手的好時機。後來與敵人打仗，這些經驗也被他們用在了戰術中，敵人因為摸不清他們的戰術路數，往往被糊里糊塗地殺死。

塞人的性格耿直、爽快，所以他們喜歡在開闊、平坦的地方生存。正是因為居住條件良好，在西元前八世紀，他們就開始使用車輛，有兩輪和四輪兩種。後來，人們將他們使用的車輛稱作「篷車」。篷車給他們隨季節遷移的生活提供了極大的方便，在每一次遷徙中，他們將妻兒及所有生活用品安置在車內，向下一個牧場緩緩走去。他們的篷車就是一個移動的「家」。

河西走廊較之於羅布泊、塔克拉瑪干和準噶爾盆地來說更益於人生存，它有大塊可耕植的土地，水資源也十分充足。每到春天，祁連山上的積雪融化，大量的雪水從山上流下，將土地澆灌得濕潤，為農作物提供了很好的生長機會。人們只要願意為土地付出艱辛的勞動，到了秋天就一定有豐碩的收穫。即更到了今日，仍可見農民駕著二牛抬杠在耕地。土地被尖利的犁破開，亮出黑油油的土質，邊耕著地邊唱歌，腔調是河西走廊一帶常見的那種「花兒」：

尕妹妹的懷裡有兩個寶
摸上幾下把哥哥點成了一把火
哥哥我順勢往下摸
尕妹妹的下身有一個鳥窩窩
哥哥我有一個調皮的好鳥鳥

這陣子它「咬人」（興奮）得不得了
十八的尕妹妹呀你啥都長好了
就缺哥哥的烏烏到烏窩裡去走一遭

在甘肅農村，這樣的酸曲兒是很常見的，在黃土高坡或山崖邊，經常會響起這樣極度情慾的歌聲。當聊起莊稼的收成時，農人笑著說：「好著裡嘛，一年的收成兩年吃不完」。又說起二牛抬杠這種犁地的方式有多少年了，他說：「二牛抬杠，老得很嘛，少說也有幾千年了」。

由此想到，在這裡生存過的塞人，是不是從他們開始就已經使用二牛抬扛犁地了呢？人類經過了幾千年的演變，雖然有不少東西已經被改變，但有些東西卻一直被保留了下來，比如耕種，就一直沿襲著季節的更迭而進行。

塞人的生活好，與他為鄰的月氏人和烏孫人的生活大概也與他們不相上下，處於同一水準。同在一個天穹下，同為大地的兒子，牛羊吃的是同樣的草，所以，他們的生活情景應該大致相同。雖然他們各自以部落為界，但他們屬於同一土地，在更寬泛的意義中，他們是一家人。

後來，塞人、月氏、烏孫等都慢慢發展壯大起來，各自形成了部群。原來是在草原上吃

草的羊，現在變成了高大的駱駝。天穹仍是原來的天穹，但高大的駱駝卻要走出新的景致。三個部落的發展壯大，讓河西走廊有了一次新的陣痛。正如前面所說——人，是唯一能夠為一個地方留下歷史的創造者，這三個發展起來的部落將給這塊土地帶來新的風景。河西走廊在那個時候是幸福的，它像一位母親一樣，高興地看著三個兒子茁壯成長，慢慢地長成了三個立於蒼穹下的大漢。

但在後來，這三個在同一母親懷抱中長大的兒子卻慢慢地有了差距。這並不奇怪，在同一個草場上，吃同一種草，喝同一條河水的駱駝，總會長得不一樣高，走路也會快慢不一。如果它們各自分開，倒也顯示不出什麼，而一旦放在一起，就會將各自的特點顯示得淋漓盡致，高的會顯得更高，胖的會顯得更胖。這麼一比會不會比出問題呢？比如高大的會因為自己高大而驕傲，在弱小的面前蠻橫，；弱小的會因為受了委屈，由此而產生憎恨。如此這般，日子長了，雙方的關係便會變得緊張起來。

群駝之中總有一匹會變得不安分，親兄弟中總會有一個反目為仇。很快，大月氏的勢力強盛起來，有了想將塞人和烏孫趕走，獨佔河西走廊的想法。這就麻煩了，一個人最怕被別人算計，尤其是在不知情的時候被別人算計就更危險了。月氏人大概暗暗準備了好多年，各方面條件都非常成熟了，才向塞人發起了進攻。任何事都不可能一言概之，任何人都不可能打贏無準備之仗。塞人在猝不及防的情況下，被月氏人打得七零八落，頓時成了戈壁灘上的散羊；烏孫人也同樣遭受到了月氏人沉重的打擊，像塞人一樣被摧毀了部落。

沒有了家園，塞人只好向西遷徙。那是塞人最大的一次遷徙，失去家園的傷痛讓他們默不作聲，唯一響動的也許只有他們孤寂沉悶的腳步聲。他們要走很遠的路，遷徙到天山腳下的伊犁河邊去，他們聽說那個地方很美，非常適合人生存。他們要向命運做一次抗爭，遷到那個地方去。

天蒼蒼，野茫茫，塞人舉族緩慢走過大漠和雪山，一天又一天，離故鄉越來越遠，而前方仍遙遙無期。到了黃昏，所有的人都停下來吃飯，給馬餵草料。因奔波了一天，困倦很快便襲上了身，他們躺在戈壁上睡覺，天當被，地當床，這是他們一貫的睡法。

暮色四合。

二　工藝

幾經輾轉，塞人進入伊犁河谷，在那裡紮下了根。伊犁河是一條由天山雪水匯聚而成的大河，流到較為平坦的地方後便收住了它狂野的性子，用一種緩慢而又從容的步伐向前流動。遇到大山，它靈活地往旁邊一拐，選一個更為舒適的地方流淌過去；如果進入山谷，它則像是不屈似的迅猛往前沖去，急湍的水浪把兩邊的岩石拍打得「啪啪」作響。

其實，整個伊犁河一直都流淌在天山的一個山谷中，你只要有力氣攀登上天山較高的地方，就可以看清這一點。在巴音岱一帶，你還可以看見這條河像一根凸起的血管，在天山這個龐然大物的軀體上一直延伸而去。河谷一帶皆為綠洲、樹林和草場，雖然散落的分佈著，但從高處看過去便又發現它們是天山的一件大衣衫，春天時變綠，秋天時變黃，到了冬天被大雪又裝飾成白色；天山似乎只喜歡這三種顏色，每年如此穿戴，慢慢地便有了幾分肅穆和莊嚴。也許伊犁河受到了天山的影響，也變得持重和穩健起來，一路流淌下來，從緩慢到緩慢，從沉穩到沉穩，不見半點虛飾誇張的成分。

伊犁河是一條深沉的河，它從一上路便似乎很懂事，在向前走動的過程中明白了很多道理，對眼前的這個世界似乎已經瞭若指掌，所以便顯得很從容。它太安靜了，從它平靜的水面上你幾乎看不出它在流動。你只要往它跟前一站，或許就會強烈地感覺到它在為你停止著，要與你對視和交流；它有思想，對很多東西已經有了思考的結果，就等著向你傾訴。這時候你或許就會明白一個道理，為什麼生活在這條河兩岸的哈薩克族人（烏孫人的後代）會那麼堅強和深沉。有時候，他們會說出一些讓人很吃驚的話，比如「沒有人知道鷹會飛向哪裡，但英雄把鷹當作自己的眼睛」。有時候他們則又很浪漫，說出一些極度誇張但又富有情趣的話，「魚兒爬上樹追逐尋歡，老鼠一頭紮進水晶宮殿。黑牛喝得肚子拖到了地面，比賽時還把駿馬甩在了後面。」人常說，一方水土養一方人，在伊犁河邊，你便能印證了這句話：哈薩克人像一條會說話，會走路的河；而伊犁河則像一個因為已洞悉世界，而對一切保持沉默的人。

塞人到了伊犁河邊時，一定是很高興的。有水有草的地方就是天堂——看來，人們傳說的那些話是對的，自己所付出的艱辛遠涉也是值得的；不再走了，就在這裡安頓下來吧。至此，疲憊的塞人才終於算是松了一口氣。同行的各部落很快在河谷一帶找到了理想的棲身之地。他們算是從同一條路上走來的難兄難弟。以後，就可以把一條河當家，過上較之於以前更好的日子。

到了一個新的地方，就必須要有個新的開始。塞人大概在伊犁河邊安頓下來不久，便發現那個地方有十分豐富的銅資源。這個發現讓他們為之心動，第一次有了想開採銅礦、利用資源改善自己生活的想法。塞人雖然是土著遊牧部落，但他們卻是一群心靈手巧的人，在戰國時期就使用銅器，而且所有的銅質用具都由自己親手打製。他們創造那些東西的時候，實際上也就是在創造一件件藝術品，從新疆出土的一些塞人古器上就可以看出，他們極富於審美觀。塞人還善於在山中尋找黃金等貴重物品，懂得使用精細的採掘方法，一旦尋找到祈連山中的黃金，便馬上進行冶煉。塞人在這方面有很成熟的經驗，可以說塞人是西域最早的地質勘探者。因為冶煉要求必須專業化，熟練掌握工藝技術，所以從事冶煉便是一部分塞人的固定職業，這一部分人在塞人中有很高的地位。

可以想像得出，在伊犁河谷，塞人很快便迎來了一個大開發的時機。以往握過刀，捏過馬鞭的手現在換作掌握開採工具，一個民族開始了一次新的變化。人生在世，有時候壞事變好事，塞人被月氏人趕出了河西走廊，但在不經意間卻又找到了一個更適於生存的地方。如果塞人這樣想，內心的失落也就消失了，代之而來的就是一種欣慰。

從塞人所處的環境和他們的設備而言，可能都是比較落後的，但正因為落後，他們進行的礦物開採就是一種純體力的勞動。那是一個很浩大的場面，塞人成群結隊地湧向礦點，操起下端尖銳的大石錘開始掘山。他們一邊開掘堅硬的石山，一邊唱著在部落裡流傳了多年的古歌，悠揚的歌聲在山谷間回蕩，渲染出快樂的氣氛。

遊牧者向工業邁出了堅實的一步。在當時，也許連他們自己也沒有想到，作為一個民族，當從石山中挖掘出那些銅的同時，實際上已經向前跨出了一大步，使自己變成了已迥然不同於其他部落的工藝製造者。現在位於伊犁河東岸的尼勒克縣奴拉賽山，發現了塞人在二千四百多年前的銅礦採掘、冶煉遺址。《通俗新疆史》這樣記錄了這一開掘點：「這是一處品味很高的晶質銅礦，古代採礦洞口雖已坍塌、淤塞，但仍可看出痕跡。採掘坑道，沿礦脈掘進，深達數十米，迂回曲折。礦洞、坑道，都用松木支架。坑洞內遺留著一種與採掘、提吊有關的工具——大石錘，大者重十多斤，小者亦重二、三斤。這種一端鈍圓、一端尖銳、中部顯凹腰的石錘，與湖北大冶銅綠山古銅礦遺址所出同類器物，幾乎完全一樣……在距離礦坑不遠處的山溝內，有厚達一米的煉碴堆積，發現灰燼以及冶煉用的木炭、銅錠。銅錠好像倒扣的淺腹碗，背面鼓凸，重者每塊十多斤，含銅量達百分之六十以上，純度是很高的。」

奴拉賽山現在通了車，旅遊者不費什麼功夫就到了那裡。

車子駛近遺址，才看見了一個黑乎乎的大坑。它像一個被海水沖上岸的貝殼，安安靜靜地躺在那裡。看見它的那一瞬，世界靜止了，它是歲月的一個殼，是塞人一個安靜的夢。

三　離散

時間不長，西域大地發生了一次大的變化。一個從此要在西域稱雄的民族——匈奴，如一匹餓狼從漠北高原竄出，橫掃西域大地，讓各遊牧部落如驚慌的羊一樣紛紛逃遁。匈奴太強大和兇猛了，以至他們出現時，草原上的人都以為是神來懲罰萬物了。而匈奴的嗜殺和狂妄的掠奪，確實也是以前未曾有過的——他們矮小的身軀像是長在馬背上一樣，轉眼就旋風般地馳近，手中的彎刀光芒一閃，便把別人的頭剁掉了。如果他們在遠處要向別人發起進攻，就會人人持弓，將大雨一樣密集的箭射過去，任憑你怎麼躲藏，都將被射得像刺蝟一樣渾身插滿箭鏃，倒地而亡。

匈奴順著長城的外緣向西，很快便到了河西走廊。一隻餓狼來了，在它眼裡出現的羊都

要成為它的獵物。此時的河西走廊，塞人和烏孫人都走了，唯一在這塊土地上生存的大月氏人，自然而然地就成了這餓狼眼中的獵物。一聲嗥叫，是發現了獵物的興奮；兩聲嗥叫，是召喚同伴向這一目標匯聚；三聲嗥叫，是發起進攻時的激奮和戰慄。月氏人被這群突然從天而降的餓狼頃刻間衝散了。餓狼就喜歡吃散群的羊，它在進攻中會把羊群首先衝散，然後一個一個地吃掉。月氏人被這群餓狼像切蛋糕一樣一點一點地吃掉了。等到整個河西走廊終於安靜下來，已不見月氏人的身影，到處走動的都是匈奴人。不過匈奴人倒還算仁義，放出話來：月氏人若離開這個地方，我匈奴大可以不斬盡殺絕。無奈，月氏人像被自己曾逼走的塞人和烏孫人一樣，也踏上了向西遷徙的苦難之旅。惡有惡報，對於月氏人來說，他們在撤出河西走廊時，應該體會到被趕離家園是何等的心酸。匈奴將獨佔河西走廊的大月氏趕走了，自此之後，他們以這條長廊為根，與漢朝對峙了幾百年的時間。

月氏人離開河西走廊後，不經意間也選擇了塞人曾西遷的那條路，不巧的是，月氏人無意間也進入了伊犁河谷，走到了塞人的居住地。那會是怎樣的一種情景呢？——一群流離失所，消極疲憊的人翻過一座座雪山，越過一片片沙漠。突然，激越流淌的河水聲遠遠傳來。他們急急翻過一道沙樑，頓時被眼前的情景驚呆了——一條大河像絲帶一樣順著天山延伸而去，河兩岸綠草茵茵，有成群的牛羊在悠閒地吃著草。好地方！月氏人沒有想到在受到沉重的打擊後，會找到這麼美的一個地方。一瞬間在內心漫延而開的喜悅讓他們做出了一個決定：就在這裡安家！

但很快地，他們知道了居住在這裡的是以前曾被他們驅趕過的塞人。過去的勝利馬上讓他們有了一種優越感，他們決定再次將塞人驅趕出這個地方。塞人沒有想到多年前的冤家又會碰頭，在猝不及防的情況下，再次受到了月氏人沉重的打擊。

遼闊的草原只會長草，唯一吃草的只有羊，而要是其中的一隻羊不好好吃草，而想吃別的羊，它再好，也會變成狼。塞人本來在伊犁河谷生活得怡然自得，但現在月氏人要來和他爭奪口中食，你說他能給嗎？給了，他就得餓死；不給，必然又是一場血腥的紛爭。作為在草原上生長的血性男兒，當然不會白白地將自己的家園拱手讓給別人，你要硬拿，我非得和你拼個你死我活不可。塞人奮力反擊月氏人，但他們的力量太弱小了，以致到了拿雞蛋碰石頭的地步。最後，被月氏人打得大敗，不得不離開水草豐美的家園，在塞王的率領下自北方草原南下，穿過鐵列克山口來到疏勒綠洲，其中一部分塞人定居於此，帶來了當時高度發達的塞人文化。在今天，這個地方叫喀什，是一座很有魅力的城市。塞人遷入這座城市後，在這裡學會了做生意，使這座城市變成了一座商貿城。

還有一些塞人前往了其他適於生存的地方。《新疆史綱》中記載了這樣一個發現：「在吐魯番盆地西緣、天山中的阿拉溝口，曾發掘過戰國晚期的塞人墓葬。墓室、木槨規模都相當大。其中一座墓葬，墓室空間達二百立方米。墓內葬埋一青年女性，衣服已朽，但佩飾的柳葉形、菱形、圓形金飾片卻仍然完好。腰帶上曾經綴飾虎紋圓金牌、對虎紋金箔帶。隨葬

的用器，除一件喇叭形器座、上雕異獸的銅器外，還有珍珠、銀飾牌、漆器、絲羅等高級消費品。陶器也較一般陶器較細。木盤內盛放著羊骨，旁邊放著一把小鐵刀，十分鮮明的表示了這一少女生前高貴的社會地位與奢侈的享樂生活。營造這樣的墓室，入殉大量的金器、絲綢，只能是奴隸主階層中的人物。同一歷史階段，在帕米爾高原塔什庫爾幹河谷內的香巴拜，也曾發掘過一批塞人的墓葬。所掘四十座墓葬內，有四座墓葬中見到了殉葬的奴隸。從骨架形狀可以清楚地看到：被殉者或被活埋，或遭肢解。」

塞人雖然走散了，但他們對生活的熱情沒有丟，他們在生活中仍然堅持追求高貴。因為內心有熱情，所以不管到了哪裡，腳下的土地都是美麗的。

四　托米麗絲女王

其中一部份的塞人遷徙到了今喀什米爾地區，建立了罽賓國。他們在遷徙之中不但沒有變得消極，反而越來越強大，以至於建立了自己的國家。他們雖然流離失所，但一直覺得希望就在前方，所以從來沒有氣餒過。腳下所走過的路，便是一條真正的異鄉歸途。「高天生颶風，厚地隱巨石」，對於在西域那樣一塊土地上生存的人來說，也許就需要這樣一種精神支撐人走下去。

除了罽賓國的那一部分塞人外，還有一部分塞人，不管遇到什麼情況，都始終以保護部落為神聖的使命，所以在經歷了幾次打擊之後，他們的部落依然完好，絲毫未曾有什麼損失。這個部落叫瑪撒該塔伊（即瑪撒革泰人），領導這個部落的是一位女王，叫托米麗絲。在塞人部眾受到月氏的打擊後，她帶領瑪撒該塔伊部一直向西而去，走到了裏海和錫爾河之間的一片草原上才停住了腳。這兒也是一個理想的居住地，而且敵人已被遠遠地甩在了身後，選這裡為家園看來是再理想不過了。裏海是一片沉靜的海，它在一片草原的盡頭，足以讓一群人苦苦跋涉到終點後徹底放鬆；而錫爾河則是一條熱鬧的河，從山谷間馳騁而下的河水拍打著兩岸的石頭，發出震耳欲聾的聲響，隔不多遠就有一條瀑布，懸崖將流水猛的甩下去，使之在空中變成了白色粉末。等落到底部，便又把水面砸開一朵朵白花。瑪撒該塔伊部選擇的那片草原應該說處在水的動與靜中。這樣一個地方，是很適合塞人的性格的——在靜中，他們追求高貴，享受貴族一樣的生活；在動中，他們拼死砍殺敵人，為保衛部落流盡最後一滴血。說到底，塞人具備動與靜的雙重性格，所以這樣一個地方對他們來說再適合不過了。

塞人的身上或許有一種超越他們所處的時代的東西。他們對待生活的態度，是別的民族沒法比的。不管走到哪裡，他們總是能夠發現當地最能改善自己生活的東西，並很快將其開發利用。在當時其他民族都還處於遊牧生存狀態時，他們就已經有了向工藝社會發展的跡象。如果當時整個時代都發生一次大的變革，在草原上掀起工業風暴，那麼塞人極有可能會成為這場風暴的領頭人物。

無比真實記錄了塞人生活和性格的，是康家石門子岩畫。岩畫上有幾百個裸體塞人在集體做愛。每個人都顯得隨心所欲和無所畏懼，徹底沉溺於性慾的歡樂之中。他們如此大膽，讓人覺得性有了巫術一般的神奇魅力。岩畫中還有狩獵、放牧、征戰、娛樂、宗教等等，每個場面都顯示出了生命的張揚和力量的飛升。站在這幅岩畫跟前，你會感到一群塞人正在從你面前走過。他們赤裸裸、坦蕩蕩，將一切都外露了出來。也許他們認為生命就應該如此，在他們的眼裡，世界似乎並不存在；存在的，只是他們這一群沉溺於快樂之中的人。

所以，既使已遠走他鄉，塞人女王托米麗絲率領的瑪撒該塔伊部一定仍然生活得很充實，在大海與河流之間的那片草原上放牧、開採和種植，慢慢地便又發展壯大起來。但托米麗絲沒有想到，這個水草豐美的地方卻原來是歐亞戰略的中心地帶，若不打仗，這裡風平浪靜，安寧無比；而一旦戰火燃起，這裡便是兵家必爭之地。因為它的地勢十分有利，誰若先搶佔過去，誰便先得到戰略優勢。裏海和錫爾河是兩道天然屏障，一般情況下很難登陸，既使登陸上去，沒有龐大的後援隊伍，也很難在那塊草原上站住腳。按說，塞人佔領了這個天然屏障，應該具備了天然優勢。但是，他們有一個致命的弱點，那就是人少——這樣一來，優勢便變成了劣勢，如果有大量的敵人來侵犯，就有麻煩了。

美麗的托米麗絲女王一定為此而焦慮不安，她把塞人帶到了這裡，就要為他們的生命負責。她大概思前想後，還是沒有什麼好辦法避敵，於是，她下了一個決心——發誓誰若來犯，便與誰一拼到底，死也不屈服於任何人。托米麗絲女王的擔憂很快就變成了現實。不久，波斯軍隊在著名的波斯帝王居魯士的帶領下向瑪撒該塔伊部落發起了進攻。這位居魯士是一個響噹噹的人物，他率領波斯軍隊像旋風一樣掠向歐洲草原中心，將米底、阿爾明尼亞、巴比倫等地一一征服，在歐洲草原上刮起了一場波斯風暴。那一段時間，波斯兩個字是世界話題的中心，人們為這個昔日一直用靈巧的雙手製造香料，用紗巾遮去面容的民族以迅雷不及掩耳的速度將巴比倫等地盡收囊中而感到害怕，說不定，他們的馬蹄聲和彎刀很快就會出現在自己面前。

而托米麗絲女王就必須面對這麼個惡夢，無論她怎樣祈禱，都似乎無法避開。很快，波斯軍就渡過裏海和錫爾河，彎刀直指瑪撒該塔伊部落。密集的波斯軍隊像一塊黑布，慢慢向前推進，草原被這塊黑布遮蔽得越來越小。居魯士是一個很會打仗的人，他看出了塞人所占天然屏障對自己極為不利，所以他便先出動人馬渡海過河，想把塞人一舉擊敗。托米麗絲沒有害怕，而是冷靜地觀察著形勢，蓄力尋求機會給波斯人致命的一擊。同時，她動員塞人誓死迎戰，不能讓敵人輕易奪走自己的家園。塞人被憤怒的火點燃了，他們一向以部落為重——活著為部落而光榮，死也要為部落而獻身——有了這樣的部落精神，再被憤怒和仇恨的火點燃，一個人就會變成兩個人，死就比活還容易。

波斯人很快就走到了草原的中心，令他們不解的是，怎麼草原上一個人都沒有，難道

塞人被嚇跑了？草原中心一帶多有沼澤，他們不得不下馬，步行向前。慢慢地，因為腳下不時會出現沼澤，隊伍散了。居魯士作為一個善於打仗的人，看著散亂的隊伍，心頭也掠過一絲不祥的預感。居魯士感到這個沼澤地是一個要命的地方，得趕快離開才對，於是他下令讓隊伍快速前進，不要在這個讓人心煩的沼澤地中耽誤時間。但卻已然晚了，這時候塞人從斜刺裡忽然殺出，將他的隊伍攔腰而斷，本來就已經亂了的波斯隊伍這時變得大亂。居魯士組織隊伍反擊，但熟悉地形的塞人在迅猛砍殺了一番後，便馬上撤走。波斯隊伍向他們追去，不料有一大部人反而陷入沼澤之中，即便雙手亂抓、大減救命，但很快就被惡臭的沼澤吞沒了生命。

原來，塞人很早就選好了有利的地形，只等著波斯人進入，一殺二誘，讓他們在沼澤邊一腳踩空，陷進去淹死。這樣，在人數上不占比例優勢的塞人便如同增加了天兵一樣，在戰術上占了優勢。波斯人站在原地一步都不敢動了，恐懼的沼澤讓他們覺得如同四面受敵，不小心一腳邁出去，就葬送了性命。到了這種地步，居魯士應該頭腦清醒了吧，怪不得人人都說這個地方是歐亞戰略的中心，原來它具備如此可怕的東西，誰要搶先一步佔有，便如同擁兵千萬，來多少敵人都不怕呀。在居魯士還沒有想出辦法時，塞人又從另一個方向發起了一次進攻，因為恐懼於沼澤，波斯人不敢輕易出動，慢慢靠攏在一起一動也不動。不料塞人只是一個佯攻，見波斯人擠成一團，便立刻射出大雨一般密集的箭，波斯人躲閃不及，馬上又倒下了一大片。居魯士惱怒了，下令向外突擊，他想犧牲一部分人來填沼澤，以填補出一條逃走的路。但塞人早就料到他的想法，反過來利用，一步步將他的大隊人馬誘入一個最大的沼澤地，人馬如落水的餃子一樣掉了進去，怎麼填也填不滿。居魯士被嚇傻了，他沒想到摧毀歐洲城市如夷平地的自己，居然要敗於一片深不可測的沼澤地。他心不甘，從沼澤地旁邊再次發起突擊，在快要衝出的時候，他看見對面的山坡上站滿了黑壓壓的塞人弓箭手，頃刻間，又是陣大雨般密集的箭飛了過來，居魯士身中數箭，從馬上栽了下去。箭雨過後，草原上出現了一片讓人窒息的寧靜，波斯人一個不剩，全部身亡。

塞人勝利了。他們利用沼澤地成了最佳的援兵，發揮出任何軍隊都發揮不了的威力，將不可一世的居魯士打敗了。這是一場有點離奇的戰爭，沒有慣常的那種人與人的正面拼殺，塞人巧妙地將波斯人誘入沼澤，然後讓沼澤發揮出了作用。塞人非常好地應用了戰術，將波斯人誘入了圈套。也許，波斯人在踏上岸的那一刻，就已經註定了要命喪草原。

托米麗絲女王讓人割下嗜血成性的居魯士的頭顱，提在手上掂了掂，「唰」的一聲甩入一個盛血的革囊中，豪邁地說：「讓你喝個痛快吧！」塞人一片歡呼。入夜，草原上一片安寧，拚殺數日的人們大概都疲憊了，早早進入了甜美的夢鄉。

用鮮血和死亡贏來的家園，此時又回到了安詳中。

五　亞歷山大大帝

大概又過了二百年時間後，瑪撒該塔伊部落的塞人再次經歷了一場戰爭。

在這二百年時間裡，塞人的生活是安寧而又從容的。自從打敗了居魯士後，再沒有發生戰爭，那片草原給他們的生存和發展都提供了很好的條件。二百年的時間，大概有四到五代人在這裡繁衍生息，發展壯大起來。他們的發展有兩種：第一、工業上的發展。正如前面已經提過的，塞人天生對工業有著過人的敏感性，他們總是善於從身邊發現可開發的資源；第二、軍事上的發展。從與居魯士一戰中就可以看出，塞人同樣有著過人的軍事才能。戰勝居魯士後，他們更明白要將自己在軍事上的才能推向極致。所以，他們認真訓練射術、馬上戰術和地形戰術，像打居魯士一樣讓自己與地形融為一體。

不知道他們訓練得怎麼樣了，但反正又有一場戰爭在等待著他們。這次來的是一隻大老虎，比居魯士兇猛的多。在當時，只要在被他征服過的國家說起他的名字，人們無不頭皮發麻，猶如噩夢重生。這個人就是不可一世的馬其頓國王——亞歷山大。怎麼樣，這個名字夠嚇人的吧，不光在當時的歐洲，就是在整個人類史上，這也是一個響噹噹的名字。他善於作戰，用兵靈活，許許多多的國家皆如秋風掃落葉般被他征服。在當時他就是一個巨人，而其他的國家皆為矮人一族，在他眼裡均不是對手。他站得高、望得遠，他要把整個歐洲征服，然後按自己的意志為世界佈局。總而言之，誰也惹不起他。

亞歷山大也許聽說了塞人與居魯士之間的那場戰爭，他有點吃驚這個從中亞遷來的小民族為何有那麼大的能耐，把儼然是巨人的居魯士打得那麼慘。他謹慎起來，準備親自帶領隊伍渡過錫爾河，把曾經打倒過巨人的塞人收拾掉。

敵人又來了，而且來的又是一個巨人，塞人該怎麼辦呢？其實，對於塞人這樣一個小部落來說，任何來犯的敵人都是巨人，他們如果正面迎敵，必遭沉重的打擊，所以他們還得避實就虛，找巨人致命的要害部位打擊，爭取一招制敵於死命；而且，所有的戰術都必須遠距離進行，切不可打貼身戰或肉搏戰。如此看來，這一仗的勝負完全取決於塞人怎麼打了。他們首先想到的大概還是地形，不管你亞歷山大多麼高大，是多麼不可一世的巨人，但你拿沼澤沒辦法，只要你走近沼澤一步，我就引誘你踏進沼澤去，到那時候你便沒有任何辦法了；其次，塞人想到的是箭，即便是亞歷山大，只要找到一個致命的機會，便可將他射倒；最後，塞人想到的是水。亞歷山大想打塞人，必須得先渡過錫爾河，錫爾河底有淤泥，人一旦涉入，行走便變得困難起來。這時候將密集的箭射出，他們一定沒有躲避的能力。

塞人與亞歷山大就這樣形成了對峙關係。在這裡頭，心理的因素是關鍵。亞歷山大可不能把塞人看得太小，否則必吃輕敵之虧；塞人也不可把亞歷山大看得太高大，只有把他看得

小些，才可以正常發揮出自己的作戰水準，才有必勝的信心。而事實上，亞歷山大有點輕敵，他認為塞人會像他以前打過的一些部落一樣，不費吹灰之力便可以拿下；而塞人呢，顯然也沒有被亞歷山大嚇住，他們精心準備了作戰方案，等著迎敵。這下子，雙方尚未開戰，就已經出現了導致戰爭成敗的關鍵因素，在後面恐怕有場好戲要上演了。

亞歷山大不知道塞人做好了什麼準備，更不知道錫爾河的底細，所以在隊伍一開到錫爾河邊時，馬上讓隊伍渡河，而自己更是身先士卒，走在隊伍的最前面。走到河中央，湍急的河水使他們的行走變得困難起來，而且河底的淤泥使每一次抬腳都很艱難，要費很大的勁才能向前走出一步。在這樣一種情況下，作為軍事天才的亞歷山大必定在心頭會掠過一絲不祥的預感——地勢不妙。但不管亞歷山大有沒有預感，情況馬上都會變得可怕起來，因為走到河中央的他正好合了塞人早已設計好的射箭時機。塞人是不會放過這個機會的，箭馬上就像大雨一樣密集的射了過來，河中的馬其頓士兵紛紛中箭身亡，亞歷山大躲閃不及，被一枝箭射穿了大腿，他的腿骨粉碎了，疼得呻吟不已。士兵們趕緊冒死把他架回岸上，不得已，亞歷山大只好被士兵抬在擔架上撤了回去。亞歷山大飲恨錫爾河，成了他一生中的一個無法抹去的恥辱。而塞人又一次贏得了勝利，保護了自己的部落。因為打敗亞歷山大這樣的人實屬不易，所以這是一次大勝利。

我想，在這兩次戰鬥中，塞人先後將居魯士，亞歷山大一一打敗，而且這還是在反擊中取得的勝利，如果他們主動出擊，憑著他們靈活的戰鬥方法，以及勇敢和頑強的意志，他們可能會是一支戰無不勝的軍隊。他們之所以沒有這樣做，大概是因為塞人中沒有出現像匈奴中的冒頓、阿提拉，蒙古人中的成吉思汗一樣的人物；他們已經具備了集體突襲和進行大規模作戰的能力，但他們似乎沒有征服別人的興趣。也許，他們並不喜歡打仗，那兩次戰爭，實在是出於無奈而為之。當一切都平靜下來後，他們的又去開採黃金了。

黃金，高貴而又寧靜。

烏孫：獵驕靡，神的兒子

一　四五千匹

哈薩克人的高貴與尊嚴，或許源於他們的祖先——烏孫人。這是一個極其看重光榮和崇高的民族。對於他們而言，雖然時間在悄悄流逝，生活在不停地發生著變化，但民族的血性卻沒有變，一代又一代就這樣延續了下來。

《漢書．張騫傳》中說：「烏孫……本與大月氏俱在祁連、敦煌間，小國也。」從這裡我們就可以發現，烏孫與月氏人是鄰居。那麼匈奴呢？同樣活動於祁連山一帶的匈奴必然也與烏孫經常打照面，月氏、烏孫、匈奴都是西域的古老部族，他們雖然各自獨立，但人員之間卻常常雜居，而且有時候彼此間還來往甚密。縱觀歷史，就可以發現這三個民族在清涼的祁連山高地上，其實已經形成了三足鼎立的局勢，遲早會開始一場在馬背上角逐的遊戲。但先不說這個，還是看一看「小國也」這句話到底包含著什麼意思。據《漢書》記載：烏孫在當時「戶十二萬，口六十三萬，勝兵十八萬」、「不田作種樹，隨畜逐水草，與匈奴同俗。國多馬，富人至四五千匹。民剛惡，貪狠無信，多冠盜，最為強國。」從人口上來說，烏孫在當時並不小，而且還有一定的軍事實力，但《漢書》為何又說它是小國呢？這可能是與匈奴和月氏進行了一番比較之後得出的結論。但有一點卻是讓人驚豔的，烏孫國的馬多，富一點的人可以有四、五千匹，這是何等了得的財富呀！在以馬為主要交通工具的那個時代，擁

有一匹馬無疑就像今天擁有汽車一樣，是財富的表現。在烏孫「富人至四五千匹」的時候，中原漢朝初建，連高祖劉邦也沒有一輛像樣的馬車，許多大臣上朝坐的都是牛車。相比之下，地處偏遠地帶的烏孫人卻是多麼發達，生活早已超過小康，過上富足的日子了。

說到生活，還是那句老話管用——生活是豐富多彩的。烏孫人雖然富足，但不能每天都騎馬玩吧。同在《漢書》中，我們仍能看到介紹烏孫人的兩句至關重要的話：「不田作種樹，隨畜逐水草」。烏孫人是不種田的，他們與農業無關，這無可厚非，因為他們是遊牧民族，不種田便去放牧，反正不會讓自己閑著。

烏孫人騎良馬，品佳餚，在草原上獨自快活，著實過的是一種不錯的生活，但他們畢竟與月氏、匈奴為鄰，時間長了，不可能不起矛盾吧。事實上，因為同為遊牧民族，他們之間的對立和爭奪一直存在著，只不過沒有發展到發起戰爭的程度而已。把這三個部族做一個比較，就會發現月氏在當時比匈奴和烏孫都強大，已經有一點要當老大的意思。從祁連山上吹下來的風不平靜了，每個人在心頭都似乎隱隱約約感覺到了什麼。匈奴和烏孫為了防止月氏當獨攬祁連的老大，很快便採取了聯姻的做法，烏孫的昆莫（即首領）難兜靡娶了匈奴單于頭曼的女兒，兩個部族變得像一個部族似的，抵抗著月氏人的擴展。這是一個不錯的辦法，握成拳頭的兩隻手朝著同一個方向，意思再明白不過了，你若敢來鬧事，我們倆就一起打你。時月氏人大概有點吃驚，這兩個傢伙居然抱成一團來對付我，看來得想辦法治一治他們了。

間有時向前推進的很緩慢，月氏人在沒有琢磨出如何收拾匈奴和烏孫人的辦法之前，一切都顯得很平靜。但不久，這一平靜的局勢就被打破了。月氏人採取了單一瓦解，逐個擊破的辦法，先向烏孫人發起了進攻，烏孫人難以抵抗月氏人的進攻，頃刻間便被打得大敗，不得不逃亡，投靠匈奴。

平靜的大地，被洶湧的雪水突然一漫而過，頃刻間便不見了往日的形狀。

二　母狼的哺乳

戰爭在有時候並不以勝利或失敗而徹底結束，往往會發生一點小插曲，讓戰爭的餘音綿延不斷，滋生出一些意外的事兒。比如在月氏人對烏孫人發起的這場戰爭中，烏孫人確實敗得很慘，整個部族都受到了重挫，被迫遷離原來的居住地。一場戰爭就這樣結束了嗎？不，當我們把目光慢慢推向一個局部，我們就會發現，一個在日後要重振烏孫歷史的孩子在這時進入了我們的視線中——他就是烏孫王難兜靡的兒子。

在那場戰爭還沒有打起來時，烏孫王難兜靡的兒子獵驕靡出生了。當時空氣裡彌漫著戰前緊張的味道，人們顯得有些混亂，這個孩子在這時候出生，讓難兜靡隱隱約約感到不安，但他還是冷靜地考慮了一下，決定把獵驕靡交給傅父布就翎侯，囑咐他如果月氏人一旦來攻，

烏孫人必敗，你務必要在剛打起來的時候抱著獵驕靡逃命。等躲過了月氏人，就去匈奴中找他舅舅冒頓，冒頓是匈奴的單于，讓他撫養獵驕靡長大成人，在日後為烏孫報仇雪恥。難兜靡做這樣的打算，無外乎說明他早已知道自己註定要戰敗，只是他不甘心自己斷了根，就先為孩子謀好了出路，然後轉身投入了廝殺中。

所有活下來的烏孫人在戰敗後都踏上了逃亡的路途，傅父也不例外，他的背上背著小獵驕靡，他可能時不時地要伸手去撫摸他，輕輕拍他幾下，以防他哭出聲引來月氏人的追擊。傅父因此比別的烏孫人多了一份重擔，他不光得逃命，而且還背負著保護小昆莫的重任。發生在西域的這個故事和發生在中原的一些故事極為相似，一些人往往在大難臨頭時，眼看無力挽回局勢，便找一個可靠的人托孤，把希望寄託在下一代人身上。下一代人長大後，便開始了復仇的使命，踏上一條往回走的道路，去實現父母臨死前的囑託。這樣的故事在中原歷史中已司空見慣，但在烏孫人中卻是第一次出現，讓人期待將掀起一個什麼樣的高潮。

傅父怕獵驕靡哭出聲引來月氏人，所以便拼命地跑，終於逃出了月氏人視線。這時候，背上的獵驕靡哭了，傅父知道他餓了，而他這才發現自己的肚子也在咕咕地叫著，渾身已沒了力氣。沒什麼危險了，獵驕靡的哭聲也不會引發什麼意外，但肚子餓的問題卻必須得趕快解決，因為還有很多路要去走。他把獵驕靡藏到一片草叢中，去附近一帶尋找吃的。等他回來時，眼前出現了讓他歎為觀止的一幕，一隻母狼正在給獵驕靡餵奶，他抿著嘴吃得很起勁，臉上還有笑容。不一會兒，一隻烏鴉從遠處飛來，把叼在嘴裡的一塊肉塞到了他的嘴裡。傅父驚訝不已，認為神在保佑這個孩子，他長大後一定會成為烏孫人了不得的大昆莫。待狼和烏鴉離開後，他抱起獵驕靡又出發了，他要帶這個神的兒子去找西域中另一個聲名顯赫的人物，實際上也就是獵驕靡的舅舅——冒頓。他在這時才理解了難兜靡為何要讓自己帶獵驕靡去找冒頓的原因，只有像狼一樣的冒頓才可以調教這個孩子，讓這個孩子像在叢林裡長大的狼一樣具備過人的膽魄。

傅父背著獵驕靡到了匈奴單于的王庭，把他交給了冒頓，並如實彙報了母狼和烏鴉餵食的過程。這樣一個細節對冒頓來說也是一個很大的震撼吧！他感到很高興，認為外甥有神相助，日後必成大事。從此冒頓精心培養獵驕靡，慢慢把他撫養成人。站在冒頓的立場，他之所以要把外甥訓練成一個有能力的人，是因為他也有他的目的。月氏人比匈奴和烏孫都強大，要想在日後打敗月氏人，只有匈奴和烏孫聯合起來才可以力敵。而讓自己的外甥，尤其是有養育之情的外甥去當烏孫人的昆莫，在日後辦事自然就方便多了。隨著獵驕靡一天天長大，民族仇恨在他心裡便也生根發芽，長成了一朵惡之花，時時刺激得他不得安寧，想著如何去復仇。可以說，這個孩子是在希望和仇恨中長大的。其希望，是別人寄託在他身上的；其仇恨，是剛一出生便不能改變的。他長大到有能力去完成這些事時，就必須去完成，別無選擇。

事實證明，他沒有讓大家失望，長大後的他有勇有謀，頗有幾分冒頓的風範。冒頓高興

呀，外甥果然長成了自己希望的樣子，日後不愁幹不成大事。緊接著冒頓開始考慮該如何讓外甥邁出第一步。好馬必須配上好鞍，它才能在草原上盡情馳騁。為了讓外甥的第一步邁得踏實，站得穩妥，以便更好地邁出第二步、第三步，冒頓把投奔匈奴的烏孫人分離出來，讓他當烏孫人的昆莫，帶領烏孫人不斷地擴展地盤，並四處征討，一點一點形成他自己的實力。對於獵驕靡來說，這一切似乎都是命中註定的，他出生時，一生的命運便已被安置完畢，每一步都早已設定好了，他只是在固定的框格內完成別人替他計畫好了的那些事情。

但從另一個角度來說，獵驕靡仍然是一位不可多得的戰神，他在戰場上顯示出的智謀，讓人覺得他並非是一位簡單的人物。當匈奴將月氏人打得有些招架不住時，他便覺得機會來了，馬上也出兵向月氏人發起了進攻，月氏人敵不過，只好從河西走廊遷入伊犁河谷一帶。獵驕靡當機立斷，率領烏孫人向月氏人窮追不捨，迫使他們不得不繼續向錫爾河以南巴克特裡亞一帶遷徙，而他則迅速佔領伊犁河谷一帶，建立了烏孫國。在這時，他便懂得匈奴是自己的靠山，得趁著自己和他們還有這麼一層關係時趕緊打下天下，地盤能擴展多大就擴展多大，只有站住了腳，才能幹好別的事。事實證明，成立了烏孫國的他已經在西域站穩了腳跟，可以環顧四周，看看有什麼風景可以欣賞一下了。

三　真實的自我

冒頓死後，他的兒子老上當了匈奴的單于。慢慢地，烏孫和匈奴之間的關係發生了微妙的變化。時間是一部魔法書，任何事情都會被寫進這部書中，被看不見的命運之神一頁一頁翻動著，誰也阻止不了他的手指；有時候，他會胡亂翻上一通，這部魔法書便被翻亂了，是非顛倒，內容嚴重出錯，一切都沒有了章程。烏孫和匈奴之間的關係在這部魔法書中就被錯亂了。幾十年過去了，舅舅死了，外甥也有了年紀，雖然外甥對幫助過自己的匈奴感恩戴德，但他不想再蜷伏於匈奴的肘腋之下，有意想自立門戶。

這可麻煩了，弄不好他們之間的親情從此會一刀兩斷，而且很有可能還會反目為仇，彼此向對方大打出手。但事情到了這一步，誰又能阻止得了呢？處在當時的那種情形之下，獵驕靡有自己的想法本也不足為奇，而為了讓烏孫發展壯大，讓自己作為一個男人的價值得到肯定，它必須要去那麼做。我想，促使獵驕靡不想再依附於匈奴的原因可能還有兩點。其一，他不想再走別人鋪好的路了。他的舅舅冒頓都已經老死了，他到了這個時候也有了一大把年齡了，怎麼能不嘗試著走一走自己想走的路呢？其二，他在這時候懂得作為一個昆莫，只有不依賴別人，凡事自己說了算，那才叫有感覺呢！如果老是和匈奴攪和在一起，自己的自由就受到了限制，那種滋味讓他覺得不快，所以必須脫離匈奴；其三，隨著月氏人被趕走，烏孫和匈奴已經沒有了共同的敵人，若烏孫不突顯出自己的地位，就會讓人覺得烏孫是匈奴的部族；其四，便是人所共知的一點，即匈奴對包括烏孫在內的一些部族長期進行橫徵暴斂和

殘酷壓迫，他們已經受夠了，所以一定要和匈奴決裂。

我們可以看出，獵驕靡內心的狼性在這時候一點一點覺醒了。也許，作為一個遊牧民族的兒子來說，到了一定的時候，內心的血性就必然使他起來反抗，否則在內心樹立的個人理想就無法實現，他的民族尊嚴也將得不到維護，他會痛苦，覺得不反抗便枉為男兒。所以，他一咬牙便決定和匈奴翻臉。他把養育之恩銘記在心，不去打擊匈奴他便可不再為養育之恩受折磨，可以輕輕鬆松地去幹自己的事了。

也許是出於要給匈奴留一點面子的考慮，獵驕靡沒有直截了當地提出要和匈奴決裂，而是採取了一些策略。他慢慢地與匈奴拉開了距離，減少與他們來往；同時，他不按早先雙方協定的條款向匈奴納貢稱臣。這樣做的意思再明白不過了，我不想跟你們玩了，我就這麼個態度，你們看著辦吧！

階級分化在大多時候是被矛盾引起的，當矛盾逐漸擴大，影響到了雙方的利益，乃至生命時，這種分化便變得像一股不可遏制的力量一樣，迅速使雙方對立起來。階級分化的直接結果就是階級對立，而對立的過程中往往會發生一些衝突和傷害。雙方都為了維護自己的利益，就必須給予對方有力的打擊。由矛盾而引發戰爭，這樣的例子在一些民族和國家之間舉不勝舉。

匈奴耿直率性，對獵驕靡不怎麼與他們來往的現象倒也沒什麼反應，但他們卻受不了他不按協定納貢稱臣的行為，於是便派兵討伐烏孫。獵驕靡知道這一天遲早會來，在心裡早已做好了準備，當即調兵迎擊匈奴。一個被狼餵養過的人，他的心要是狠起來，一定比任何人都狠。結果匈奴被烏孫人打得慘敗，冷不防的吃了大虧。呵，你原以為那是一隻綿羊，只要嚇唬嚇唬就可以讓它乖乖地聽你的話，但沒想到它卻是一隻狼，反被狠狠地咬了一口。匈奴犯了一個極其輕率的錯誤，他們本應該想到獵驕靡是吃過母狼的奶，即便他是一隻羊，那也一定是一隻充滿了狼性的羊。匈奴撤走後，仍心驚膽跳，這一口被獵驕靡咬的，恐怕一輩子都忘不了了。《漢書》中這樣記載這件事：「（昆莫）兵稍強，會單于死，不肯復朝事匈奴。匈奴遣兵擊之，不勝，蓋以為神而遠之。」

匈奴是從不怕別人的人，但這一回卻怕了，覺得被母狼餵養過的這傢伙真的像是有神在保佑，便遠遠地躲開了他。獵驕靡獨立了，可以在西域聳立起自己的身軀，再也不用受別人的氣了。獵驕靡這一步走得太對了，他要走自己的路，就必須把絆腳石挪開，否則他邁不開步子。

兩隻不和的狼，向兩個方向走去，日後，他們將怎樣重逢？

四　晚婚

到了西元一一〇年，獵驕靡已經是一位七十多歲的高齡老人了，有可能眼已經花了，腰也直不起來了，說話氣若遊絲，有點上氣不接下氣了。但在這一年，他卻還得結兩次婚。這兩個晚婚，對獵驕靡來說是晚到了極點的兩次婚姻。同時，這也是兩次政治婚姻，他為了烏孫國的前途，既使全身已沒有半點力氣，這婚也得結。於是，他強打精神，又當了兩次新郎。

任何一件事都有前因後果，這件事也不例外。張騫第二次出使西域時，到烏孫和獵驕靡進行了一次暢談，張騫建議他率領烏孫人返回祁連山一帶，與漢朝共同對付匈奴，但他很堅決地謝絕了，他不想再讓烏孫人過動盪不安的生活。但當他得知漢朝國富兵強時，卻不由得動心了，他想與漢朝結盟，借這棵大樹防止匈奴的欺壓——短時間內他表現出了兩種截然不同的態度，說明了他性格方面的兩個特點——其一，他辦事果斷，在衡量了一下張騫提出讓烏孫返回祁連山一帶的建議後，認為不妥，便直截了當地說出了「不」。他這樣乾脆俐落實際上對張騫和他自己都有好處；其二，他此時雖已高齡，但卻很敏感，能夠冷靜地把握事態，認為可以依靠漢朝這棵大樹時，便緊緊抓住了對自己有利的機會。這個老人並沒有因為年老而變得糊塗，反而老當益壯，能紋絲不動的處理事情。烏孫人有這樣一位昆莫，是烏孫人的福氣。

按當時中原和西域結盟必須聯姻的慣常方法，漢朝決定將細君公主嫁給獵驕靡。漢朝把公主送了過來，還陪嫁了很多貴重的物資，獵驕靡名正言順地成了漢朝的女婿。在這件事上，他的意圖很明確，那就是要和漢朝結盟，以後共同打擊匈奴。而漢朝也有自己的想法，只要烏孫人站在漢朝這一邊了，那匈奴人的「右臂」就被斬斷了，經營西域就不那麼難了。但這一切卻得由獵驕靡和細君的一紙婚姻來維持，細君對這樁婚姻在心裡一千個不情願，但獵驕靡卻不能太兒女情長，他知道維持好這樁婚姻的重要意義在哪裡，所以，在與細君沒有實質婚姻生活的情況下，他也要維護其表面的平靜。按漢族人的說法，只要後院平靜，一切便都平靜。

獵驕靡這邊剛和細君完婚，匈奴那邊就有了反應，馬上也要與烏孫聯姻，派了一位公主嫁到了烏孫。這不是一個簡單的婚姻，它較之於漢朝嫁細君，其政治意圖更加明顯。我想，匈奴的意圖可能有一軟一硬兩個方面。首先說軟的一方面，他們不想就這樣讓漢朝把烏孫人拉走，所以便也以嫁公主的方式，要把烏孫人團結過去，待日後共同對付漢朝；其次是硬的一方面，他們給獵驕靡嫁一個公主，是沒有經過商量的，這是在給獵驕靡乃至整個烏孫人顏色看——你們別囂張得太厲害了，我大匈奴還是可以控制你們的，要是再不老實，我們還有收拾你們的辦法呢！

可憐老眼昏花的獵驕靡，在兩難之中苦苦掙扎，為自己，也為烏孫的生存尋找著萬全之

策。最後，他覺得只有接受匈奴人的這樁婚事才可以讓事情風平浪靜，否則就會有大麻煩。做出決定的一刻，他也許歎了一口氣，唉，拼出我這條老命，再結一次婚吧！於是，他又和匈奴公主成婚，又做了一次新郎。短短時間內，一個已經高齡的老人就結了兩次婚，擁有了兩個如花似玉的嬌妻，這事兒要是換了別人，恐怕樂得嘴都合不攏了，但對於獵驕靡來說，則不是好事，他一定感到壓力很大，只能咬緊牙硬挺著。古往今來，對婚姻不滿的例子很多，但像獵驕靡這樣忍受婚姻的例子還是不多見的。

婚姻，是在愛情的基礎上建立的烏托邦，它寄託了兩個人對生活的願望和愛情的理想。但這些美好的情景對獵驕靡來說並不存在，他已經年老了，到了無力再談情說愛的地步，甚至可以說，他已經不需要愛情了。但他卻不得不接受兩個比自己小很多，和自己的孫子一般大的小姑娘。他在心裡也許有一絲隱約的愧疚讓這兩個小姑娘嫁給自己，不是就耽誤了人家嗎？但在這件事上，他不是導演，而是一個要聽從別人指令的演員，所以他沒有選擇權，只能按別人設計好的劇本往下演。就像他在這個年齡還得娶兩個小姑娘本身就反常一樣，他扮演的這個角色也不能按正戲的路子走，他必須亦正亦反，才能不搗了檯子、亂了情節、毀了劇本。

年齡相差很大的老夫少妻，完成了兩樁頗有趣味的婚姻。老態龍鍾的獵驕靡也許在心裡想，這件事的關鍵在自己身上，只要自己不打破這個形式，一切就都好辦了。任何事情想透了，也就沒有什麼難的了。於是趁著新婚的喜悅氣氛尚濃，獵驕靡便開始在心裡琢磨如何安置這兩個妻子的事了。對他來說，他必須得保持冷靜，把事情安排穩妥才行。經過一番思考後，他決定封細君為右夫人，封匈奴公主為左夫人。一左一右，形同自己的兩隻手一樣不分輕重，這樣一來不光這兩個女孩子，還有站在這兩個女孩子背後的人，甚至包括看熱鬧的人，應該都滿意了吧！

安排穩妥了，這個老人才終於鬆一口氣了。

五　完成

過了兩三年，獵驕靡一病不起，再也不能吃鮮嫩的羊肉，不能喝雪山流下的雪水了。一個人既喝過母狼的奶，一生擁有強健的體魄，但在時間面前還是會一點一點變老的，人的生命只屬於時間的某個尺度，時間在向前推進，生命的尺度也在一點一點被丈量著，這種被丈量的過程就是生命流失的過程，任何人的生命最終都會被這個尺度丈量完，化做塵埃融入茫茫宇宙。

獵驕靡的生命還剩下最後一點，他躺在床上，覺得自己留在人世的時日不多了，但他還得掙扎著完成最後一件事——那就是讓細君嫁給他的孫子軍須靡。自從細君嫁到烏孫後，由

於語言不通，加之她情緒低落，所以從未和獵驕靡好好生活過一天，更別說彼此交流心聲了——漢朝和烏孫聯盟的政治架構沒有體現出明顯的作用，獵驕靡為此一直很心急，但他又拿嬌弱的細君沒辦法，所以也就一直這麼拖了下來。但當他覺得自己已經時日不多了時，他便迫切地想把這件事辦好。

也許將死之人的願望往往都是很迫切的，在這個時候回首自己走過的路，心裡便充滿了複雜的感覺——以前留下的遺憾、一直牽掛的人、沒有完成的事，像走馬燈似的在他眼前晃過，他在這時更不想拖延和放棄，只想盡自己最後的力量把能辦的事情辦完。他或許想，自己拼著老命結婚，目的就是要讓烏孫背靠漢朝這棵大樹，但細君這個任性的女孩子似乎並不明白這裡面的道理，整天哭哭啼啼、不吃不喝，沒起到牽線搭橋的作用。他心有不甘，所以要細君在成為孫子軍須靡的夫人後，再次發揮作用。

至於匈奴公主，因為會騎馬射箭，而且和獵驕靡有話可聊，所以一直陪伴在他身邊。這樣的情景對獵驕靡這樣一個老態龍鍾的老人來說如何是好啊？兩個妻子，一個離得遠遠的，一個整日圍在身邊，但他偏偏並不想讓匈奴公主天天在自己眼皮底下晃，她像一隻手一樣，把他往他並不情願去的地方拉著。他也許在心裡感歎一聲：「傻姑娘啊，我活不了幾年了，你就算把我拉過去又能頂什麼用呢？」

而真正讓他操心的是細君，她這幾年這副樣子，從未對漢朝和烏孫之間的關係起到多大的作用，自己將不久離世，得讓她按照烏孫人的習俗，即丈夫死後妻子可以嫁丈夫的弟弟、子孫或其他親屬的再婚方法，和即將成為烏孫人昆莫的孫子軍須靡結婚。她和軍須靡同齡，如果他們感情好了，就可以維持住漢朝和烏孫的關係，說不定還可以增加友誼呢！

一個將死之人，把身後事安排得如此周密，不給別人半點自由，是不是有點太殘忍了？從常人的角度來說，獵驕靡這樣做對細君確實有些殘忍，似乎細君嫁了他這個風燭殘年的老人，一生都將受制於他。他活著時，她得忍受因為年齡反差造成的痛苦；他死了，她卻又得按他的遺囑再嫁他的孫子，這樣的婚嫁方式對於細君來說是痛苦無比的，但她又無力改變，所以只能聽之任之。但從一個昆莫的角度來說，他這樣做則是完全符合政治規律的，甚至還有一點苦苦掙扎的精神之美。如前面所說，他在為烏孫的前途著想，讓細君再次成為烏孫昆莫的夫人，使烏孫再次抓住了漢朝的大手。這個老人可謂是良苦用心啊！

安排好了這件事，像是上天為他安排的所有任務至此已全部完成了似的，他就要去另一個世界了。一天早晨，他就沒有醒來，臉上一幅安詳平靜的樣子。草原上響起了哀號，烏孫人痛哭失聲。他走了。一個被母狼餵養過，被稱為神的兒子的人，在草原上創造了英雄神話，這一切是否都是他按照神的旨意完成的？我們無法替他衡量這一切，我們所看到的，只是一個一出生就命運不濟，在一生中都苦苦掙扎的獵驕靡；他在掙扎中並沒有壓制自己與生俱來

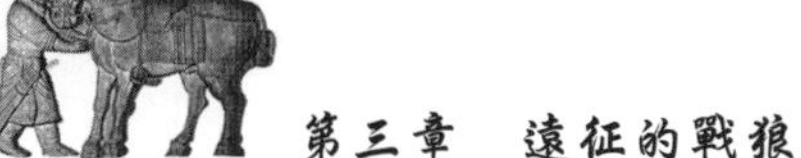

的狼性，尤其到了晚年，仍奮鬥不息的精神美。只是他從未對自己說過什麼，他的一生似乎是奮爭而又沉默的一生。正因為如此，當他要離開這個世界的時候，我們覺得他是輕鬆的，並沒有什麼牽掛讓他難以割捨。

至於他想說的話，在另一個世界，讓他去向神訴說。

西域諸王國古地圖

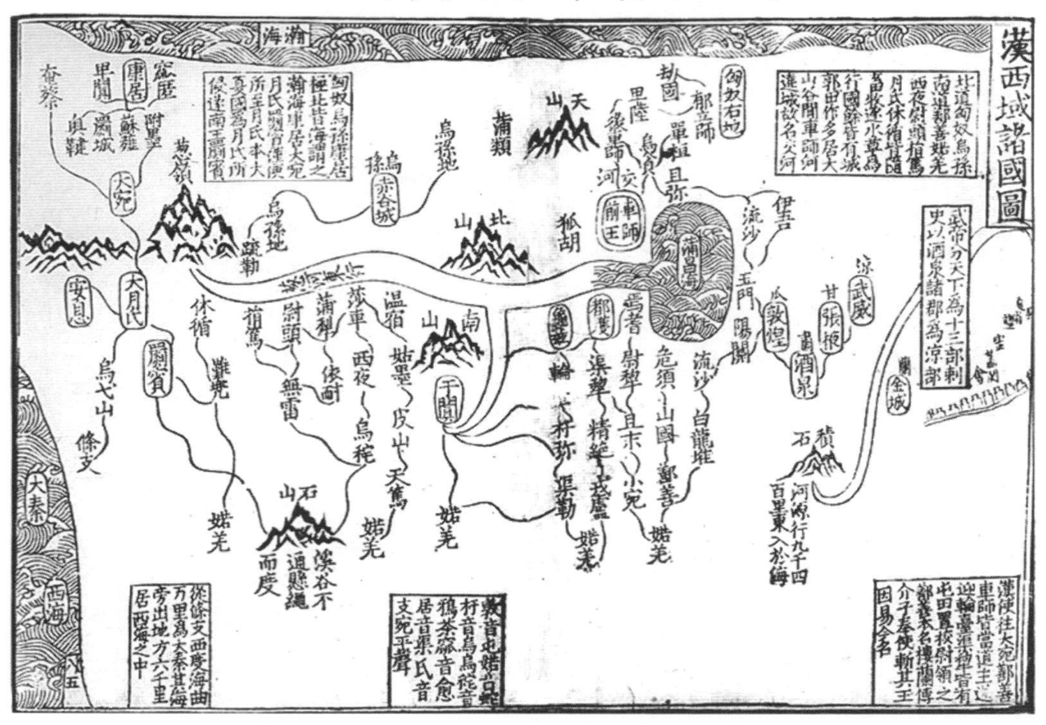

漢西域諸國圖
瀚海
天山
北山
南山
石山
蒲昌海
大月氏
安息
大宛
康居
罽賓
于闐
烏孫
赤谷城
大秦
西海
玉門
陽關
敦煌
酒泉
張掖
武威
金城
疏勒
莎車
溫宿
姑墨
龜茲
鄯善
婼羌

突厥：戰狼的背影

一 狼的子孫

一個人看山看久了，他便變得像一座山。一個人在沙漠中行走得久了，他的心便變得像沙漠一樣寬大。一個地方，當它赤野千里的氣息散發開來，它就變成了一位母親，以它巨大的孕育能力，養育出一個個剛烈和頑強的兒女。一群人，在一個亙古和遼遠的地方出生並長大，他們身上一定暗暗波動著一股股異域的生命氣息。

高天生大美，野地起狂風。從遙遠的西域煙塵中，走來了一群像戰狼一樣的人。他們如同旋風一般掠過沙漠，留在身後的，是幾許土地的震顫，是由無數個驚歎組成的讚美詩篇。像一道亮光突然襲來，照亮了一群在歷史中格外引人注目的身軀，他們就是突厥人（Turk）。突厥一詞的含義，根據十七世紀成書的《突厥語辭典》，是「最成熟的興旺之時」。突厥人在西域的崛起，一如平靜的水面忽然從裡面站起一頭巨獸，頃刻間水拍堤岸，山搖地動。是神奇的西域把突厥人孕育成了充滿野性的戰狼。

《周書．突厥傳》記載了有關突厥人的兩個傳說。其一，突厥人的祖先最早居住在匈奴以北的索國，統領部落的首領是一個叫阿謗步的人，他出生於一個大家庭，兄弟十七人，他的一個弟弟叫伊質泥師都，據說由母狼所生。阿謗步與十幾名兄弟中，除了伊質泥師都外均神智愚癡，在後來皆一事無成。而出身反常（狼之子）的泥師都特別有靈氣，有呼風喚雨的

神奇本事。他分別將夏神和冬神的女兒娶為妻，其中一妻一胎生了四個兒子，四子長大後，大兒子從其他三子中脫穎而出。他關心同部落中人的疾苦，積極想辦法周濟他們的生活，深得人心，被部落眾人奉為國王，國號「突厥」。

但據另一傳說，突厥人本是匈奴人的一個種族，姓阿史那氏。早前，有一個匈奴的部落被鄰國舉兵攻破，部落裡的人盡數被殺，只剩下一個年僅十歲的男孩哇哇大哭，鄰國士兵見他只是一個小孩，不忍下刀殺害，但又擔心留下他在日後遭到報復，於是便砍掉他的雙腳，扔進了草澤之中。有條母狼發現了這個男孩，便用肉飼養他。待他長大後，與狼結合，母狼遂懷了孕。鄰國的國王聽說這個男孩被狼餵養長大成人，便派人去殺掉他和狼。他被殺死了，但狼卻逃到了高昌國的北山上，藏匿在一個洞穴中生下十個男孩子。他們長大成人後，各自娶妻成家，並各有一姓，阿史那便是其中之一。

這兩個傳說雖然內容有別，但卻有一個相同點，即兩個傳說都認為狼是突厥人的祖先。

突厥語屬阿爾泰語系突厥語族，文字源於西方的阿拉米字母，基本字母約三十八到四十個。突厥人創造文字，開北方民族之先河，遺字散見於陰山和烏蘭察布草原的岩畫和蒙古國的碑刻上。在今天的新疆，許多地名都是用突厥語取的，翻譯過來，頗有詩意。比如「石刻的神像」，「積水之舞」，「山之陰石」等，很適合用作書名。後來，像任何一種事物一樣，突厥人慢慢地在歷史的煙塵中走失了，所有的往事也都一一化為時間裡的落葉，在虛無中飄零，留下的，只有人們對他們的一絲懷念。

二 鍛奴

要說突厥人，得把話題扯遠一點。突厥人最早是中國北方和西方的一個遊牧部族的名稱。之所以說他們是一個遊牧部族，是因為歷史上的突厥人並不是一個民族，凡是操突厥語的人都被稱作突厥人。勒內・格魯塞在《草原帝國》中說：「突厥的名稱為所有講突厥語的民族所共有」。突厥人有團結意識，懂得用集體的方式使自己發展壯大。但這樣團結起來卻只能說是初步，能自己保護自己，但與別的部族，尤其是與已經建立了王國的民族相比，還是顯得有些弱小。如果這些王國來犯，它必然無招架之力。

這樣的事情說來就來了。柔然汗國聽說了突厥人形成部族的事後，有一點坐不住了。柔然王汗肯定也明白當時的事態，他知道突厥人生性好鬥，不甘居於人下，是一塊硬骨頭。而這塊硬骨頭就擺在自己面前，時間長了，說不定哪天它就會變成一把刀子，冷不防就往你的心窩子裡戳。柔然王汗有可能還想到了突厥的圖騰——狼頭——圖騰一詞最早源自於美洲印第安鄂吉布瓦人的方言，意為「親族」，人們認為如果自己的氏族在早先同某種動物、植物或無生物之間有著血緣聯繫，便選其為氏族圖騰。突厥人以狼為圖騰，並在戰旗上飾以目光

陰森，尖嘴利牙的狼，看著不由得讓人害怕。由狼而突厥人，柔然王汗不可能不感到可怕。怎麼辦？只好收拾掉他們吧。

突厥人的麻煩來了，而且這還是一個大麻煩。一個二十歲的人要打一個五歲的人，突厥人該怎麼辦？明擺著打不過，那就躲吧。突厥人收拾起家當，躲到了金山（今新疆阿爾泰山）南麓。塞翁失馬焉知非福。突厥人到了金山後，無比欣喜地發現那裡是一個好地方，金山的形狀像一個打仗時戴在頭上的兜鍪（頭盔）。兜鍪有一種比較便捷的方法叫「突厥」，所以突厥一詞除了在《突厥語辭典》中有「最成熟的興旺之時」的說法外，更普遍的說法則是因兜鍪而被叫開的。

突厥人就這樣跑了，柔然人能放過他們嗎？當然不會。這就好比知道一個小孩長大以後要打自己，何不趁現在趕緊一腳把他踩死免留後患。不久，柔然人又向突厥人發起了進攻。這回突厥人可沒辦法再跑了，只好屈服，去給柔然貴族鍛冶鐵器。柔然人十分狂妄地稱突厥人為「鍛奴」。不過讓人吃驚的是，突厥人的鍛冶技術出奇的好，他們很快就以過人的鍛冶技術牢牢地站住了腳。

當突厥人從燃燒的火焰中抽出一把把冶煉成功的刀時，那一絲遊動開的亮光，不但映亮了突厥人眼睛，而且將大漠戈壁也照亮了。此時的突厥人已完全被柔然人控制，柔然人在驚歎突厥人精巧的冶煉手藝時，並沒有再觀注這個以狼為圖騰的民族，他們已經將突厥人逼到了金山南麓，料定他們不會有什麼動作。

突厥人在屏氣凝聲冶煉著那一把把利刃的同時，也許意志也得到了某種鍛煉。一個經過了苦難，並在這種苦難中積蘊了力量的部族，獲得了一種非常難得的成長機會。慢慢地，突厥人與柔然人產生了對立的關係。西元五五二年，突厥人與柔然人的這種關係已經發展到了極致，突厥人在經過這些時日的準備後，已經使自己聳立成曠野中的一座大山，而柔然人卻仍在沉睡，一如不問世事的昏暈老人。這樣懸殊的關係必將造成一方的崛起和另一方的死亡。而恰在此時，西魏派遣使者出使突厥人，這無疑使突厥人猛虎添翼，信心倍增。他們認為：中原大國都派使者來了，說明我們已經強大了，受到重視了，我們還受柔然人的這份氣幹什麼？不幹了，忍了這麼長時間，夠了！他們扔下鍛冶工具，拍拍手上的灰，走出鍛房去找柔然王汗的麻煩。大概是為了激怒柔然王汗，他們向他提了一個苛刻條件——把女兒嫁給當時的突厥酋長阿史那土門。柔然王汗這下可氣壞了，他媽的，一個臭打鐵的還想娶我的女兒，簡直是污辱我。於是他派人去辱罵土門，而土門一氣之下便殺了來人，形勢一下子緊繃了起來。

一顆螺絲釘掉了，一台機器說不定就散了；一根導火線點燃了，如果在它後面連接的是早已準備好的炸藥，那就有真正的轟然大事要發生了。突厥人突然大舉進攻柔然人，柔然被

一舉殲滅，柔然汗國化作一輪黯淡的夕陽，無聲沒落。而突厥汗國則一夜之間建立。

在西域歷史上，柔然汗國和突厥汗國都是不能小覷的兩個王國。為什麼在一夜之間一個悄然殞歿，另一個卻迅速崛起了呢？原因在於，雙方其實都在不知不覺間完成了演化，只是它們的方向是相反的，突厥人從一到十，而柔然從十到一。

不管在當時的歷史條件下，還是在今天看來，一個部族的人身上的地域氣息都是真實的。當所有的功過在時間的煙雨裡像落葉一樣飄零，只有人身上的地域氣息像穿越了黑夜的燈光，儘管只是那麼若明若暗的一抹，但卻總能照亮我們內心最不容易被照亮的地方。

三　分裂

不幸的是，突厥人成立汗國不久，土門可汗就去世了。一個龐大的汗國，不能沒有可汗；一個組成十分複雜的部族，不能沒有領頭人，突厥汗國幾經波動，分為兩派，分別由土門可汗的兒子和弟弟繼承。土門可汗的兒子木杆得到了蒙古地區的土地，建立了東突厥汗國，土門可汗的弟弟室點密繼承了西域的疆土，包括準噶爾、額爾齊斯河流域、伊犁河流域、直到怛邏斯河流域，建立了西突厥汗國。

突厥的熱鬧也就從這裡開始了。突厥一分為二，像一個不和的家庭一樣整天吵吵鬧鬧，動不動就動手動腳，讓日子變得不得安寧。站在今人的角度來看，突厥的分裂實際上是因為個人利益衝突而起，但卻影響了整個突厥的發展。他們在後來顯示出了其強悍和赤野的血性；但縱觀突厥歷史，他們每往前走一步，似乎都始終被「分裂」這一無形之手緊緊攫著，不能瀟灑自如。

先說說東突厥汗國。木杆可汗統治東突厥汗國期間的十幾年裡（西元五五三到五七二年），東突厥的發展十分迅速，他打敗契丹人，將突厥勢力延伸到了遼河西岸。而當時漢朝分為兩派，北齊和北周對立，戰火不停。兩家都想和突厥搞好關係，期望有朝一日能引其為外援。於是，北周與突厥人和親，北齊連年進貢。這樣的好事，木杆坐在狼皮坐椅上一定感覺不錯。原來強大是一筆這樣的財富，可以這麼使用——別人來求，而自己卻可以隨心所欲地施捨，高興了給，不高興便不給。只是木杆或許沒想到過，自己被扯進中原如此複雜的利益衝突中，難道就沒有危險嗎？

其實，自從突厥分為東、西突厥後，因為他們對中原始終抱有一種入侵的心理，中原自然必會對他們實施軟硬兼施的打擊策略。相比之下，突厥在這方面的反應是遲鈍的，中原對他們實施的往往是連環計謀，讓突厥不知不覺往裡鑽；而又因為突厥對中原抱有種種狂妄的野心，所以很多時候，實際上是他們自個兒把自己推向了危險的邊緣。

到了西元五八一年，中原對突厥很漂亮地玩了一手，事情的起因仍與突厥的分裂有關。這一年，東突厥的一個叫沙鉢略的人繼承可汗，並聲稱自己是突厥宗主。西突厥的可汗達頭因此可坐不住了，一山不容二虎，你是突厥宗主，哪我算什麼？他也立即對外聲稱，拒絕承認沙鉢略可汗名義上的宗主地位。從這裡開始，世人皆知的東、西突厥正式分裂。內戰因而引爆，不久達頭聯合契丹人進攻沙鉢略，雙方打得你死我活，很難分出勝負。西域的不安寧，中原可有一雙眼緊盯著他們的動靜。這時隋朝剛立國不久，隋文帝敏感地意識到突厥有可能在經過一番內戰後重新統一，於是他馬上派軍隊支持沙鉢略可汗對付達頭。達頭的力量不敵隋文帝和沙鉢略的夾擊，匆忙退走。這一手玩得漂亮，而且誰也看不出他的真實用意。一雙無形的大手正在一點一點地撕裂著突厥。

達頭退走，事態似乎趨於平靜了，但其實也只能說是表面上的平靜。接下來，隋文帝又有了動作，他蓄意在東突厥內部不斷製造權力糾紛。西元五八七年，東突厥中一個叫都藍的人繼承可汗，隋文帝馬上離間東突厥中一個叫突利的人反叛都藍。到了五九九年，突利雖慘遭失敗，但隋文帝仍大力扶持他，以隆重的方式迎接突利並承認他是東突厥的可汗，安排他在河套地區做隋的盟邦，東突厥由此也經歷了一次分裂。至此，我們就可以比較清楚地看出隋文帝的用意了，他不想讓突厥發展壯大，所以他便利用他們內部的矛盾讓他們互相鬥爭，最後便再也沒有力氣「窺伺中原」了。

不久，隋朝的無形之手又開始運作了。這一年，都藍歿，一直保持沉默的西突厥達頭可汗覺得機會來之不易，便企圖統一突厥。他這次做出了兩個嚇人的動作——西元六一二年進攻長安，六〇二年進攻內蒙的突利——好傢伙，要鬥就挑最強的對手，使出渾身力氣，看看自己到底有多大的能耐，但可惜他遇到的仍是老辣的隋文帝。隋文帝消滅了內外政敵，也許是因長期的積怨，他決定收徹底拾突厥人。他一方面直接向突厥人發起進攻，叫陣開戰，要一決勝負；但另一方面，隋文帝這次仍是用那雙無形的手，一點一點地撕裂突厥。在達頭進攻長安時，他暗中收買西域各部落，尤其是鐵勒族（回紇的祖先）大受其益，在達頭背後反叛，分割了達頭的地盤。達頭萬萬料不到會出現這種情況，西突厥汗國便被迅速瓦解，他本人再也無力治國，只能逃往青海避難。

忍辱負重、等待時機的西突厥這次仍然命運不濟，本來他們養精蓄銳多年，覺得自己可以闖蕩世界了，但還是受到了中原的瓦解，在邁出第一步時便一不小心從奔跑的馬背上跌落了下來，傷了、殘了，只有慢慢地養傷，留待以後再作打算了。

一隻蒼狼，停止嗥叫，隱入了茫茫夜色之中。

四　天可汗

過了幾年，突厥人的傷口慢慢地癒合，體內的隱痛也一點一點消散，他們知道一個崛起的機會又快來了，他們為體內的這種野性的復甦而興奮，按捺不住衝動想把自己化做旋風，掠過草原，撲向遠處的目標。

但他們沒有想到，這次出現的對手卻是另一個非常強大，也非常有謀略的人——李世民。早在唐王朝剛建立的時候，東突厥人的勢力就已經有所抬頭，不斷入侵中原。唐朝在這時當然無法騰出手來和西域過招，所以對東突厥人總是寬容忍讓。但後來，東突厥人越來越張狂，唐朝中有人害怕了，就對唐高祖出了一個餿主意：「突厥之所以屢次進攻關中，是因為婦女兒童、金銀財寶都在長安。要是把長安燒了，不再作為首都，那遊牧部落的入侵自然就停止了」。這是一個消極無聊的主意，只要是人，有三分骨氣，就不會去幹這樣的事情。但要命的是，唐高祖居然覺得他言之有理予以採納，並派人越過秦嶺去現在的湖北和河南一帶尋找可以建都的地方。這時候，李世民便跳了出來，顯示出他過人的膽識和蓋世豪氣，他力勸父親此舉不可為，他立誓要學前人，將西域征服並收復。他這麼一勸，高祖才放棄了遷都計畫。後來，唐朝發生「玄武門之變」，李世民一不做、二不休，殺了哥哥李建成和弟弟李元吉，並很快登基當了皇帝。這樣一個能把親兄弟都殺掉的人，殺起別人，恐怕是不會心軟的。所以說，東突厥這次遇到的人可不好對付。

好戲開演了。西元六二四年，東突厥精騎大軍在頡利可汗的率領下，氣勢洶洶地開拔到長安城下，要一舉消滅唐朝。長安城內一片震驚，唯李世民顯得很是鎮靜，讓將士們手持弓箭站在城上，沒有他的命令誰也不准動手。李世民的沉著讓突厥人懾服，頡利與各部首領協商，認為唐軍早有準備，在城伏有重兵，於是決定從長安城下撤退。正當頡利向後退兵時，天上突然下起了大雨，李世民認為天賜良機，於是向眾將士喊話道：「突厥人眾，如鳥鎩翮……此而不乘，夫復何時？」說罷，他身先士卒，向突厥人殺了過去。突厥人因不習慣在雨天中作戰，被李世民打得大敗。這是突厥人第一次入侵中原，就中了李世民的空城計，從智、謀、勇上均輸給了唐朝，無奈之下，他們乞求與唐朝講和，簽下了永不侵唐的協議。

過了兩年，李世民即位，頡利可汗又動了心，他認為唐朝的政局有些不穩，可乘此機會再次發動騎兵遠征唐朝，一定會取得輝煌的戰果。於是他親率十萬精騎大軍浩浩蕩蕩直抵長安城下，擂響了進攻的戰鼓。此時，唐太宗在長安城內只有很少的兵馬，形勢比上一次還嚴峻。但他仍不慌不忙，又採取了和上次一樣的大膽行動——他將城內所有可用的人召集起來，讓他們穿上士兵服裝，然後打開城門，把他們安排在城門前。他既不迎戰，也不守城，而是親自出城，讓軍隊展開陣容，給突厥人放馬過來觀看。李世民這一手玩得漂亮，突厥人見唐朝有如此龐大整齊的軍隊，心生怯意，不知如何是好。而他自己則率領一小部分精選出來的精騎兵，沿著渭水河畔悄悄插入突厥背後，突厥被突然襲擊，既不敢前進，又不能後退，諸首領見李世民如此英勇，自知不敵，便一一下馬跪拜。李世民縱馬跑到頡利可汗面前，訓斥

頡利可汗背信棄義，破壞雙方在兩年前簽下的休戰協定，頡利可汗感到羞愧，久久低頭不語。次日，李世民按突厥人結盟的習俗，殺了一匹白馬，和突厥人在渭水橋上再次舉行了結盟儀式，並給頡利可汗送上大批金銀珠寶。儀式完畢之後，突厥人撤回西域。

這些表面看似充滿了微笑、友好和尊重的事情，其實是一種計謀。突厥人已經到了長安城下，不動一刀一槍，卻只在一瞬間從心理上敗給了李世民，你說他們跑這麼遠的路來到中原是為了什麼？答案只有一個，那就是突厥人歸根結底還是愚昧的，他們從表面上看來雖然兇猛和剛烈，但實際上只是出於粗野和野蠻而已。

突厥人也許並沒有意識到自己幹了一件輕率的事情，但他們仍得為自己的輕率付出慘痛的代價。他們回到西域後，長安城裡一片爭吵之聲，大臣們不解李世民何以要如此對待突厥人。此時的李世民已是心滿意足，為自己達到了目的而悠哉悠哉，他緩緩坐下，左手指頭敲著桌面，右手端起茶杯呷一口茶水，才慢慢道出事情的究裡：「我剛即位，國家還不安定，老百姓還不富裕，需要社會穩定以利生產發展。一旦和突厥人開戰，損失必然很大，突厥人雖敗而未滅，若其吸取教訓而發憤圖強，再來尋仇，我們就不一定能取勝。今天我同意休戰，送其金銀，他們得其所好，自然就會退兵。這樣下去，突厥人必然驕傲自滿，不再防備；而我們卻可以養精蓄銳，將來找到機會徹底消滅它。驕傲是敗亡的開始，所以古人說，『將欲取之，必先予之』就是這個道理了。」看看，計謀早都設計好了，就等著他往裡面鑽呢！李世民如此能伸能屈，實際上是在使連環套，謀緩兵計。這些對長期生活在西域，腦子一根筋的突厥人來說，他們怎麼能想到呢？他們回到西域後，又開始大碗喝酒，大塊吃肉，把這事兒早忘在了腦後。

過了三年，李世民感到時機成熟了，令兵部尚書李靖統率十萬大軍從六個方向出擊突厥人。突厥人有點吃驚，他們沒預料到會發生這樣的事。而讓人不解的是，頡利在這個緊要關頭卻犯了糊塗，他在心裡想著——不會吧，唐朝如此來勢兇猛，除非他們傾全國兵力來攻，否則不會有如此大的陣勢，這一定是假的！人有時候在一個小地方待久了，難免會變成井底之蛙，頡利就是一個明顯的例子。他在這種時候犯糊塗，但唐朝的統帥李靖卻清醒得很，他一面加緊進攻，一面派間諜在頡利的軍隊中搞反間計，讓頡利的得力心腹紛紛投降了唐朝軍隊。頡利已經被人悄悄剁去了一條腿，但他還不知痛癢，所以在李靖全面進攻時，他的軍隊在猝不及防間便被唐朝大軍殲滅，他雖然趁亂逃脫，但不久就又被捉住。一切都已經晚了，布幕緩緩拉上，一場戲結束了。

東突厥汗國就這樣滅亡了。從此，突厥「貴族子弟，陷為唐奴，其清白女子，降作唐婢」。突厥人匆忙上路，滿以為靠著冒險和劫掠的手段就可以入侵中原，但他們卻陷入了一個未知的世界中；唐朝以中原的軍事謀略輕而易舉地打敗了他們，讓他們品嘗到入侵別人所釀成的苦果。

李世民取得了這麼大的勝利，是不是該慶賀一下呢？但他這次卻顯得有點低調。周邊各國國王這時卻在他耳邊吹風，他們覺得打敗了突厥的李世民已經變成了一棵大樹，所以都想到這棵大樹底下來乘涼。而李世民也希望更多的人團結到他周圍，於是便答應了大家的請求。因此各國國王雲集長安城內，懷著敬仰的心情一聲聲稱他為「天可汗」，在他們的心中，天可汗便是最大的汗。李世民對這個稱呼表現出半矜持半接受的態度，他笑著說：「我是大唐天子，現在降尊成了可汗！」，之後，也許為了顧及各民族的情感，加之又考慮到維護邊疆的需要，李世民在向西域下昭書時，都稱自己為「天可汗」。

突厥：阿史那賀魯，蟄伏的狼

一　蟄狼

草原上的牧民有一個說法：在狼群出現時，你完全可以不去理會那些前撲後湧，嗷嗷叫個不停的狼；但對一直保持沉默，將頭深深蟄伏下去的狼卻一定要小心，它們才是真正的惡狼，往往會趁你不備給你致命的一擊。我們可以想像得出那是很慘烈的一幕——一隻蟄伏的狼突然一躍而起，像射出的箭一樣撲向目標，由於它準備充分，所以在短短的時間內便完成了撲、抓、咬一系列動作，讓攻擊目標命喪於它的利齒之下。

阿史那賀魯，就是一頭蟄狼。

突厥人中湧現很多不同尋常的厲害人物，在西域一個個大顯身手，熱鬧無比，但他們卻都很相似，身上都有突厥人共同的頑強、剛烈的血性，行為中也都有那麼一股冒險的精神。

但阿史那賀魯似乎不在這群人之中，他閃著一雙憂鬱的眼神，時時游離於人群之外，在靜靜地思考著什麼。他冷靜、從容、果斷，而且喜歡一個人獨處，總要先把事情想清楚弄明白了，才穩紮穩打地去幹。一個人往往是孤獨的，他把一切都深藏在內心深處，既使內心的折磨像刀子切割一樣難受，他也能忍住，能做到面不改色心不跳的程度。也許他面前出現過一些機會，但他都沒有伸手，他的志向大著呢，豈能被一些小花小草所吸引！

人們，小心啊！在最後出擊的狼，往往是最厲害的狼。

二 掙扎

阿史那賀魯為什麼要長久忍受寂寞，做這樣一隻蟄伏的狼呢？

這還得從李世民殲滅東突厥說起。東突厥滅亡了，天下就太平了嗎？不，還有西突厥呢。自突厥分裂為東、西突厥後，似乎東突厥一直很熱鬧，而西突厥一直在西域沉默不語，誰也不知道他們在想些什麼。如前文中所述，西突厥本來是很強大的，但卻因達頭可汗為了個人利益的慾望而屢屢敗北，不但不能重新統一，還遭受了隋文帝的政治打擊，被鐵勒人斷了後路，不得不逃往青海避難，西突厥由此瓦解。但到了達頭後輩乙毗射匱稱可汗時，西突厥的形式又發生了變化。乙毗射匱以塔什干附近的一小塊地盤為中心，慢慢發展壯大起來。他像他的先祖達頭一樣，又有了統一西突厥的想法，形勢依著他的想法逐漸改變，不久居住在阿勒泰一帶的薛延陀部歸降了西突厥，大大鼓舞了乙毗射匱，乙毗射匱像滾雪球一樣一點一點地使自己發展壯大，統治了從阿爾泰山到裏海、興都庫什一帶的地盤。

此時的舞臺是乙毗射匱的，他是主角，所有的表演都由他一個人完成，別人可插不進去。但插不進去不等於沒有人想要插進去，阿史那賀魯就是一個想橫加插手的人，他一直在冷靜地觀察著乙毗射匱，尋找著將他推下臺的機會。

乙毗射匱並不是一個簡單人物，當東突厥被唐朝打擊得落花流水，一敗塗地時，他仍能夠保持西突厥的實力，說明他一定有過人之處。這不，他很快便察覺了阿史那賀魯的動機，知道了阿史那賀魯想要幹些什麼，一個人突然發現長久以來與自己朝夕相處的人原來是敵人時，無異於突然發現一把刀架在了自己脖子上，那種冷颼颼的滋味是不好受的。但乙毗射匱保持了高度的冷靜，對阿史那賀魯一不打、二不罵，而是採取了慢慢排擠他出局的方法。這是為了避免殺戮和流血，更可以保持部族內部的秩序不被打破。從這一點上來看，乙毗射匱也是一隻蟄伏的狼，不到萬不得已的時候他是不會出手的。

慢慢地，阿史那賀魯被乙毗射匱排擠出局了。表面上，似乎一切都很平靜，像是什麼也沒有發生一樣。但兩個人之間的一場較量卻在不動聲色地進行著。由於這兩個人都努力保持了外表上的平靜，所以外人都不知道已經發生了什麼事，更不知道這場較量最終是以阿史那賀魯的失敗而結束。

阿史那賀魯該怎麼辦呢？自己被排擠出局了、失敗了，是再度作為蟄狼，將頭顱垂下再次等待機會呢？還是到別處去尋求新的希望？這時，作為突厥人的血性洶湧了起來，作為一隻狼，不能老是把頭低下；即使把頭抬起的過程艱難些，但也要慢慢地抬起。只有把頭抬起並發出自己的聲音，你才會有自己的位置。但阿史那賀魯要想在突厥中再抬起頭顯然是不行了，自己原來站立過的位置已被別人安插上了刀子，如果自己要強行在原來的位置上站立，那就會被弄得頭破血流，連性命也會喪失。不行！得另謀出路。經過一番冷靜的思考後，他決定投靠唐朝。好在他想投靠唐朝的想法誰也沒有覺察出來，才讓他順利地實現了意願。他帶領三千部眾到達長安後，受到了唐太宗李世民的熱情歡迎，當即封他為左驍衛大將軍，不久李世民又在庭州莫賀城專門設立了一個瑤池都督府，讓他任都督，負責招撫西突厥。

至此，阿史那賀魯是否應該得到了一點安慰呢？他一直在苦苦掙扎，痛苦一直在折磨著他。當看著乙毗射匱風光，他不服氣，承受的是壓抑的痛苦；到了開始琢磨著怎樣讓乙毗射匱下臺時，他承受的是焦慮和急躁的痛苦；被乙毗射匱排擠出局時，他承受的是失敗的痛苦；默默離開西突厥時，他承受的是失落和無可奈何的痛苦；投靠唐朝時，他承受的是走投無路，不得不背離故鄉寄人籬下的痛苦。這麼多痛苦在折磨著他，儘管他閃爍的眼神告訴我們，他是一個不會囿於現實，時時能從內心尋求到突圍之道的人，但他的眼中一定有了一絲傷感的神情，時不時地會流露出來。但不論怎樣，他都不會為此而徘徊不前，他一定會冷靜地把握好自己的方向，一步一腳印地往前走。

三　躍起

呵，在黑夜稀疏的星光下，誰能看清一隻狼是怎樣抬起頭顱的。

李世民給了阿史那賀魯那麼高的地位，目的很明確，那就是讓他去招撫西突厥。這不是個好差使。阿史那賀魯本來就是突厥人，現在讓他去對付自己的族人，那他們還不把他罵死？不把他的脊樑骨給戳穿？再則，他投靠唐朝等於已經背叛了西突厥，成了千夫所指的叛徒，現在出現在人們面前，他的臉往哪兒擱呢？

由於難以忍受同族之辱的痛苦，他又開始在命運中掙扎，企圖找到一個新的出路，但新的出路在哪裡呢？經過一番苦苦思考，他找出了一個基本的思路——自己作為一個突厥人，萬萬不能去打西突厥，否則自己就會成為西域人人嘴裡詛咒的對象，但不去打西突厥，李世民這邊又不會放過自己，思前想後，他覺得唯一的出路就是在西域擴充自己的實力，把西突厥的力量拉攏到自己的旗下，然後走自己的路——有了這個想法，他驚喜的發現，可以好好利用一下李世民給自己招撫西突厥的權力，借唐朝的旗號佔據西突厥的統地。真是「山重水復疑無路，柳暗花明又一村。」本來以為已無路可走的阿史那賀魯，腦子這麼一轉彎，便發現腳下的路其實順暢得很，只需放開步子往前走就行了。

一隻內心痛苦的狼，慢慢抬起了頭，認定自己的路並不在正前方，而是在斜側一方，於是便把頭一扭，用牙齒去緊緊咬住那救命的稻草。阿史那賀魯算是找對了方向，步子也邁得踏實，不停地征服原西突厥的部眾，但他卻一直不動聲色，既使自己的實力已越來越大，卻仍聲稱是在為唐朝在做事。

一天又一天，一隻狼始終將頭顱低垂著，以至讓人覺得他已經被中原文明徹底馴服，變成了唐朝戍邊軍隊中的一名忠誠衛士。但只有他自己知道，心裡的算盤在推估何時有勝出的把握，他感到有一塊肥肉已近在眼前，他已經聞到了它的香味，他要等待最好的時機。到了西元六四九年，阿史那賀魯漫長而又痛苦的等待終於結束了，這一年唐太宗李世民駕崩，阿史那賀魯立刻在西域自稱沙缽羅可汗，立起反叛大旗，並乘機大舉東侵庭州，對輪台、蒲類兩地進行了大肆劫掠。為了掌握西突厥汗國，謀求獨立，阿史那賀魯必須反攻唐朝。這樣世人才會知道他，才會知道有一個新的突厥人要幹大事了。一時間，阿史那賀魯的名字像風一樣傳遍了每一個地方，中原和西域兩地一片譁然，人們覺得太不可思議了，一個一向看上去並不起眼的人，怎麼突然就幹出了讓人如此吃驚的事情呢？看來，阿史那賀魯確實是一隻蟄狼，它長久低垂著腦袋不叫不鬧時顯得溫順善良，而一旦躍起咬人時，被咬的人一定逃不脫厄運，會被他在短時間內置於死地。

一隻可怕的狼，當你看清它的面孔時，可怕的事情卻已然降臨。

四　瘋狂

對於阿史那賀魯這樣一個人，唐朝不可能讓他一直胡鬧下去，一定會想辦法收拾他。唐高宗召集大臣們商議，擬出了一個方案——為了鎮壓阿史那賀魯，唐朝和回紇人結成聯盟，

內外夾擊，一舉將他殲滅。呵，一隻狼惹惱了一隻大老虎，老虎這下發威了，要把這只狼一爪子拍死。這實在饒有趣味，難道阿史那賀魯在事先沒有掂出事情的輕重，不知道唐朝的力量有多大，難道只因想顯示一下自己的才華就輕率的反唐了嗎？事情自然不是這麼簡單。導致阿史那賀魯走到這一步的主要原因還是與他作為一個突厥人的血性有關，他可以吃很大的苦，受很大的罪，但他內心深處最迫切的願望還是征服，只有通過征服，他才可以釋放內心的痛苦。只不過，他在實施目標的過程中，比別人多了幾份冷靜，顯得穩妥和細緻一些而已。但不論怎樣，他總是個充滿血性的突厥人，事情已經走到了這一步，形勢之嚴峻、時間之緊急，已不容他再細細琢磨精計算了，他必須正面迎接唐朝這隻大老虎，使出渾身力氣為之一搏。

唐朝軍隊與阿史那賀魯在伊犁弓月城交鋒。弓月城曾是古絲路北道上的一個重鎮，是西突厥人的牙帳（王庭）之一。在今天，我們不知道一個牙帳的規模有多大，擁有多少兵力，但從唐朝首先要取這個牙帳的態度就可以看出，它所處的位置一定很重要，極有可能是一個關隘。阿史那賀魯坐鎮弓月城，戰爭很快就打了起來，西突厥人誓死守城，與唐軍交戰了幾個回合，打成平手。這種情況下，雙方都不敢輕易出擊，因為唐朝與西域距離遙遠，雙方都不瞭解對方的戰鬥方法。前幾個回合，雙方都驚異於對方使用武器之精良，並還拿不準對方的戰術。所以，雙方都按兵不動。

這樣的一場戰爭似乎讓阿史那賀魯有點高興，原來一隻氣勢洶洶的大老虎本事也不過如此嘛，自己一點都不用害怕，在西域的蠻荒之地，拖也要把它拖垮。於是，他在西域休養生息，等待著唐朝軍隊再次發起進攻。到了西元六五七年秋天，唐高宗委任蘇定方為伊麗道行軍總管，率步兵和回紇騎兵征討阿史那賀魯。蘇定方的軍隊剛到阿爾泰山腳下的額爾齊斯河西岸，阿史那賀魯便迫不急待地帶領十萬軍隊包圍了過來。但沒有想到，這次遇到的蘇定方是一個厲害人物，早已經摸清了阿史那賀魯的用兵策略，故意在顯眼處佈置了少量人馬，然後讓其他軍隊形成一個包圍圈，誘惑阿史那賀魯進去自投羅網，給了他一次痛擊。輕敵讓阿史那賀魯犯下了致命的錯誤，十萬軍隊被蘇定方打得大敗，不得不趕緊向別處逃命。

阿史那賀魯到此，心中已不復原先那樣複雜、痛苦和焦慮了，內心只有征服欲望，而沒有了早先忍辱負重時的那種不動聲色，他不再是那個可以讓人體會到他內心痛苦和精神掙扎的人了——戰爭已讓他變成一個瘋子。阿史那賀魯在原先似乎還算是一個平靜的人，他可以把持住自己，在內心深處把那麼一點瘋狂一直潛藏得很好，沒有讓它露頭，但被戰爭之手輕輕一撩撥，那麼點瘋狂便迅速竄起，彌漫在他的整個身心，讓他不能自己，完全喪失了理智。

他已經沒有選擇，沒有別的出路可走了。唐朝大軍對他緊追不捨，他和跟隨他的突厥人只能繼續去打仗，讓更多的人付出鮮血與死亡的代價，然後從死亡的縫隙中蹿身而出，以換取意外的生存機遇。

阿史那賀魯逃跑時，一場雪過早地降臨了，地上覆蓋著厚厚的雪。他的突厥士兵大驚失色，這早臨的大雪使他們覺得有一場災難將要來臨。果然，在他們後面緊緊追趕的蘇定方對這場大雪感激不盡，他對其部下說：「虜恃雪，方止捨，謂我不能進，若縱使遠超，則莫能禽。」——阿史那賀魯一定認為在這樣天氣裡我們追不上他，會放鬆警惕的，我們正好利用他的這個心理，衝進去抓住他。於是，他率領一隊人馬日夜追趕，終於逐漸對阿史那賀魯形成了一個包圍網；而阿史那賀魯呢？他果然因為天降大雪放鬆了警惕，不但不加快行程，反而停下打獵。蘇定方一對他發起猛攻，他的最後一點力量便被瓦解了。

阿史那賀魯失去了一切，踏上了流亡之路，但唐朝軍隊仍緊追不捨，在楚河流域再次重挫了他，逼迫他逃亡到西突厥的老巢塔什干。但天亡之也，塔什干人十分明瞭當時的情勢已不可留，他們抓住阿史那賀魯，把他交給了唐朝軍隊。讓眾人意想不到的是，唐高宗並未判他死罪，只是讓他活著在長安打發餘生。

蟄狼的影子從他身上慢慢褪盡，他被還原成了一個真實、安靜，不會再有任何冒險行為的自己。如果他冷靜地回想一下自己這些年走過的路，也許連他自己都感到吃驚，這些年，自己居然變成了一個陌生的人，到了最後，幾乎已經變成了一個單純的瘋子。不過，不論他對自己感到陌生還是無奈，歲月已讓他變得越來越模糊，不可能再發出任何聲音了。

蒙古：渥巴錫，聖遷之路

一　破曉

在新疆巴音郭楞蒙古自治州的一個小院子裡，聳立著渥巴錫的塑像。從遠處看，他一身王者的裝束，頭戴「汗」冠，身披玉帛，就連腳上的那雙靴子也似乎有飾金正閃閃發光。目光移到了渥巴錫的臉上，細看他的眼睛，他雙眉緊鎖，眼裡充滿焦慮和急迫，整個臉部的表情陰沉得如同剛剛褪火的鐵塊。人們既然是為了紀念這位英雄，為何卻把他的臉部表情弄成這樣？

疑惑啊……

渥巴錫是清代人物，距今不遠，各種資料將他記錄得十分詳盡。據說他曾經有過一個讓他一生都難以忘懷的夜晚。那天晚上，渥巴錫久久佇立於黑夜之中，一動也不動，一切都靜了下來，晚風和夜色似乎在一襲沉重中都凝固了。月亮慢慢升起，掠過他的臉龐，繼而是那健壯的、充滿了堅強與勇敢力量的身軀。他面前流淌著伏爾加河——伏爾加河是一條美麗的河，有月亮的時候，因為月光太富於動感，因而感覺不出河水的流動，整個河面是一片鐵青色。但當月光徹底把這條河照亮，河面上的鐵青色澤越來越輕，似乎將隨一場輕風浮上天空。

四周寂靜，他久久佇立無語，也許心裡已經有了變化。此時的一個「靜」字，勾勒出一片背景——渥巴錫肩負著多麼沉重的民族重擔，同時他又是多麼焦渴地想實現自己的理想——他沉穩、冷靜，執著的性格也在這一刻若隱若現地顯示了出來。

渥巴錫的內心在想著什麼呢？他在河邊佇立了一整夜，當黑夜漸逝，慢慢地天邊出現一道白光。這是渥巴錫在此佇立等候的，他盯著它——這是希望，是前奏，是綺念。不一會兒，那片白光開始消失，隨之出現的是一片瑰紅色。它是那麼緩慢，像是經過了一夜的孕育，還依戀著母腹，不願來到人世。渥巴錫屏住呼吸盯著那片紅。

最終，太陽完全出來了。這個像是剛剛從火爐裡出來的傢伙，以它的那種赤紅和灼熱，把天地在瞬間烙疼了——幾乎就在那一瞬間，大地被忽然降臨的白光抹過，緊接著，一切都白了。黑夜不知不覺已消失殆盡。

須臾，渥巴錫向前走了一步。這一步，是從久久忍耐的黑夜和沉重中走向澄澈，走向堅銳。他不是顫動著嘴唇，低祈祝禱，而是雙目直視那輪太陽，大吼一聲：「我渥巴錫要帶土爾扈特部東歸。是太陽，終究要走出黑夜！」

之後，他趴下身子，吻著晨光中的土地。

二　東歸

渥巴錫是土爾扈特部的大汗。此時的大汗，已不能與他的祖先成吉思汗相比。土爾扈特部是元朝滅亡之後，蒙古人退歸塞外，逐漸形成的漠北高原蒙西厄魯特部中的一部。厄魯特部共包括四部，另三部為杜爾伯特部、和碩特部、準噶爾部，後來準噶爾部逐漸強大起來，兼併了和碩部和杜爾特部，把土爾扈特部排擠到俄國伏爾加河流域一帶。

每一個土爾扈特部人都忘不了一六二八年（明崇禎元年）的那一次西遷。當戰鬥力弱於準噶爾部時，在西域遊牧的立足地就不得不讓出——失去牧場，對於蒙古人來說，無疑等於失去了精神信仰和生命依託——為了避免與準噶爾部發生軍事衝突，並保護部落的生存與發展，土爾扈特部首領和鄂爾勒克毅然率領土爾扈特全部，並聯合和碩特部、杜爾伯特部各一部分人，共計萬餘帳，長途跋涉，歷經三年時間，到達伏爾加河流域下游地區，在各支流沿岸駐紮了下來。

他們在那裡尋找新的牧地，而首領和鄂爾勒克創造了自己的汗國——土爾扈特汗國。但在異域他鄉，作為一個外來者，這又談何容易啊！土爾扈特汗國從初創起，就不斷遭到沙俄支持下的哥薩克人、諾蓋人和日爾曼移民的輪番侵擾攻擊。西元一六四五年（清順治二年），和鄂爾勒克大汗在忍無可忍的情況下，奮起反擊沙俄指使下的阿斯特拉罕軍隊，以致壯烈地戰死在阿斯特拉罕城下。他的兒子書庫爾岱青抹去血淚，又堅持扛起了土爾扈特大旗，之後孫子朋楚克在萬難中又接過了旗幟，當朋楚克倒下後，曾孫阿玉奇又補了上去……一代又一代土爾扈特人用血維護著蒙古人的尊嚴，用淚水澆灌著草原上那賴於生存的草場。

阿玉奇去世後，土爾扈特汗國內部陷入了繼承汗位的紛爭，內部動亂長達四十年之久，這對身單力薄，又身處異鄉的土爾扈特汗國來說是致命的。這場紛爭像一場戰爭一樣，使土爾扈特汗國漸趨衰落——在這樣的情況下，年僅十七歲的渥巴錫繼承了汗位，從西元一七六一年到一七七〇年夏，痛苦如同一把不停向他內心刺入的利劍，使他身心如焚，在無數個不眠之夜為土爾扈特人的命運焦慮不安。

一半是仇，一半是恨，燃起的一團烈炎一直在炙烤著他。一七六七年，渥巴錫準備率部東歸，由於叛徒告密，沙俄加強了防範，並扶植已改信東正教的土爾扈特貴族敦杜克夫家族取代渥巴錫的汗位。一七六八年沙俄對鄂圖曼土耳其帝國開戰，土爾扈特人被強征從軍，死傷達七萬餘人。一七七〇年夏，沙皇再度下令，凡十六歲以上的土爾扈特男子都必須上前線，土爾扈特人面臨著亡族滅種的危險。但蒙古的「巴特爾」（英雄）絕不會在淚水和傷悲中沉沒。在目睹了伏爾加河的那次日出後，渥巴錫決定東歸。回歸，到祖先遊牧過的地方去。

東歸是從一七七一年一月四日清晨開始的。這是不得已選擇的一個日子，因東歸的消息已經走漏，渥巴錫擔心再待下去會陷入危險境地，只好忍痛拋下北岸的同胞，率領南岸十七萬部眾啟程。也許一切都太緊迫了，所以集結的速度也出乎意料地快。一夜之間，伏爾加河東岸所有男女老少，集於一群，等待渥巴錫發出出發的命令。

那個高臺是為了最後一用而搭立的，渥巴錫站在台上手握寶劍久久不語，在這之前，人們都已經悄不做聲了。又一個等待，像渥巴錫在伏爾加河畔迎接日出的情景一樣，四周陷入一片廣大的寧靜。人們屏住呼吸，看著太陽一點一點從地平線上升起，黑雲這時候依然重重，像是給太陽鑲上了一道發光的金邊。過了好一會兒，太陽才慢慢衝出重圍，出現在天空中——那一刻，不光天地變得明亮，就連這些默然佇立的土爾扈特人也忽然被照亮。這就是太陽的魔力，是崇尚太陽的遊牧民族用心靈的方式從太陽中吸取力量的例證。

也許天宇又要為這一時刻添上一絲激動的氣氛。這時隊伍中忽然一陣騷動——一名士兵押來了一個哥薩克士兵，這個哥薩克士兵剛剛殺害了一個土爾扈特牧民。東歸六首領之一的舍愣手起刀落，取了他的性命。那一抹噴湧的鮮血撒在了他們東歸的啟程上，祭奠了在風中呼呼作響的大旗。

真正的啟程是一支離弓之箭。渥巴錫接過一個火把，投向自己居住多年的那座華麗的宮殿，一股烈焰騰空而起，他對著部眾大吼一聲：「出發！」從這裡開始，土爾扈特人破釜沉舟，誓死東歸。

三　異心

天涯羈旅，東歸是沉重的。在以渥巴錫為首領的六位東歸領導人物中，有兩位——策伯克多爾濟和舍楞——從踏上路的那一刻起，就感到舉步維艱。

先說策伯克多爾濟。此人也是土爾扈特貴族後裔，其祖上早年與和鄂爾勒克大汗一起西遷，一起參與了該汗國的創立，因而他也曾有過承襲汗位的奢望。但汗位後來被渥巴錫繼承，而且此次東歸，又是由他領導，這就不由得策伯克多爾濟在心裡感到難受。一個人面對比自己強大的人時，總是要想辦法去超過他；如果他發現這個人卻一再比自己強時，他的痛苦就不可避免地又要增加許多。他望著渥巴錫高大的背影，內心變得更為複雜起來——東歸之前，他曾跑去聖彼得堡，希望得到沙俄政府的支持，由他承襲汗位。但沙俄卻對他置之不理，讓他感到自己一時像六神無主的野馬無所適從，但也因此使他終於看清了沙俄的奸猾。正在他拿不定注意時，出發的時辰到了，他猶豫不決地上了路。

那一路的行程顛簸不已，他的內心亦在激烈地動盪，恥辱使他慢慢覺醒，一絲對渥巴錫的敬重油然而生。因為當他徹底看清了土爾扈特在沙俄殘酷統治下的生存危機時，就不得不佩服渥巴錫大義凜然的東歸舉動。而更讓他感動的是，渥巴錫絲毫不計前怨，以肝膽相照的

真誠態度同他相商東歸大計，似乎除了土爾扈特的利益外，個人恩怨皆可付之東流。任何事情都是可以想通的，想通了，策伯克多爾濟的內心也就變得明朗起來了。他很快就以拯救土爾扈特脫離於水火的正義感和使命感，壓倒了心中的私欲和雜念，一抖馬韁，快步向前馳去。沒有誰知道他內心經歷了這麼一場的苦鬥。

舍愣比策伯克多爾濟更為沉重。他每往前走一步，都感到在向死亡逼近。有這樣的思想包袱和精神負擔，其實是不應該加入到東歸者的行列裡來的。所以當星月使夜空變得迷茫時，他的腳步是遲疑的。可以說，此時他不得不隨大部隊向前走動，實際上是因為他正處在疑惑之中，邊走邊想著自己的出路。

舍愣的背景相當複雜。他是準噶爾部後裔，乾隆時代，準噶爾發生了阿睦爾撒納叛清兵變，舍愣就是這次兵變的骨幹分子，乾隆派兵平反兵變時，舍愣兩次逃脫。後來清兵副都統唐喀祿將他的弟弟射傷擒獲，舍愣在這時提出願意以自降的方式換取弟弟的性命。但唐喀祿前去「受降」時，卻陷入舍愣的圈套，被殘忍地殺死。舍愣逃竄到俄羅斯境內，清政府根據中俄雙方協定，讓理藩院致函交涉，但沙俄卻未可置聞。舍愣就這樣流竄到土爾扈特汗國，大汗念他是同族同宗，便收留了他。像他這樣負有血債的人，此次重返清朝，豈不是自投絕境，枉送性命嗎？

渥巴錫發現了舍愣的消極情緒，及時開導他說：「我們舉族萬里東歸，捨異域立足之地，尋故土渺茫歸所，這本就說明我們對大清的敬仰和信服。像你這樣在過去犯下錯誤的人，如今能置死亡而不顧弗然而歸，更能說明已被大清朝庭『誠之所感，德之所致』，這正是大清朝廷所要追求和宣揚的。應該相信大清皇帝是位高瞻遠矚，虛懷若谷的大國之君，決不會目光短淺，對前嫌舊仇耿耿於懷，謀小失大。再說，我們萬里歸來，這本是一件影響國際的事。他絕不會處理不好這件事。」渥巴錫分析得令人信服。而達什敦多克等人也勸他說：「見了大清皇帝，我們將以『同生死而歸，將功補過』為由為你求情。」舍愣又被他們的豪情和義氣所感動；大喇嘛洛桑丹增則勸他「遵從佛的旨意，聽從佛的召喚」，更使舍愣感到了巨大的感召力。而最讓舍愣徹底打消心頭顧慮的，還是乾隆皇帝在聽說他也東歸時，傳出的一句話：「降而來歸，不如順而來歸之盡善也。」

舍愣頓時變成了另一個人，腳步邁得更輕鬆了。

四　堅毅的勝戰

戰爭在這樣的情況下仍無可避免。

渥巴錫將三萬三千帳近十七萬人的東返隊伍組成三路大軍，渥巴錫親率兩萬多人在中

間，其餘領主驅趕著牛羊在左右兩翼，外側有騎兵分隊巡邏護衛。他派出巴木巴爾和舍愣率領精銳部隊為前鋒，要求他們一路上為東歸隊伍掃清障礙，趕走哥薩克軍，準備搶渡雅伊克河。此時的土爾扈特終於像一把冶煉出爐的利劍，在為自己的命運開闢一條新生的道路。這把冶煉出爐的利劍將他們的生命和使命歸結到了關鍵所在，昔日的忍耐與屈辱頓時也似乎化作了一種力量，把沉睡的伏爾加河和寒冷的草原重重地敲響。

他們一路如同秋風掃落葉，把俄國雅伊克防線、哥薩克防線、庫拉金城堡等攻克。庫拉金城堡統領向俄國政府的報告上說，土爾扈特東歸隊伍「鋪天蓋地而來，淹沒了草原，他們手持許多大大小小的旗幟，趕著牲畜，襲擊城堡。雙方用槍炮射擊了整整一天，哥薩克士兵最後全部被打死。」憤怒和危難往往會使一個民族很快尋回自己精神的根，而一個民族一旦獲取了拯救危難的精神，它也許會更憤怒，這種憤怒在戰場上往往會表現為不屈的信念和無畏的廝殺。

土爾扈特東歸途中，發生了大大小小的戰爭與各種的苦難，其中有三件事卻不得不提。

第一件：穿越奧琴峽谷

渥巴錫率領東歸隊伍越過重重難關，抵達恩斯河以東時，他的心情更加沉重了。前面不遠的奧琴峽谷為東歸的唯一通道，險要無比，而且已經被勁敵努爾阿里汗的哥薩克軍隊封鎖了，這是橫在土爾扈特人面前的一道難關。這時所有人的目光都集中到了渥巴錫身上，目光中既有惶恐、疑惑，也有期待和執著。渥巴錫的才能、智慧和膽識將決定了眾人的未來。如果他的意志十分脆弱，面對險惡形勢既拿不出扭轉危局的奇謀良策，又不能以頑強不屈的意志去激勵部屬殊死搏鬥，那麼他就會被這一道難關阻擋，繼而讓整個土爾扈特人也陷入危難。

渥巴錫沉思了很久，終於想出了一個對策——他自己指揮耐得起苦戰的駱駝隊從正面發起了進攻，然後派策伯克多爾濟率領一支精悍隊伍，從峽谷山澗迂迴到哈薩克人側後，前後夾擊，一舉將守敵殲滅了。戰鬥結束後，為了爭得穿越峽谷的時間，渥巴錫派速度較快的馬隊繞道而行，速度較慢的牛羊隊從峽谷中穿過。等努爾阿里汗聽說奧琴峽谷被攻破時，渥巴錫早已經越過了那道險關。

第二件：橫渡沙漠

土爾扈特人進入巴爾喀什湖西南沿岸時，因為一直處於急速行軍狀態，隊伍已經筋疲力盡，再加上人缺水、牲畜缺飼料，行進已十分緩慢。到達莫尼泰河邊時，渥巴錫不得不下令休息。而這時，努爾阿里汗和阿布賁集結五萬哈薩克聯軍正在後面追來。為了甩掉敵人的追擊，渥巴錫不得不改變原來的計畫，改走沒有水和河流的路線，進入被譽為「死亡地帶」的戈壁沙漠，同敵人展開一場比單純戰鬥更殘酷的意志力的較量。在西北地方大沙漠中行走過的人，都可以設身處地想像到那將是一種多麼艱難的行程。渥巴錫之所以作這個選擇，還有一個原因就是他斷定哈薩克聯軍沒有膽量走進沙漠。

進入沙漠不久，酷熱和大風沙像無形的利刃一樣圍裹著他們，不時有人無聲地倒下。死

亡和希望就這樣相互交替著，在天地之間扯開一道艱苦卓絕的風景。這時候只有信念像一隻手一樣，一邊在指引著前行的方向，一邊在有力地推動著他們舉步維艱的身軀。

哈薩克聯軍只能目瞪口呆地看他們遠去。

第三件：從歡樂中獲取力量

東歸隊伍進入哈薩克草原時，他們迎來了蒙古人的「查幹・薩拉」（新年）。渥巴錫果斷下令：隊伍在恩巴河畔休憩幾天，高高興興地過個節，然後再走。從表面上來看，他的這一決定是不合時宜的，此時大雪冰封，再加上敵人在後面緊追不放，在這時候讓隊伍停下來，無異於讓隊伍陷入了危難之中，這種時候，哪怕只往前挪一步，就離希望更近；但渥巴錫有他自己的想法，他深知蒙古是靠信仰活著的民族，在這樣的艱難行程中，除了默默忍耐和苦苦掙扎以外，沒有什麼能為土爾扈特人帶來感召。而讓大家過一個「查幹・薩拉」，感受一下民族的悠久傳統習俗，更容易使大家回憶起祖先的豐功偉績，也能夠讓大家煥發出新的活力。這是一種戰略方針，能夠讓一個崇尚精神的民族從信仰和歷史中再次樹立戰鬥信念。

渥巴錫，這個不帶一絲表情，眸光內斂的男人，他確實是一個難得的軍事天才。他那雙深沉的眸子似乎總是能尋找到力量的泉源，一旦找到，就緊緊地抓住不放。

終於，土爾扈特人被渥巴錫給予的那把火點燃了。當哈薩克和巴什基爾聯軍在他們歡慶「查幹・薩拉」的夜晚突然襲擊時，他們化歡樂為力量，操戈而起，毫不費力地將他們擊退了。

五　尤勒都斯

西元一七七一年七月八日，東歸隊伍終於抵達了伊犁河畔。從上路的那一天到現在，他們已經在路上走了八個月。在這八個月的時間裡，他們從悲憤走向希望，從艱難走向苦難，從苦難走向悲壯；不管中途進行了多少次戰鬥，多少人為之流血犧牲，但始終堅持著這條千辛萬苦的東歸路，這是他們對故鄉的最後一份嚮往。這份嚮往在他們內心是堅不可摧的，而就是為了維護這份嚮往，他們卻付出了一半人民的犧牲，以及所有的牲畜倒斃的慘重代價。

走到伊犁河邊時，他們停住了，伊犁河水在嘩嘩地流淌，他們卻說不出一句話。據說那一刻的場景是極為動人的——渥巴錫面色如鐵，雙眼佈滿血絲，深陷的眼窩像乾旱的土地凹進去的坑窪，而遍佈於臉上的皺紋和裂痕、又如旱地裡的裂口。當他騎馬躍過一個沙丘，伊犁河就忽然在他眼前出現了。望著波光瀲灩，洶湧澎湃的伊犁河，他一下子像凝固了一般站在那兒不動了。少頃，他的嘴唇劇烈地抖動起來，淚水嘩嘩地流了出來。他從馬背上滾下，向著伊犁河跪下，深深地磕下去，雙唇久久地吻起了那片土地。歸來的土爾扈特人，似乎聽到了一個響徹雲霄天的命令，在一瞬間全都嘩的一聲跪倒了。他們也像渥巴錫一樣，長吻著土地。從這個吻開始，土爾扈特人終於回到了祖國的懷抱，終於與這塊土地融在了一起。

被派到伊犁河畔去出迎土爾扈特東歸的清廷官員舒赫德等人，在向乾隆寫的奏報中說：他們見到的土爾扈特人一個個「形容枯槁，衣裳不遮體，靴鞋全無」，「禦寒無具」，「行走如欲斷魂」。斯文．赫定在他的一本書裡將當時的情景作了這樣的描述：「土爾扈特人在逃亡途中曾演出了多少場慘不忍睹的悲劇啊！有多少愛情和幸福永不復返，多少道血淚溪流在這條悲苦之路上奔湧，這路上的座座界碑，便是千百個露天墳墓；無數屍體被拋在那兒當了餓狼猛禽的口中食，那些能講述最動人心弦的故事的人死在途中了，那些活下來的人，受不住重提他們經歷過的噩夢。他們當然要盡力從記憶中抹去那些恐怖的場面，只是堅定地期望著未來那和平安寧的歲月。」

六　伊綿

七月十七日，清朝派出的第二批接見官員抵達伊犁。他們與渥巴錫相商後，向朝廷進言，建議將土爾扈特東歸隊伍分為四旗，安頓在天山山脈中段的尤勒都斯盆地。尤勒都斯有廣大的草場，有很多湖泊和水沼，是一片美麗富饒的高山牧場。渥巴錫到這時才終於鬆了一口氣，他喃喃自語：「尤勒都斯，尤勒都斯，好地方。」——尤勒都斯是突厥語，意思是滿天繁星。他帶領土爾扈特人歷盡艱辛，終於可以在一個有滿天繁星的地方落腳了，他的心變得踏實了。

前面提起過乾隆皇帝。清朝儘管在結束的時候顯得是那麼不盡如人意，但在經營西域這件事上，卻毫不遜色於漢唐兩個朝代。清朝先是平定大小和卓叛亂，後又一舉殲滅準噶爾，顯示出了大清的強悍與威嚴。更重要的是，清政府在新疆實行了一系列的政策，在鞏固新疆局面安定、促進新疆開發、抵抗外來侵略方面，都發揮了重大作用。

還在土爾扈特人踏上東歸路途的時候，乾隆就接到了消息，頓時朝中文武百官譁然，開始了兩個議題：一是與土爾扈特部同宗同族的準噶爾，此時仍在與清朝對立著，渥巴錫是不是已與他們串通一氣，要奪伊犁？另一是關於舍愣的。大家都認為舍愣混跡東歸隊伍，「恐其有詭」很可能「妄啟邊釁」。而且就其犯有不可饒恕之罪，該是將他斬殺了呢，還是做別的處置？

此時的乾隆表現出非常冷靜客觀的態度，他認為土爾扈特既已東歸，就完全與沙俄分道揚鑣，所以他們不可能再來奪伊犁。因為如果如此，他們就把兩邊都得罪了，把自己夾在兩個大國中間「進退無據」，誰會這樣做呢？他還冷靜地分析了土爾扈特人東歸，是因為在伏爾加河流域一百五十多年來飽受沙俄「奴役踐踏」，「困苦恥辱，資生窘乏」，才被迫「返歸故里」。按說，既是他們娘家人，理應像母親一樣伸出溫暖的雙臂迎接遊子歸來；至於舍愣，在處理土爾扈特東歸問題上，卻是一個敏感而又微妙的因素，如果念其前罪。將其斬殺，很容易引起土爾扈特人對清政府的誤解，弄不好就因為這小枝節把土爾扈特人逼入他途。

有大臣問，那到底該怎樣對待舍愣？乾隆一笑說，我大清王朝，就是在一個罪犯身上也應該顯示出風度來，舍愣此次加入東歸隊伍，便表其誠心可鑒，是民族的氣節在激勵著他。如果他歸來後見我大清要追究前罪，他只有自殺。如此看來，如果我們給他一條生路，他豈不悔改前非，一心一意忠於我朝？此時的舍愣正處在前述的心裡，掙扎中，當他聽到乾隆的這個明確態度後，內心疑慮頓時猶如冰釋。

乾隆在處理了這些事情後，立刻就安排接見渥巴錫，告慰土爾扈特。這一年正好是乾隆本人六十壽辰，皇太后八十壽辰。他一心把接納和安置土爾扈特當作一件體現皇恩浩蕩的大喜事來辦，給土爾扈特眾將領逐一加封授爵後，他又興致勃勃地在避暑山莊內動筆寫了《土爾扈特全部歸順記》和《優恤土爾扈特部眾記》，並在僻署山莊和伊犁兩地刻石立碑，以志永垂之功。

乾隆後來將接見渥巴錫的地方改名「伊綿峪」。據說「伊綿」就是滿語「接見歸順者」的意思。

七　句號

渥巴錫從北京回到伊犁時，已經是第二年春天了。這時一場瘟疫又襲擊了土爾扈特人，等他們熬過這一難關，渥巴錫騎馬考察了尤勒都斯盆地。當他看見湖泊中天鵝翔集，盆地裡水草豐美時，默默地撥轉馬頭，走了回去。在他看來，這就是土爾扈特人最後安身立命的地方了。

那個冬天格外寒冷，渥巴錫默默地想，等這個冬天過去，在明年春天，才是土爾扈特人真正的開始。但誰也沒有想到，第二年他竟一病不起，猝然離世。這位蒙古帝國的最後一位大汗只活了三十三歲。

至此，成吉思汗創立的草原帝國劃上了最後的句號。

土爾扈物部東歸示意圖

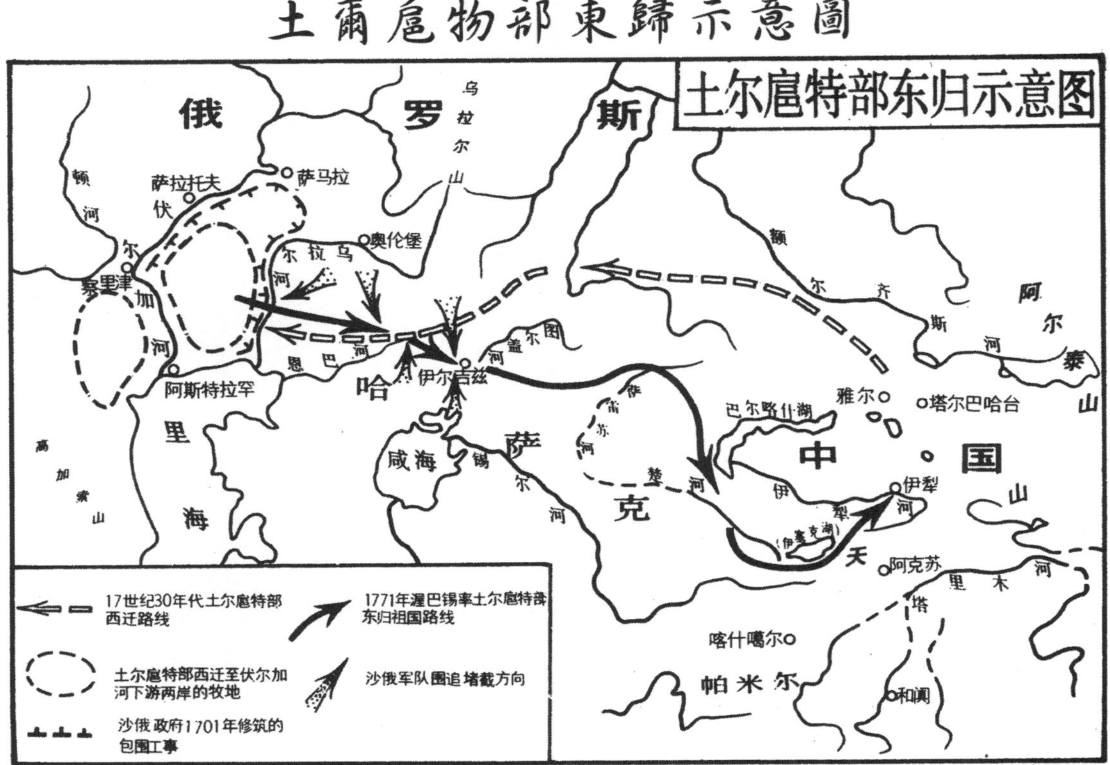

土尔扈特部东归示意图
俄
罗
斯
乌拉尔山
萨马拉
萨拉托夫
伏
尔
加
河
察里津
顿河
奥伦堡
乌拉尔河
恩巴河
阿斯特拉罕
哈
伊尔吉兹
图尔盖河
里
海
高加索山
咸海
锡尔河
萨
克
萨雷苏河
楚河
额尔齐斯河
阿尔泰山
雅尔
塔尔巴哈台
巴尔喀什湖
中
国
伊犁
伊犁河
(伊塞克湖)
天
山
阿克苏
塔里木河
喀什噶尔
帕米尔
和阗
17世纪30年代土尔扈特部西迁路线
1771年渥巴锡率土尔扈特部东归祖国路线
土尔扈特部西迁至伏尔加河下游两岸的牧地
沙俄军队围追堵截方向
沙俄政府1701年修筑的包围工事

後記：大風中的朗讀

阿凡提：天上的智者

一　智慧之王

西域的歷史都已是久遠之事，人沉將進去，難免變得沉重，時間一長，便想找一些輕鬆的事情讓自己解脫。但又怎麼能解脫得了呢？

是人創造了歷史，所以人便不能背叛歷史。人將歷史的冊頁一頁一頁地往下翻，翻著翻著，倒也會有一些輕鬆的事情出現。比如智慧和幽默的阿凡提，在歷史中確有其人，而且留下了許多真實的故事，影響著一代又一代的人們。時間長了，在人們的感覺中，似乎阿凡提這個人物從來都不曾遠離過我們，時時刻刻給我們以警醒和鞭策。他身上的真實性使他更容易穿越時空與我們的心靈產生共鳴。所以，阿凡提是一個活在人們感覺中的人，他留在民間的智慧之光，使他像一個領唱者，而懷念他的人則像一群伴唱的人，把一曲頌贊智慧和正義的歌曲唱得響徹天地。

阿凡提是個什麼樣子呢？或許頭戴一頂氈帽，身穿一件「袷袢」（維吾爾男裝長袍），足蹬一雙長靴，渾身沾有塵土，像是剛剛從大漠深處歸來。但他的一雙眸子卻充滿靈性，似乎智慧的光芒從他頭腦中穿越而出，游於九天之上；他的鬍子濃黑而又整齊，表現著主人的內斂與嚴謹；身旁是他的那頭小毛驢，它乖巧地低著頭，在吃路邊的草——阿凡提一向喜歡倒騎毛驢走路。我們完全可以想像得出，當那頭毛驢甩開四蹄，一路「得得」地向前跑去時，陽光似乎也為之顫動出歡快的旋律，人們都停下來，迎接這位智慧之王。那一刻，大漠戈壁一定暗暗遊動著歡樂與幸福的氣息。

阿凡提是這塊土地的一個奇異的智者，他身上的那種靈異與幽默，其實是超然於乾旱的大漠之上的，他甚至也是高貴的。當漠風又起，他變得像大漠的一部分，已越走越遠。

二　死後的玩笑

阿凡提並不是一個虛構的人物，在歷史中確有其人，只不過他的真名叫霍加．納斯爾丁，「阿凡提」一名是人們對他的尊稱，意思是「老師、有知識的人」，後來便成為納斯爾丁的專用名。一個人被另一個名字徹底替代，一定是因為他用這個名字做出了引人注目的事情，使這個名字大放光彩，讓人們記住了這個名字，並習慣用這個名字來稱呼他，始終頌揚他光明和偉大的一面。霍加．納斯爾丁因為有超凡的智慧，所以變成了人們心目中的一個老師、有知識的人，從此，他便被稱為「阿凡提」。

霍加．納斯爾丁出生於土耳其西南部的一個叫霍爾托的村莊，關於他的出生，一直沒有定論，有人說是一〇二八年，又有人說是一〇二九年。霍加．納斯爾丁出生的家庭在各方面都不錯，小時候受到了良好的教育，長大後隨父親進入清真寺，當一個主持公眾禮拜的領拜

人。在這期間，好學的他完整地學習了伊斯蘭教的知識，成了一位精通伊斯蘭教知識的神學家。在當地是一個有地位的人。那麼，是什麼讓他從一個神學家變成了一個民間的運動者，從霍加．納斯爾丁變成了阿凡提呢？

民間，雖然不是中心、不具備權威的力量，但因為它擁有龐大的人群，因而有著很大的折射力量，凡是在民間發生的重大事件，最後都會折射到國家的中心，引起人們的重視。走到民間的霍加．納斯爾丁變成了阿凡提，不光從稱呼上，而且從形式上變成了另外一個人。他講了很多故事，給人們灌輸真理；他同時也用幽默的語言嘲笑那些愚昧無知的人；他還用機智的故事諷刺統治者的荒唐和殘暴。智慧變成了一種力量，他運用這種力量向邪惡的人開戰，打得他們落花流水。

在民間，他是智慧和歡樂的化身，他出現在哪裡，哪裡就有笑聲；他離開人們後，他的靈魂留在了人們心中，最終折射到了中心，阿凡提於是變成了一個民族的象徵。在土耳其的伊斯坦堡博物館內，掛著他的一張畫像，據說這張畫像畫的是他真實的樣貌，長鬍鬚、頭戴大纏頭，倒騎一匹瘦小的毛驢。他曾這麼說：「假如我面朝前騎在毛驢上，你們就會落在我的背後；假如你們走在我的前面，那我又只能看見你們的脊背，因此我選擇了一種最好的騎毛驢的辦法，就是背朝前，臉朝後，這樣就解決了一切難題，而且能更方便地看著交談的人，這樣也就顯得更有禮貌。」

七十七歲那年，阿凡提在土耳其南方的阿克謝希爾城逝世。在去世的最後一刻，智慧仍在他內心湧動出光芒，他也許意識到自己要離開人世了，便講了最後一個笑話——他的墳墓將會建在四根高大的柱子上，柱子底下空無一物，不遠處是墓地的大門，大門上裝了兩把大木鎖，設計滑稽古怪——人們都說這是一個笑話，即使你不把墳墓埋在泥土裡，既使立上四根高大的柱子，在大門上掛兩把木鎖，但只要別人走到跟前，那不就仍只是個墳墓嗎？

理解阿凡提和熱愛阿凡提的人，只要一看到他的這個墳墓，就好像又聽他講了一個笑話似的，會忍不住笑出聲。

三　故事

阿凡提的故事，在新疆各民族，尤其是維吾爾族中廣為流傳。機智人物的故事往往在階級矛盾日趨尖銳的情況下產生，其主人公則多是中下層的人民，他們都有一個共同的特點；機智勇敢，詼諧風趣，見義勇為，熱心於扶貧懲惡，以機智克敵制勝，體現出勞動者的智慧和剝削者的愚蠢。

這裡列舉三則阿凡提的故事。

第一則：國王有四條腿

阿凡提害了眼病，看不清東西，國王卻趁機取笑他：「阿凡提，你現在不論看什麼，都把一件看成了兩件吧！」

「是的。」阿凡提不動聲色地回答。

「你本來窮得只有一頭毛驢，可現卻有了兩頭，可有錢啦！」

「真是這樣，陛下！」阿凡提在認真地看著國王「比如我現在看您就有四條腿，和我的毛驢一模一樣！」

國王一下子變得面紅耳赤，無言以對，

第二則：種金子

國王見阿凡提在沙灘上篩金子，便問他在幹什麼，阿凡提告訴他自己正在種金子。國王聽了很高興，就要和阿凡提合夥，種出來的金子八成歸他，兩成歸阿凡提。

第二天，阿凡提把國王交給他的兩斤金子種在了沙灘上，過了一星期後，他給國王送去十多斤金子，把國王高興得合不攏嘴，便把金庫中的好幾箱金子都拿去給阿凡提種。又過了一星期，阿凡提來到王宮，對國王說：「這些天不下雨，金子全死了。」

國王一聽氣憤地說：「胡說八道！金子怎麼會死？」

阿凡提回答：「既然金子都能種活，那為什麼不能死呢？」

國王一時氣得啞口無言。

阿凡提後來把那些金子都分給了窮人。

第三則：給大地主理髮

阿凡提當理髮匠，大地主來理髮，總是不給錢。阿凡提很生氣，想狠狠整他一次。

有一天，大地主又來理髮。阿凡提在給他刮臉的時候，問道：「您要眉毛嗎？」

「當然要，這還用問！」

阿凡提說：「好，您要我就給您！」說著，颼颼幾刀，把他的眉毛刮下給他，把大地主氣得說不出話來。

過了一會兒，阿凡提又問大地主：「您的鬍子要嗎？」

大地主怕他又來那麼一手，連忙說：「不要。」

「好，不要就不要。」阿凡提說著，又颼颼幾刀，把大地主的鬍子刮了下來。

讀這樣的故事是一種享受，讓人覺得阿凡提的智慧像一股在幽深山洞中的溪水，在流動的過程中雖然不見光明卻顯得恬靜，但當它湧出洞口時，一縷光明倏然間照將過來，讓這條智慧的河水頃刻間光輝耀射起來。

四　現代的阿凡提

如今的阿凡提在哪裡？

我想，隨著時間的變化，在這塊土地上一定仍有著阿凡提。在巴楚，我與塔孜洪大叔一同放羊。他養了兩千多隻羊，只要羊一出來，整個大漠就變得如同飄滿了白雲的天空。塔孜洪大叔說，現在汽車呀、拖拉機什麼的老是在沙漠跑，羊看多了，也不老實了。以前只要他一聲呼哨，羊就乖乖地回圈，現在可沒這麼好了。每天下午把羊收攏，都要讓他費很大的勁，從來不生氣的他，也被這些羊氣得不行。過了一個多月，我又去他家，他臉上的陰鬱早已消失殆盡。他又帶我去放羊，下午回家，他把隨身攜帶的草料往回家的路上撒，邊撒邊往回走，那群羊咩咩大叫著，爭先恐後地搶吃草料，不知不覺內歸了圈。

在南疆的許多巴紮（市集）上，還可以看見維吾爾人從古代遺留下來的簡易石秤，那秤簡易到什麼程度？只一根楊樹枝，一塊圓石頭——但即使是現在很先進的秤能秤出的東西，在它上面一試，倒也分毫不差。在巴紮上，往往能看見不少維吾爾青年在安安靜靜地下棋，走近一看，他們下的是國際象棋。據說維吾爾人有一大部分是王室後代，所以在他們身上，還經常能看見從動作間無意識地流露出來的貴族氣息。這就不由得不讓人感歎，這個民族的高貴和幸福是經過了長時間孕育的。智慧已經在這裡深深地紮下了根。你只要走到他們中間，就感到有那麼一股靈氣立刻就將你籠罩了。

1992.7.24 葉城

一盬運者駕車進城。馬被車驚，狂奔四竄。盬者追不及，放聲唱歌，孰料，馬猛然止步，乖巧返回。

我像一個幸福的兒童一樣呼吸著這裡的空氣，似乎看到我身邊有無數個這個時代的阿凡提。我覺得我已經快要變成這其中的一分子了，如果命運忽然煥發出奇異的活力，我想我能夠把一切都放下，走到這個地方的深層，然後幸福地歌唱。這個過程，一如一個回到故鄉的人，沉沉進入大夢之美。當月亮升起，古老院落和深巷像是停泊在湖面的船隻，但我還是轉身離去。

像是突然間獲取了什麼力量，一股急迫之感在雙腿中灌注力量。

邊塞詩：飄過刀刃的雪花

一　勸君更進一杯酒

在時間的長河中，有一大批詩人經絲路走進了西域，詩人們在西域留下的詩，在後來被稱之「邊塞詩」。

通常，我們總是被邊塞詩傳達出的那種悲壯和雄心感染著，認為不管是文人還是軍士，一到了西域都免不了鬥志昂揚。後來史書讀得深了，才發現有許多出使西域的人其實情緒很低落，好不容易出長安，剛入隴（今天水），便愁苦百結，徘徊不前。典型的例子是《隴頭歌辭》，裡面這樣寫道：

朝發欣城，暮宿隴頭。
寒不能語，舌捲入喉。
•
隴頭流水，鳴聲嗚咽。
遙望秦川，心肝斷絕。

而全詩中表現出的消極，讓人覺得他不怎麼堅強，聞聽水聲，便變得惆悵起來，這樣的人恐怕是走不到西域的。而走進西域的那些人又是怎樣的呢？這裡，有三個詩人，他們是王

維、王之渙和岑參。唐朝詩壇泰斗林立，這三個人雖比不上李杜，但他們的詩歌成就也算是各領風騷了。說來很巧，他們的成名作分別寫的是西域的三個地方：陽關、玉門關和輪台。

年邁但又有些脫俗超凡的王維正在翹首西望，苦苦等待他那位西出陽關的摯友從西邊歸來……

勸君更進一杯酒，
西出陽關無故人。

這句詩太消極了，讓人覺得他從心理畏懼西域。

同樣，王之渙也是用一種極其消極的情緒寫下了那首詩：

黃河遠上白雲間，一片孤城萬仞山。
羌笛何須怨楊柳，春風不度玉門關。

王維和王之渙都趕上了盛唐的好時機，兩個人都曾立志建功西域，並且義無反顧地走了出去。作為詩人的他們，面對西域惡劣的地理背景時，產生一些憂愁是不可避免的，但作為一個要遠行的人，這兩位詩人的西域之行似乎不怎麼瀟灑，忽略了西域赤野千里的那種大美。

二王的這兩首詩如今已變成了名詩。但冷靜地一想，這裡卻顯露出了中華文化的某些精神羈絆，我們為何對現有的東西總覺得那麼順理成章呢？我們對其隱藏著的消極為什麼不進行反對？

不過王維力勸友人再進一杯酒，西出陽關後恐怕就再也沒有這樣的機會了，這種對友人的關愛仍是非常感人的。那一杯美酒是一份至誠的友誼，大概讓友人端著久久不忍飲下吧。

二　雪上空留馬行處

苦旅與瀟灑，大致是邊塞詩人通常可見的兩種狀態。盛唐生活的幸福，在於社會的多元化，你可以在輞川別墅吟風弄月，也可以去西域大漠求功取名。總之，唐朝給了一些人極大的自由。唐朝的岑參就是一位真正的西域行吟者，作為行者，他走得遠，去了不少地方；作為詩人，他的詩寫得堅硬、大器，有強烈的西域氣息。

與王維和王之渙不同的是，同是送人，岑參卻送得不動聲色，只在友人走遠了之後，才吟出一首詩：

輪台東門送君去，去時雪滿天山路。
山回路轉不見君，雪上空留馬行處。

天山是一幅沉寂的圖畫，岑參凝視良久，感到人生中唯有堅韌和執著是最重要的。友人此去，不知會如何，只有雪地上留下的馬蹄印，與沉寂的大漠和肆虐的天山雪渾然成為一體，堅強的友人已走出很遠，一切似乎都已了然。

岑參曾行至車師國，借了交河官衙的馬料，留下一張欠條。詩人此去後或許因條件所限而未再返還，因此這張欠條便成了千年債務。將軍作家朱增泉在遊交河故城時，別人給他說起了這事，他一時激動便要替岑參還了此債。但是啊，這債恐怕是誰也還不起、也還不清的。

我順著朱增泉文章裡的線索，到處打聽岑參的那張欠條是否尚在新疆，費盡力氣，也沒有任何一點消息。於是我設想，岑參在當時因為身無分文，而且對那位官員好說歹說，才借到了馬料，他作為詩人的自尊受到了傷害，他的心情一定不好。至於他簽下的欠條，早已在時間的煙塵流失，年代已如此之久，這筆債確實是沒法再還了。一張欠條是一件事的起因，雖然那張欠條在感覺中變得模糊了，而一件事卻變得更為清晰了。我想，這樣的模糊和清晰其實都很好，有些事情正因為它模糊，才一次次地激勵我們去嚮往其中的美好。同樣，我們經由變得清晰的事件相信，岑參就是在這種情況下，仍矢志不移，努力克服困難走到了更遠的地方，才寫出了那麼多的好詩。

忽如一夜春風來，千樹萬樹梨花開

讀來讓人感到有什麼聲音在清晰地響動著……

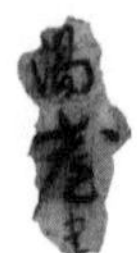

三　情書

要追尋西域遠古詩情，就只有走進歷史，而歷史往往撲朔迷離，因而詩歌也如夜空中的星星，飄忽不定。我亂讀西域野史，卻被兩首歌迷住了。第一首是《伊州十疊》中的第三疊：

聞道黃花戍，頻年不解兵。
可憐閨裏月，偏照漢家營。

這首詩寫的是一個女子。也許，她站在月夜之中向黑暗凝望很久之後，從幻覺中醒悟過來，為無奈的遭遇發出了這樣的感歎！男人到前線打仗去了，而且一去數年不還。每每想起，就回憶起以往的甜蜜。回憶能使她進入一種暫時的幻覺，而幻覺一過，清冷的夜風和孤寂的月亮又把她拉回了現實。她傷心地離去，一地月光蒼白，讓人駭然。

她的身後，戰爭仍在持續著，說不定此刻她的男人正手持利刃與人在奮力拼殺。不知清冷的夜風會不會把她的一兩聲幽怨吹遞到他耳邊，讓他忽然立刀長歎，為人世間這罪惡的殺

伐流下幾行淚水。「頻年不解兵」，他無法返鄉與心上人相會。在他面前，黃花一朵朵凋落，寒冬馬上又要來臨了，看著落花，他是否會傷心地想起，離別心上人已是多年。

而女子回到住所，心緒仍然不能平靜，抬頭看看月亮，一股酸苦便湧上心頭，她甚至覺得月亮都是那麼可憐，我要把你留下陪我，而你卻一次次把漢軍的兵營照亮，讓我坐臥不寧。實際上，她是為男朋友擔心。她太想為他看清哪個地方有危險，讓他小心謹慎，能平安回來。

戰爭，愛情，千里明月，使這位女子的心一波三瀾，久久不能平靜。

第二首是一份「情書」：

羌女自取別之後，便爾西邁，相見無緣，書問疏簡。每念茲對，不舍心懷，情用勞結。倉卒複致消息，不能別有書裁，因數字值信復表，馬羌。

這個女子要比上面的那個女子幸福得多。我們無法查出這封信的出處，但推估起來，有可能是羌女在家鄉寫給駐守邊關的情人的私信。這位羌女情意真切，而且顯得乾脆俐落，是個難得的好女人。

據說這封信是斯坦因在古樓蘭遺址「三間房」（西域長史府）發現的。我想，當滿臉疲憊的斯坦因發現這封信時，它一定在他眼裡散發出「沙中珍珠」般的光芒。他急急讀完後，是否在那顆疲憊探險的心靈之井溢出了一種情感的溫泉。斯坦因由此得到了安慰，他的努力沒有白費，終於有了收穫。後來，他又向世人作了一個交代：「隨著這些佉盧文書的復顯於世，那幻影般的樓蘭王國，必將在另一個意義上復活。」探險家天生就是證明家，他不光要證明自己，而且還要證明歷史。

一個寫下不足百字的羌女，一定使那些苦守邊關的兵士體會到了一種從未有過的溫情。

誰無比武斷地說過，戰爭讓女人走開？

維吾爾：行走的神

一　聖潔之路

得細細說一下維吾爾這個民族。順著新疆的南北疆走向以及在吐魯番、哈密等地行走，迎面撲來的，幾乎都是中亞的浪漫主義氣息。而深藏在風沙中，正以寧靜與自信生存著的，就是維吾爾族人。有一首歌唱過：「掀起你的頭蓋來」，其實，頭蓋早已掀開了，那明眸純齒，美得攝人心魄的少女輕輕一笑，一種難以形容的眩暈就會穿透肺腑，讓人戰慄。

走近這個民族，我忽然發現，他們因為天天與沙漠相處，從目光到內心，都充盈著一種寬厚沉穩的東西。在和田阿爾金山下，我曾見過這樣一件事：一位少年的夥伴跑來告訴他的母親，她的兒子把村人都不指望找回來的那只走失的羊找回來了，母親激動得哭起來。過了一會兒，她顫抖著說：「有了幸福，有了幸福。」

英吉沙有一年發生了洪水，淹沒了全村，人們已絕望於那滔滔大水。這時一個年齡大的長者站出來說：「村子在嘛人在，村子要是被大水拿走了，人不也就被拿走了嗎？村子養活我們呢，大水想拿走，我們不給。」結果全村人一鼓作氣，硬是戰勝了洪水。嚴肅對於生命而言有著不可預估的力量。

這就是維吾爾的天地，在這塊天地裡，聖潔是一條悠遠的長路。

二　團結

面紗後呢？

我想，這應該是一個很有意思的話題。西域這塊神秘的土地，猶如一幅有著難言之美的面容，被一層面紗遮裹在了後面，一點一點揭開，就是一次目光的驚喜和精神的飛升。我一次次翻閱著有關維吾爾的書籍，一次次總是自覺或不自覺地為之停留。最後我的目光猶如溺水一般，沉入了他們的悠遠歷史中。

與西域所有的民族一樣，維吾爾族也走過了一條遊牧者的長路。那時候東起大興安嶺，西至阿勒泰，生活著眾多以遊牧為主的部落，維吾爾人的先祖就是其中的一個。有兩個字可以讓我們的想像更確切一些，這兩個字是「高車」。維吾爾人的先祖在使用了「丁零」，「鐵勒」等名字之後，因為喜歡乘一種高大的兩輪車，所以人們稱他們為「高車」。可以想像得出，他們駕著高車在大漠和草原上駛過時，是何等的瀟脫和幸福。至於「維吾爾」一名最初的由來和含義，大多數專家學者都認為「維吾爾」一詞的含義應該是「聯合」、「同盟」、「團結」。

一本史書慢慢打開，發黃的冊頁上既有平靜優美的故事，也有讓人驚心動魄的戰爭。平靜優美的故事益於修身養性，可默讀、細品；而那些驚心動魄的戰爭卻像熊熊大火一般，一碰即可感到炙手。戰爭完成了歷史，歷史完成了時間，所以觸碰這樣的歷史就讓人感到在時間中流淌著火焰的血液，這是一種激情澎湃的流淌，時間過了幾百年，仍讓人感到有撲面的熱浪。

唐朝前期，維吾爾的先祖使用的名字是「回紇」。這時，稱雄蒙古草原一時的突厥人因受到唐朝軍隊打擊和內部爭權奪利而逐漸衰落，回紇便趁機發展壯大起來，成為大漠南北歷史舞臺上的一支舉足輕重的力量。回紇首領時健俟斤和兒子菩薩有勇有謀，在突厥人無力站起的時候迅速發展生產，引進唐朝先進的鐵器製造技術，使回紇勢力強盛起來。西元六三〇年（唐太宗貞觀四年），回紇聯合鄰近的薛延陀部，共同進攻突厥人，取得了很大的勝利。

這時的回紇已經初露鋒芒。任何一個民族，當它有力量向別人進攻時，就只有一個目標，那就是為了自己的強大。在這種情況下，階級分化和統治機構是使它迅速發展的兩個必要條件。果然，在七四四年，回紇在首領骨力裴羅的率領下，幾經苦戰，終於攻滅了後突厥人汗國，建立了「回紇汗國」。一個民族從此變成了一個汗國。

再來的第二場戰爭讓人感到沉重。唐朝末年，回紇改名回鶻，這時候，這個地處西域的王國內部出現了嚴重的權利分化。一棵大樹到了一定的時候，似乎已難抵肅殺的秋風，有葉子開始飄零，枝幹隱隱作響，人們的心頭不可能不充滿擔憂——這樣下去，咱們的日子還能

過安穩嗎？西元八四〇年的那個秋天，想必氣氛是無比沉重的。回鶻汗國內部爭奪權利的鬥爭已經演變成公開的互相殘殺，人們的生活處在惶恐和憂慮之中。秋分剛至，一場瘟疫又忽然襲擊了人畜。這時又有十萬黠戛斯（柯爾克孜族前身）軍隊來犯，雙方在回鶻大汗的汗庭展開了一場惡戰，大汗被殺死，建立了近百年的回鶻汗國由此被毀滅。打一場仗，勝了，便可建立汗國，聳立起民族的尊嚴和威望；敗了，就像一座房子四分五裂，塌成一片廢墟，人因而沒有了家，每個人只能各奔東西重新尋找家園。

解體後的回鶻汗國部眾四處逃散，其中較大的兩支分別對今天的維吾爾族的形成起到了重大的作用。他們是西遷到中亞地區的「嶺西回鶻」和遷徙到今新疆東部的「西州回鶻」。嶺西回鶻後來在疏勒（今喀什）建立了喀喇汗王朝；西州回鶻後來建立了高昌（今吐魯番）回鶻王國。今天我們所看到的最具有特色的維吾爾人，也就在喀什和吐魯番這幾個地方。

在今天，這些地方依然是神秘的異域。

三　喀什噶爾

從顛簸的馬背上下來，喘一口氣，定定神，應該就又有了新的打算。回鶻在疏勒建立了喀喇汗王朝，將其改名為喀什噶爾。喀喇汗王朝、高昌、于闐從此成為西域大地上最具規模的三個王國，而將這三者相比，喀喇汗王朝無疑是其中的佼佼者。

在一個地方待不下去，也許換一個地方尋求發展是很好的主意。老話說的好，人挪活，樹挪死。從此，喀喇汗王朝一躍步入了輝煌。之所以如此，我以為有兩個重要的原因不容忽視：其一，此時的回鶻人雖然在漠北高原已遭受了亡國的災難，但他們內心渴望強大和立國的願望卻更加強烈了，這也就是災難對人的作用吧；其二，當時的喀什噶爾已是一座有悠久歷史，規模也相當龐大的城市，足以使回鶻人在這裡站住腳。實際上，是喀什噶爾幫助了他們。

喀喇汗王朝的建立，實際上還使回鶻人經歷了一場悸痛。他們是騎著馬進入喀什噶爾的，這個地方有濃厚的歷史和傳統文化，他們的生活慢慢地被改變著，直到與其融為一體。

回鶻人是愛喀什噶爾的。自從他們進入這座古城，就像是變成了這座古城的一部分一樣，再也沒有離開過。現在你走在喀什的大街上，看著這些舉手投足間都隱隱約約有舞蹈旋律的人，再看看那些意味深長的古老建築時，你就無法判斷出到底是這座古城養育了這個民族呢，還是這個民族成造就了這座古城？

一個民族和一個地域其實都是隱秘的。現在看來，從西元八四〇年回鶻人進駐疏勒到西元九世紀的一百多年中，喀什噶爾這座古城是平靜的。人們一面為安身立命創造著基礎，另

一方為逐漸好起來的生活而高興。文學、音樂、舞蹈都在這一階段有了長足的發展。我們可以想像得出，這一個階段時時在回鶻人心頭溢出的，是何等的甜美與喜悅。事實上，回鶻人是幸運的。就在他們毫無察覺的情況下，在幾千公里外的阿拉伯，伊斯蘭教已經創立，真主的腳步已開始向他們邁了過來。

四　神的步伐

伊斯蘭教傳入了喀什噶爾。這片神秘的土地，始終在期待著一種信仰。有了信仰，遙遠的西域大陸上那不可思議的長旅就有了一種引導，就有了一生的意義和一腔為之澎湃不息的熱血。穆斯林們在清真寺做乃瑪孜（祈禱），念《古蘭經》的時候，遠遠地，人們似乎從他們身上看到一些雪峰的影子。一腳邁進清真寺，整個身心便都為之戰慄，目光也立刻嚴肅虔誠起來，每一個人都洗烏斯里（大淨），即使不到清真寺，也要天天保持阿布黛斯（小淨），口喚阿米乃（容許吧）。

一位朋友曾對我說，有一次他在英吉沙的一個雪夜裡長途跋涉，正當疲憊已使他無望時，透過雪地，他看見遠處的一座清真寺的寺門大開著，幾位長者的背影起伏有致，正在專心致志地行禮。雪光使門洞充盈著一絲光亮。當時的大雪有一尺多厚，只有清真寺敞開的大門像忽然燃起的大火。他大踏步向清真寺走去，並在心裡說，今晚就把這裡當家了。

也許這塊土地一直在期待相當於天命的一種東西降臨，讓虔誠的人湧起內心的洪水，從乾旱的大漠一漫而過，渲響出他們靈魂中的波濤。

伊斯蘭恍若隔世天音，慢慢地向東方移動著腳步，福氣悄悄地向維吾爾人頭頂匯攏。

也許任何事情一開始都是艱難的。伊斯蘭教的另一路已進入中國東南部的廣州和泉州，並落腳長安已達數年，而向中亞的行進卻緩慢艱難，一再受阻。在這場宗教擴伸的後面，有一個很大的背景。阿拉伯伊斯蘭「聖戰」大軍在西元六五四年開始了對中亞的入侵，在幾十年間，先後征服了受唐朝管轄的中亞諸國和一些大城鎮。西元七〇九年，阿拉伯帝國駐伊拉克總督哈查智·依賓·玉素甫對親信穆罕默德·依賓·卡西木和庫泰拔·依賓·穆斯林（亦譯作屈底波）兩下了人一個命令：「你二人從海陸兩方向東征中國；誰先征服大唐，誰就在將來做中國的總督。」這是一個很大的誘惑，凱西木先從東南方向進入了印度；而不久前才升任阿拉伯駐呼羅珊總督的庫泰拔，則因在中亞的取得了幾次戰功而躊躇滿志，決定從印度直接發用兵進攻中國，在帕米爾和唐安西大都護的主力部隊一決高下。但他沒想到，唐安西都護呂休璟早已率一萬大軍等著他，雙方在拔賀那（今烏茲別克斯坦費爾幹納）展開一場激戰，呂休璟大勝。

庫泰拔失敗了，但他不死心，悄悄讓一支部隊穿過帕米爾，乘呂休璟尚未歸來時攻打了喀什噶爾，在帕米爾山腳下樹起了伊斯蘭教的大旗。呂休璟很快便折了回來，庫泰拔審時度勢，覺得自己在喀什噶爾並無立足之地，便決定派一個特使團，帶著金銀珠寶以進貢為名去長安，看能不能與唐朝談一談在喀什噶爾傳教的事情。但他未來得及實施時，哈里發蘇來曼在阿拉伯反叛並迅速登位，庫泰拔於是便率大軍返回阿拉伯向他發起進攻，死於戰中。不久，又在崛起於西域的吐蕃大軍的攻擊下，阿拉伯軍隊被迫西撤。伊斯蘭教這次光顧帕米爾猶如蜻蜓點水，很快便沒有了蹤影。

又據唐史與《伽師于闐鄉土志》所記，西元七五一年，阿拉伯大軍再次向帕米爾進發，高仙芝此時任唐安西都護，他率三萬人馬在怛邏斯城下與之大戰，唐軍被阿拉伯大軍打得大敗，三萬人僅剩幾千人，使唐安西都護軍隊元氣大傷。這時「安史之亂」爆發了，唐朝一時無暇顧及西域，於是阿拉伯派結比沙克率軍隊經帕米爾攻佔了喀什噶爾，不久，他又向于闐（今和田）進攻，他稱此舉是一次「聖戰」，但他卻在這次「聖戰」中陣亡了。最後，這支阿拉伯軍隊在吐蕃軍隊的驅趕下不得不撤了回去。

後來，「十字軍」東征開始了。這是歷史上的一個大事件，但這次東征不是為了傳播伊斯蘭教，其掠奪財富、擴張統治勢力的目的顯得更為突出。因此阿拉伯人在政治控制了中亞近一個多世紀後，才開始勉強使伊斯蘭教在中亞初步傳播開來。這時的帕米爾僅僅只受到輕微衝擊，伊斯蘭教對它幾乎沒有什麼影響。但就像一條大河已開始了頑強不屈的漫延一樣，伊斯蘭教對帕米爾一帶傳統的宗教和居民精神、心理已經起到了某種不可忽視的影響——伊斯蘭教由原來的不可知，變成了人們熟知的東西，這就為伊斯蘭在後來經帕米爾傳入喀什噶爾打下了一個堅實的基礎。

這之後，帕米爾一帶陷入了連年戰亂，人們迫於戰爭的危害，都不敢接近這塊土地。聖潔的月牙，暫時被遮在了烏雲之中。

五　引領者

新疆的穆斯林對他的名字至今念念不忘，遍佈大地的清真寺裡，信徒們一聲高過一聲，最終響徹雲際的「都哇」已經證明，他深入了人心。而且深入的程度，是幾百年、幾十代人，都還將繼續深入下去。他——叫薩圖克。

在那塊土地上，沒有誰顯得比他更為神聖，沒有誰能比得上他在體驗到伊斯蘭教最初一刻的美妙心境。薩圖克是西元九世紀末喀喇汗王朝大汗奧古勒恰克的侄兒。說是侄兒，卻有著更為複雜的糾葛。在一次戰役失利後，他的哥哥——原王朝阿爾斯蘭（獅子）汗巴茲爾在八剌沙袞去世，國家的擔子便落在了奧古勒恰克的肩上。他遷都喀什噶爾後，為了填補後宮的空虛，便繼娶了自己的嫂子，巴茲爾之妻；巴茲爾年幼的兒子薩圖克便隨母親遷居到喀什噶爾。如此說來，薩圖克在日後將成為王朝大汗的法定繼承人。奧古勒恰克也曾信誓旦旦，允諾待侄兒成人後就把大汗之位讓給他，但可以想到，奧古勒恰克是絕對不希望這種允諾變為事實的。

這裡也有必要說一說奧古勒恰克。他成為大汗的時候，喀喇汗王朝的民族構成並不單一，在宗教信仰方面也呈現多樣化形態，即有薩滿教和摩尼教，也有佛教和祆教。當中亞的薩曼王朝分裂時，信伊斯蘭教的薩曼王的弟弟納斯爾翻山越嶺來投靠了喀喇汗王朝。為了留住這位流亡王子，在以後共同打擊薩曼王朝，考慮再三後奧古勒恰克還是答應把喀什噶爾以北四十公里的阿圖什作為納斯爾的棲身之地，同時還在阿圖什修了一座清真寺供納斯爾及其侍從們使用，以示對他信仰的尊重。

在今天，我們也許應該向奧古勒恰克致敬！拋開他的政治意圖不說，在當時伊斯蘭教舉步維艱的情況下，他的這一舉動無疑體現了一種寬廣的胸襟。

接下來的事情就很有意思了，一塊土地，一個民族突然迎來了改變自己信仰的機會。有一天，一支中亞的穆斯林商隊來到喀什噶爾後，前往阿圖什清真寺做禮拜，薩圖克剛好帶著自己的三十九名侍衛在阿圖什一帶遊獵，當他看見這群穆斯林時，他愣住了。只見他們靜靜地站在一塊平地上，等待著什麼，過了一會兒，一位長者宣佈時辰已到，那些商隊的穆斯林們便置滿地的珍寶貨物於不顧，虔誠專注地向西而跪做起了「乃瑪孜」。四周一時立刻變得寂靜而又肅穆起來，他們起起落落，跪拜成一片，念經聲低低地響徹荒野之中。薩圖克遠遠地看著他們，只覺得他們正在向著一個什麼地方在運行著什麼，這種運行是無形的，但卻很有力量。當他們做完「乃瑪孜」離去時，薩圖克卻仍在原地喃喃自語，他強烈地意識到，這種忘我的信仰精神和嚴格的宗教紀律，很可能會在自己未來的大業中化為一種強大的政治凝聚力量和軍事力量，可用此擊敗對手，橫行天下。從此，他不顧叔父的三令五申，一有機會就跑去阿圖什找薩曼王子納斯爾，學得了不少伊斯蘭教知識。不久，薩圖克毅然決然地皈依了伊斯蘭教，並暗中在侍衛和青年中發展穆斯林信仰。在這一段時間內，他不僅用心攻讀了《古蘭經》，而且自取名為阿不都．克里木，為維吾爾族人姓名的阿拉伯化開了先河。

奧古勒恰克終於還是察覺了這一切。這種背叛行為當然只會導致叔侄之間本來就很緊張的關係更加緊繃。西元九一五年的一個深夜，薩圖克帶領自己的穆斯林親軍，在喀什噶爾的皇宮內進行了一場流血的宮廷政變，殺死了不信伊斯蘭教的王朝大汗奧古勒恰克，一舉奪回了喀喇汗王朝大汗之位。這一年，薩圖克十六歲。他作為第一個皈依伊斯蘭教的王朝最高統治者，登臺的首要任務，就是讓伊斯蘭教在王國境內得到傳播，而他的地位和權力正是實現這一目的的最有力保證。

喀什噶爾從此開始信仰伊斯蘭教。一彎明月，終於將聖潔的月輝灑於地。

六　夢

神聖的宗教遍佈喀什大地，讓我這個外來者也有了奇異的體驗。

七年前在喀什，我在這裡匆匆走過。那天去幹什麼，至今已沒有了印象，我只記得公車多坐了兩站，下車之後，就看見了那些過街樓（底下走人，上面作居室）。我忽然有了興趣，決定步行過去。突然，黑乎乎地小巷盡頭裡一方明亮，出現了一個阿訇（伊斯蘭教祭司），我不知道他從清真寺出來要幹什麼，但他卻帶著一身的鎮靜和從容，緩緩邁著步子，像是還在寺裡念著經一樣。小巷裡再無他人，錯落有致的明暗光線恍若已拉開了一條聖途。他越走越遠，一會兒進入光亮，一會兒又進入幽暗——我被感動了，在我眼裡，他豈止只是走動在一條小巷中，這種姿態，還有明暗光線造成的特殊場景，壯似他好像走在一條朝聖的路上。他的身影出入明暗的光線中，起起伏伏，頗具神秘的色彩。佛祖曾有一句名言「一缽水中有八萬四千蟲」，而伊斯蘭《聖訓四十則》也有「他和火獄只相距一尺」等教典。我以為這都是心之涅槃的過程，佛祖和真主都注重「個體」的真實，唯個體真實才方可達到全部。我這樣想著的時候，他已走出小巷，進入一個綠色圖案的小門。

我像是做了一個夢。

七年過去了，二〇〇〇年的一個秋日，在涼爽和安寧的氣氛中，我在喀什的大街上走動，走著走著，心徒然一驚，這些年世事繁雜，而這個古城卻依然如故。那天內心惶然，但後來幾乎是下意識地就走到了那個小巷口。站在那兒，才明白自己是為了尋找什麼而來。尋找什麼呢？七年前的一幅舊畫在心裡忽然出現了。七年過去了，今天我又回到這個小巷跟前，而這個小巷依然如故。我細心尋找七年前我注意過的那個綠色磚頭，它還留在這兒。七年了，無人動它，它是在等我嗎？

我向小巷盡頭望去，幾乎就在我的心情還沒有平靜下來的時候，一個奇跡在我面前出現了。突然我看見一個阿訇從那個清真寺裡出來，還是七年前那個阿訇的姿態。巷子裡還是那種明明暗暗的光線，他幾乎在很短的時間裡就讓我回到了七年前的感覺，他的步子邁得很堅實，徑直向我走來。走到我跟前時，他用一種深沉的目光看著我，然後，把雙手放在了胸前，我趕緊還著禮，又點了一下頭。他很從容地做完這一切後，又保持著那種姿態向前走去。而我卻被一種緊張和難以名狀的感覺攫住了。我簡直不敢相信，我一下子就走到了一個阿訇的面前，而且在一瞬間就完成了在我看來是十分神聖的禮節，這個完成像一股奇異的力量，倏然間讓我全身顫動。而當我稍微平靜一些後，就感到自己的雙手已經與另一雙手緊緊地握在了一起。

七年的時間太長還是太短，僅僅就是七年前和七年後相同的幾十分鐘，我終於在內心感

到了這特殊境遇的神美。

如果說，七年前，那個阿訇留給我一個背影，一直向前走去，七年後，他與我終於面對面，似乎我們兩人行走的路途終於都有了歸結。在這七年裡，我並沒有為這件事擔心過，只是在心間小心翼翼地保持著嚮往，而七年後，就忽然有了這樣的結果。

七年來，我一步都沒有離開過新疆。是不是因為這樣，一個夢就一直持續了下來。

《福樂智慧》：聖光中的頌歌

一　詩人

伸手抓住兩個世界
今生和來世

——《福樂智慧》

這幾年，心境時不時地便受到困擾，讀書越來越少了。有時心情安靜下來，想讀書時，便打開書櫃，眼睛茫然地在一溜溜書名上徘徊，不知該讀哪本書為好。但在這時，往往卻會出現另一種奇怪的現象，徘徊的眼睛不知該停在那本書上，但手卻像是聽到什麼召喚似的，會本能地伸向阿吉·玉素甫的《福樂智慧》，隨便翻到某一頁，便可以讀下去。

讀《福樂智慧》，不同的心境會有不同的感受。如果從頭至尾讀一遍的話，則可以感受到作者對知識、真理、幸福的獨特詮釋，會得到一次特殊的體驗。我每次讀《福樂智慧》都覺得很新鮮，毫無阻礙，一讀便讀進去了。好作品不光僅僅只是一部作品，它還應該是作者的一種行為。《福樂智慧》有很清晰的文化根源，所以它的現實作用也同樣體現得淋漓盡致。從一本書的根本上來說，它的文字可以是一個人的行為準則，也可以是道德規範。當然，它所體現出來的文學性的東西更多一些，其優美的旋律，精彩的描述，深刻的議論，使它的藝術價值得以充分展示。

阿吉·玉素甫，西元一〇一八年出生於喀喇汗王朝八剌沙袞名門世家，在青年時來到喀什噶爾的「汗勒克買德力斯」——皇家伊斯蘭教經學院，學成後留院執教，當了一名老師。從一名老師到一位詩人，這之間的距離有多長？詩歌是人的靈魂之舞，心靈中的神之囈語，所以，一個人要變成詩人，打開自己的那一刻就是了吧？打開自己，另一個自己出現了，替神在說話。詩歌，也就是對神的話語的記錄。

二　源起

喀什噶爾的吐曼河是一條對阿吉·玉素甫有過生命啟示的河。

那是一個詩意湧動的時刻，心飛出了胸腔，與那道光芒一起舞蹈；一切都是那麼有意思，體驗著從未有過的幸福。這時候的阿吉·玉素甫已經讀完喀拉汗皇家伊斯蘭經文學院，他心頭的智慧之樹已長出繁茂茁壯的青枝綠葉。那一刻的感覺是奇妙的，世界的另一種面容出現了，它讓他感到了另一個到處充滿明燈的世界。

是吐曼河在那個夏日裡為他呈現了靈異，把他變成了一個詩人。但他對此卻並無更深的覺察，只是覺得這種感覺很好，但正是這種神示的感覺，讓他在內心埋下了一顆種子，這顆

種子在他身體裡慢慢成長著，向他的心靈和靈魂輸送著新的血液，這些新的血液要把他變成另一個人，讓他成為一個講述者，說出他聽到的那些神的話語。

又一個春風和煦、陽光明媚的日子，他帶著一批學生到吐曼河邊吟詩唱歌，大家又談起了詩。就是這次，一如寬闊的海面忽然湧起了波濤，阿吉．玉素甫註定要在吐曼河汲取靈感，註定要有這兩次神魂顛倒，繼而從一個凡夫俗子被洗滌成大地上善於傾聽的智者。或許吐曼河是神異的，每天都在波動著那種奇音妙語，但很多人都與之擦肩而過，唯獨阿吉．玉素甫和它神遇了。這正如博爾赫斯在《神的文字》中所說：

> 誰都不知道他寫在什麼地方，用什麼字母，但是我們知道那一句話一直秘密地存在，將由一個被選中的人看到。

阿吉．玉素甫正是這個「被選中的人」。那天，他越說越激動，向學生談了自己的理想，並隨口吟出一句：「明麗的春天拉開了幸福之弓」。學生們驚異，大呼這是好詩。學生們的驚呼，肯定讓阿吉．玉素甫心裡隱隱悸動了一下。在那一刻，是學生造就了老師。但他只是細細品嘗著這句話留下的意猶未盡的蘊藉，並沒有意識到自己已經不知不覺地開始了詩歌創作。他望了一眼吐曼河，忽然想起了一個啟人心智、動人心腑的故事。這個故事在後來成為《福樂智慧》的基本線索：「在一個美麗的國家裡，國王『日出』勵精圖治，一心求賢。『月圓』慕名前來求見，以圖報效國家。國王慧眼識才，命『月圓』出任大臣多年。『月圓』辭世時向『日出』國王託付其幻子賢明，賢明得國王恩遇而承襲父職。賢明有一宗親名曰覺醒，人品高潔，日出王欲召其出仕，與賢明共為輔弼。然而，覺醒卻奉行遁世主義，潛隱山林苦修，雖經賢明奉旨三次敦請，始終不肯應詔出仕。時光流逝，賢明亦產生了遁世苦修之念，覺醒卻勸其忠心報效日出國王。不久，覺醒罹疾，臥床不起，賢明前往探視。覺醒告誡他，為王要懂知足，一切皆為精神文化傾向，順其發展，人性不可違。覺醒死後，日出王和賢明深感悲戚，對其高潔人品緬懷不已。此後，賢明秉政愈加勤勉，天下遂乃大治。」

這個故事沒有帶出下文。倒是阿吉·玉素甫的心錨在那一刻由這個故事引發，找到了處女航的港灣。他的心為之一動。他從一去不復返的吐曼河忽然發現了一種韻律，它氣吞萬象，似乎將一切都歸納在了一起。他有了一種衝動，他要把那個故事寫成長詩，長詩由每個故事組成，而整部長詩的結構就如同無數條小溪匯成的吐曼河。這個打算一經他說出，眾人歡呼雀躍，並建議此詩寫成之後，獻給東部喀拉汗王朝大汗。

儲滿熾愛的心胸變成了大海，禁不住要汪洋奔湧。一〇六九年春天，阿吉·玉素甫濃烈的詩情爆發了，他拿起筆躲進一個小巷中，從此再未露面。世界此時已經燃燒成了一把火，從他的心裡湧向筆尖。從此，在那個不為人知的小巷裡，在那個只能容得下一個人的小屋裡，他徜徉於一本書一行一行的詩歌寫作中。語言、思想、政治、哲學、知識、歷史、文化、宗教、經濟、法律等等被他一一涉及，由於他對這些事物抱有一種敬仰之情，所以這些事物的意義

一一顯現了出來——他進入它們，如同在接近崇山峻嶺，他徜徉、跋涉、暢遊、穿越、航行、匍匐、攀登……這時候他的筆就是帶他飛翔的翅膀，他俯瞰大地，讓筆下的一行行文字穿越過高原大川，天宇星河，峭崖險峰，汪洋大海，遼遠平原和清渠水溪，然後忠實地記錄。

寫作是幸福的，阿吉．玉素甫就是一個最好的驗證。

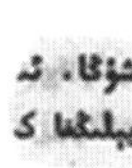

三　帶來幸福的知識

一部精神之書的完成過程，就像晨曦之光一樣越來越清晰，越來越明亮。一〇六九年秋的一個早晨，一部一萬三千二百九十行的長詩《福樂智慧》終於在喀什噶爾誕生。詩人激動不已，在他整整五十年歲月中，他終於收穫了一個豐碩的秋天。較之於在西域這塊土地上產生的其他藝術作品，如《艾里甫與賽乃姆》、《瑪納斯》、《江格爾》、《十二木卡姆》等，《福樂智慧》更具抒情意味，而且顯示出了作者高超的藝術表現手法，是一部充滿真摯情感的作品。

一本書寫完了，接下來就得給它找一個歸宿。詩人想了想，把它獻給東喀喇汗王朝的布格拉大汗吧，通過他，可以讓更多人的看到這部書。這是一個比較穩妥的辦法，在當時，只有通過大汗的宣傳和推薦，才可以使一部作品像今天的「出版」和「發行」一樣，獲得走向大眾的機會。

大汗很高興，有人寫了書，要獻給自己，那自然要接受了，文化這東西，在什麼時候都會往臉上貼金，誰能不喜歡呢？不久，在一個月圓之夜，詩人被召進布格拉大汗的王宮內，大汗和親信隨臣圍坐一起，傾聽著詩人富於激情地朗誦著這樣的詩句：

從東方吹來的春風，
給世界善良的人打開了天堂之路。
積雪消失大地充滿馨香，
脫去冬衣世界又穿上新裝。
此時宇宙瞧著自己，
看著別人，感到自豪又歡喜。

·

知識偉大智慧不可思議，
這二者特選的奴隸變得高大。
智慧和知識可以洞悉一切
證明這點有這樣的話：
有知識者可以達到目的

有識者疾病遠去。

•

社稷的基礎建於正義之上
正義之道乃社稷的根底。
清醒和法制是國家基石，
又是治國的鑰匙和韁繩。
良法使國運昌盛，人民興旺，
暴政使國衰微，天下不寧。
男兒若伸出才德的手，
巍巍高山也會向他低頭。

長詩以詩劇的形式，通過四個虛構的象徵性人物之間的對話頌揚英明君主、賜金玉良言、歎國運興衰、惋韶華易逝。同時還反映出維吾爾族在中古時期的政治、經濟、法律、倫理、哲學、歷史、文化、宗教以及社會生活。由於作者是一位「有節制力的篤信宗教的穆斯林學者」，因而作品在多方面不同程度地受到阿拉伯和波斯文化的影響。

《福樂智慧》就是「帶來幸福的知識」的意思。王朝大汗被這部皇皇巨著震驚，賜詩人以錦袍，封詩人為「哈斯・哈吉甫」——親隨筆侍衛（相當於大汗的高級顧問）。一顆詩星在喀什噶爾天空之上冉冉升起。一本書是一塊土地的精神，它給人們的心靈帶來了啟迪，讓人們明白——愛，同萬物一樣，對人有養育之恩。

四　光芒

偉大的書都與時間有很大的關係，有時候，它會在它所誕生的那個時代被確立地位，有時候則要等幾個世紀才被喚醒。《福樂智慧》要比在它之後誕生的《突厥語大詞典》要幸運得多，一寫完就進入了高層閱讀領域，而且沒有遭受流失的苦難。作為一本書，它是幸福的。

詩人的墓位於喀什市南郊，肅穆典雅，雖然現在被作為旅遊景點了，但仍有一股很濃的文化氣息。我去的時候是一個清晨，人們剛掃完地，在地上撒了水，空氣中彌漫著一股清新的味道。墓前是一個大院子，種滿了葡萄，人只能從葡萄架下的一條通道中出入。每往裡走一步，身心便緊張一份，這一步步雖然離一位大詩人越來越近了，但面對他偉大的詩歌，心裡面還是有幾分膽怯，不由得在心裡發問，自己這是來聆聽，還是來交作業了呢？

阿吉·玉素甫死後，大汗把他安葬在吐曼河畔的「巴日尕」（意為「軍營駐地」）。四百年後，葉爾羌汗國第二代君王阿不都拉失德汗拜謁詩人之墓，看到詩人的靈位受到洪水威脅，於心不忍，當即決定把詩人的遺骨遷往「阿勒吞魯克」。這個地方就是我們現在看到

的位於喀什市體育路南側的皇家陵園。詩人終於得以安眠，也許，他的英靈正在一個梵音環繞的高空鳥瞰人間，他一定看到了無數後生在叢林間捧讀他的詩篇；看見阿不都拉失德汗和王妃阿曼尼莎罕用十二木卡姆吟唱著他的詩章；他一定還看見吐曼河畔鳥鳴啁啾，黃回綠轉，人間如此安詳，足以使他在另一個世界安息了。一個人為一片土地進行了一次靈魂的書寫，當他長眠在這塊土地之下，他必然與它融為一體。他的生命，雖然正如書中所寫：「生命好比清風，一閃即逝。」

但他緊緊抓住了其中的那道光芒。

《突厥語大詞典》：

你看我就是治療我

一　王者與學者

禁不住眼睛裡淚水嘩嘩滾流
每當我想起人世的苦難憂愁

——《突厥語大詞典》

一個王子，因為一場災難，變成了一個大學者。這是一種不幸還是大幸？

歷朝歷代的皇帝多得讓人數不清，也記不住他們中間多少人的名字，而李白只有一個，沒享受過一天皇帝的生活，只是游走山河，瀟灑作詩，但他卻被世人銘記，詩與人似乎一起活了一千多年。

梅特林克在西元一九一一年獲諾貝爾文學獎後，比利時國王決定召見他。當他進入王宮，國王起身迎接，那一刻，國王居然渾身發抖，緊張得不得了。因為，在那一刻他感覺到自己作為一個政權的國王，不如這位在比利時人民心中的精神之王那麼深入人心。在那一刻，精神的光芒戰勝了政權的力量。

經由上面的故事來衡量，因為一場災難，由王子變成了一個大學者，這應該是一種大幸了。那個王子的命運變化與十一世紀喀喇汗王朝的一場政變有關，當時執掌王朝的是侯賽音，他早先曾是喀喇汗王朝所轄巴爾斯罕城的埃米爾（相當於總督，亦為貴族之最高爵位），將來要接替父親的汗位。而父親的另一位大妃因此對他懷恨在心，她想讓自己親生的兒子來繼承王位。一〇五八年秋日的一個黑夜，她毒死了侯賽音，繼而又殺死了許多王室成員，讓自己的兒子當了喀喇汗王朝的大汗。

在這場宮廷政變中，有一個人逃了出來，他就是侯賽因的兒子麻赫穆德．喀什噶里。也就是從這裡開始，他從一個王子蛻變成了一個學者。他出生時，祖父給他起名為「麻赫穆德」，意思是「益民」、「贊善」、「昭文」、「博識」。相對於他日後的命運，這個名字的含義似乎有一種預兆——他極有可能會成為一個文人，做大學問，而不會去過貴族生活。後來，這一切果然都靈驗了。從他後來的撰寫的書中，我們得知他「擅長槍術和騎馬射箭」，但他卻沒有上過一次戰場，打過一次仗，命運讓他變成了一個書生，從此握筆如刀，字字見血。

隨著他逃命成功，他便也結束了自己作為王子的身份。逃出王宮後，一個人站在烏帕爾山上，滿含熱淚望著喀什噶爾。一場政變剛剛結束，養育他長大的喀什噶爾此時已被血泊浸染。眼下的情景讓他明白一個道理，國已不國，君已不君，作為喀拉汗王朝大汗的孫子，他在喀什噶爾已沒有立足之地，他不得不遠去。

麻赫穆德．喀什噶里的流亡之路就從這裡開始了。歷史的逆轉往往令人防不勝防，它會在轉瞬之間一改以往的規律，生出讓人目瞪口呆的事件。而有時候，上帝雖然關上了門，但卻會打開另一扇窗戶。麻赫穆德．喀什噶里的命運像一枚葉片一樣，在歷史的激流中打出幾個旋渦後，終於又浮了上來，旋轉出了另一種人生機遇。就是在他決定遠走他鄉的那一刻起，他開始邁上了成為一個偉大學者的生命之路。如果去當一位大汗，他能不能被載入史冊呢？也許能，也許不能。但他在日後成為一個偉大學者時，所做出的成就，以及受到後人的那份敬仰，則是多少個大汗都做不到，多少財富都換不來的。但是，他對親人的感情卻在這場政變中受到了極大的傷害，不論好壞，這些人都是自己的親人，因此他對他們的感情便變得複雜起來。

無奈，他只能選擇離開。

二　流失與保存

離開，拋棄富貴榮華，換取一份人身的平安。當他悄悄從烏帕爾上路時，喀什城內被殺害的那些人流出的血已經凝為血塊，一陣風吹過來，落下的一層沙便將血跡悄悄掩蓋了。此時，他所有與這個王朝有關的愛與恨，都如同那層塵沙下的血跡，經由著人世的無奈而永不見天日，走，離開這個傷心的地方，去幹一件實實在在的事情。但是幹什麼呢？此時他的心裡只有一個模模糊糊的想法——寫書。他仔細考慮了一下，終於在傷感和複雜的思緒中，像是有一道亮光穿透過來，讓一個清晰的思路湧上心頭——寫一部有關突厥語系的書。以前，他曾在伊犁河谷和中亞的七河地區、錫爾河流域做過一些考察，他敏感地意識到，突厥語在語言文字、文學藝術、生活百科等方面正在阿拉伯化，許多東西正在流失。他想把突厥語當中的一些珍貴東西收集起來，彙編成書，以留給後人學習使用。

天才和天才的作品都帶有極大的偶然性。這個王子，由苦難而得福，一點一點地蛻變成了一個天才。命運的造化真是了不得，它帶領一個人走向一個方向，無論你怎樣痛苦，怎麼掙扎，都無濟於事，必須得按照它的設想進行。但事後回頭一看——嘿，一切都恰如其分，似乎這就是老天爺派這個人到人世間的目的。

這時候，在他身後的喀什噶爾，那位陰毒的王妃已把她的兒子扶上了王位，這些對他來說已經不重要了，重要的是，在中亞以及更遙遠的地方，突厥語正在日漸被阿拉伯化，他要伸出挽救的雙手，把部族的瑰寶拯救回來。

為了更細緻地考察，他做了一個詳細的行走路線，首先翻越帕米爾。帕米爾是喀什噶爾以西的一座高原，其上群峰爭雄，耀眼的雪山吞吐著大團的雲煙，形成一幅雄渾沉鬱的走向；翻過它就可以到達突厥人生存的地方，那裡有雪山，草原和沙漠。沙漠裡一排排起伏有致的沙丘，如同無聲湧動著的浪花。在這片大沙海裡，間或有大片農田和白楊林，像五彩繽紛的

海水，在清爽柔和的風中起伏著，把安然偃臥的村莊呵護得如同熟睡的嬰兒。

他心中由此掠過了一個欣喜的念頭，他想去尋找突厥人從生命裡吟唱出的歌聲，他覺得突厥人的信念和生存方式與大自然有著密不可分的關係，草尖上的一顆露珠，可以讓他們如醉如癡地吟唱；飛上藍天的雄鷹，可以讓他們寄託夢想。他們在生活中留下了很多諺語、歌曲、詩歌…等，他要把它們收集起來，納於一書——他就這樣開始了。當他從烏帕爾邁著堅定的步伐走下來的時候，他挺拔的身影和無畏的膽魄，使那一刻的畫面成為恒久，深深鑲嵌在歷史深處。

他決心為文化出一份力，做一件實實在在的事情。為此他一頭栽入了民間，不保留絲毫昔日的尊貴，因為他已建立了新的信仰。他沿著自己為自己規定的那條路線一直向西，走過了中亞的七河地區和錫爾河流域，河水滔滔，歲月隨著他頑強邁進的腳步，無不把沉重和艱難降壓於他身上，但他卻如同一匹不知疲倦的馬，在蒼茫之中走遠，一再走遠。

天似穹廬，長路當歌。一種在流亡者身上極其難有的堅韌和對本民族文化無限的癡戀，如同暗夜波濤，輕輕撫摸著他乾渴的心靈和疲憊的身軀。他向中亞的文化名城布哈拉、撒瑪律罕、謀爾夫、內沙布爾進發，收集著燦爛的突厥語系文化。一路上，他虛心求教於學問大家，收集了突厥人、土庫曼人、烏吉斯人、處月人、樣磨人和黠戛斯人的各種資料。

正如他後來在書中所寫，「我走遍了突厥人的所有村莊和草原」，終於在西元一〇六七年，他到達了當時的伊斯蘭文化中心巴格達，一位叫托爾坎哈敦的女人給予了他很大的幫助，給他提供了很好的生活和寫作條件。當時的巴格達是蘇丹國的首都，托爾坎哈敦是蘇丹國的王后，但實際上整個蘇丹國權力都掌握在她手中。她出身喀喇汗國，所以對從喀什噶爾來的學者們，包括麻赫穆德·喀什噶里在內都很熱情，鼓勵他們在巴格達從事政治和學術活動，一切費用都由她來支付。麻赫穆德·喀什噶里正是在巴格達的兩千個日夜裡，持燭書寫，把一路搜集的東西重新撰寫。一行行文字從他激動的筆尖湧出，一個個久已逝去的突厥詞語在頃刻間復活。他奮筆疾書，汗水一次次打濕稿紙，他為世界之強大、生命之偉岸、以及人和世界構成的豐富的生命景象而不能自抑。

西元一〇七四年，他終於寫完了一部用阿拉伯語注釋突厥語詞的詞典，他為這本書取名為《突厥語大詞典》，他在引言中說：「突厥語同阿拉伯語如同競賽中的兩匹馬一樣並駕齊驅」。在那一刻他幡然醒悟，世界本來就是停止著的，只有人才能夠走遠，也正因為走遠了的人，世界才隨之豐富起來。

值得一提的是，他在書中第一次提出地球是圓的，在《突厥語大辭典》的地理山川部類中，還附有自製的喀喇汗王朝疆域與中亞地理圖，地圖是圓形的，說明他當時就已清楚人類所居住的地球是圓形的，這一點就很不簡單。地圖的注文中說：「……然後是處月、突騎施、

樣磨……回鶻、党項、契丹等部落。契丹即秦。最後為桃花石，亦即馬秦。」由日出方向從西向東點出了各地區的名稱。他稱華北遼朝為「秦」。而稱中原宋朝為「桃花石」，亦即「馬秦（大秦）」，又稱以喀什噶爾為中心的王朝版圖為「下秦」。

完成了一次馬拉松式寫作的他，手裡捧著一本厚書，心情一定很激動。這是一部「用最優雅的形式和最明確的語言」完成的書，是當時西域和中亞的一部百科全書，是世界上第一部用阿拉伯文編寫的煌煌大作。他懷著極其喜悅的心情將《突厥語大詞典》獻給了當時的阿拔斯王朝的哈里發（國王）奧布爾卡西姆・阿布都拉。

消息傳到突厥人中間，他們為有人寫了這樣一本書而奔相走告，向四處傳播的消息中，突厥人說得最多的是書名下面的那一行小字，那是作者的名字：麻赫穆德・喀什噶里。這是一個可以和一部大書相匹配的名字，同時，這個名字也代表著一顆博大的心靈。

三　詞典

由於這部書的內容太過於縝密，我在這裡還是引用新疆社會科學院研究人員的一份資料作一個介紹：

《突厥語大詞典》約包含七千五百詞條，採錄的範圍非常廣泛。為了詮釋突厥語詞的意義，作者還引用了許多諺語、格言、詩歌，還有敘事詩和散文的片斷。所以說，《突厥語大詞典》不只為我們提供了有關突厥語的語音學、詞彙學、語法學和方言學的系統而完備的知識、突厥語和阿拉伯語、波斯語的比較語言學的知識，還包含下述內容：

一、介紹了突厥各部落，提供了有關這些部落的部分材料。麻赫穆德．喀什噶里在一定程度上突破了伊斯蘭教觀念的侷限，比較客觀地記錄了一些歷史事件。

二、記述了當時突厥一些部落居住的地區及其四界，對這一地區內的城市、重要村鎮、交通樞紐和山川的名稱都有介紹，甚至還結合某一重要歷史事件舉出了與一些地名有關的傳聞掌故。當然，由於歷史已經推進了九百多年，我們現在對書中所說突厥各部落的理解不一定完全符合作者的原意。對有些部落（例為「秦」部落）所持的確切對象和範圍也有爭議。但就總體來說，此書對我們瞭解當時突厥各部落的情況是很有幫助的。

三、書中引用了各種體裁、各類題材的突厥語文學作品的片斷二百四十二節，諺語二百餘條。這部分內容可以稱得起一部相當珍貴的中古時期突厥語文選，它生動地反映了那個時代的政治、哲學和倫理道德觀點。

四、提供了許多當時維吾爾人和其他突厥部落人民的物質及文化生活有關的重要材料。譬如，詞典中介紹了農牧業方面的許多詞彙和常見的鳥獸、農作物、草木的名稱，並說明了

它們的特徵。這類材料有力的表明了當時農牧業生產的發達程度。又如，詞典中收錄了一些醫藥學方面的詞彙，還介紹了常見病的症狀和治療方法，這就充分證明了民族醫學在當時的高度發展。

五、詞典對政權機構、品銜階級、軍事制度等方面的術語做了解釋。

六、詞典提供了有關曆法和天文的寶貴資料。譬如，詞典中列出了黃道十二宮和許多星辰的名稱。

此外，詞典中還講到突厥各部落人民喜愛的食品飲料及其製作加工方法，提到樂器、居室、城郭的形制等等。這些對於瞭解當時突厥人的日常生活，都是不可少的材料。

除此之外，我覺得它還突出了可讀性和趣味性，用哲思和抒情的筆調，寫下了不少動人的格言警句，讓人感到一種智性和柔軟的美：

・勤勞的人滿嘴油，懶漢血滿頭。

・債主像獅子，債戶像耗子。

・人的花招在肚裡，馬的花斑在外面。

・有路標不會迷路，有知識不會失言。

・羊羔無骨髓，孩子無智慧。

‧沒有大麥，駿馬翻不了山；沒有幫手，英雄打不了勝仗。
‧不經試驗，就要受騙；不動腦筋，就要失敗。
‧樹多鳥來棲，漂亮招人議。
‧山陰處不缺白雪；羊肚子裡不缺油脂‧
‧沒有塔特人成不了突厥，沒有頭就不必要帽子。
‧大風可以驅散烏雲，賄賂可以打開官府的大門。
‧柳樹喜彎，白樺喜直。
‧牛糞下留不住雪，好人壞人不相容。
‧截木要長些，截鐵要短些。
‧樹苗不栽不會生長，人無抱負一事無成。
‧貓兒吃不著掛著的油塊，卻說它不需要人們的東西。
‧刀生銹不好使，人生銹肉要臭。
‧綢衣要用綢補丁，毛布要打毛布補丁。
‧沒有從來空發的獵手，沒有從未弄錯的學者。
‧孩子幹的事不算事，羊羔的角不能作把子。
‧有了披風，下雨淋不著；有了轡頭，馬兒跑不脫。
‧寬袍不會綻破，協商的事不會辦錯。

．二上加一成千，一滴滴流淌成湖。
．憑計謀可把獅子捕捉，憑蠻力連老鼠也難逮著。
．儘管油膩，油還是好的；儘管太陽炙人，太陽還是好的。

四　流落

這本書完成後的二百多年間，一直存留於蘇丹國宮廷，後來，戰爭使它從宮廷中流了出來，落到了民間。這是一本來自民間的書，它最終的歸宿應該回到民間去。然而，《突厥語大詞典》從完成到真正印刷成書，卻經過了八百多年的時間，這是已經作古的麻赫穆德．喀什噶里萬萬不會想到的。

也就是在他完成書稿後，他把它獻給了當時任巴格達哈里發的布林凱西姆．阿布都拉，哈里發一讀之下萬分欣喜，這是一部多麼好的介紹突厥人的書啊，裡面如同有無數珍奇異寶，讓人愛不釋手。其實，奧布爾卡西姆．阿布都拉之所以對這部書產生興趣仍與他作為一個政治家的身份有關，當時突厥人在中亞聲名遠播，而且還闖入過巴格達，這使得作為阿拉伯帝國統治者的他覺得，通過一部用阿拉伯語注釋的書瞭解突厥人的過去，是很有必要的。也許是出於對文字的喜愛和對一本書的尊重，他以一個帝國的名義向他的人民積極推廣這本書，許多阿拉伯學者手抄了它，並相互轉閱，它細緻而優美，讓人們從中瞭解到了中亞的突厥部族的生存狀況。在這件事上，奧布爾卡西姆·阿布都拉做得很英明，雖然突厥人給阿拉伯帝國惹過麻煩，但他卻並不記仇，細緻瞭解一本書所敘述的未知事物，他認為那樣對自己，對自己的國家很有好處。他向他的人民推薦這本書，實際上是給予了這本書極高的地位和尊嚴，從而也使得它在後來一次次的戰亂中，得能不被毀滅。

此時的麻赫穆德·喀什噶里已離開巴格達，對身後的熱鬧一概不知，但作為一個寫作者，能夠贏得人們如此喜愛自己的作品，其價值已足以彰顯。然而，這本書也許命中註定要蒙塵於世，不久，巴格達遭受了一場極其殘酷的戰爭，奧布爾卡西姆·阿布都拉的王宮也毀於一旦，藏書在戰火中全部化成了灰燼。許多知道《突厥語大詞典》的人感到痛心——大火也把那本書毀滅了，麻赫穆德·喀什噶里經過兩千多個日日夜夜，一字一行完成的原作，再也看不到了。戰爭結束後，新就位巴格達的哈里發也像許多人一樣為那本書痛心，他讓人在王宮的廢墟中仔細搜索了一遍，卻沒有一絲它的蹤影。新就位的哈里發想了想，決定向民間公佈一個消息：《突厥語大詞典》被戰火燒毀了！他覺得它是本在巴格達家喻戶曉的書，現在讓每個人都知道這個壞消息，說不定可以從民間找到它的手抄本呢！這位哈里發是個聰明人，懂得文化的價值，在剛剛就位不久便來做這麼一件事，讓人不由得對他心生敬意。

但沒有任何消息，包括哈里發在內，所有的人都失望了。按哈里發的推斷，有許多阿拉伯學者曾傳抄過它，民間應該有它的手抄本才對，只是它的手抄本

在哪裡呢？

時間大約過了一百九十年，當人們覺得這本書再也不會出現在人世時，一個意外的消息如同閃電一般照亮了人們被黑暗籠罩的心靈——它又出現了，一位婦女，布林凱西姆·阿布都拉的後代，在已淪為乞丐的悲慘命運中，一直將這部書藏在自己身上，艱難地走到巴格達，要把它獻給當時的哈里發。這是多麼偉大的一位婦女啊，多少個饑寒交迫的日子，是這部書暖熱了她的身心，沒有讓她停下前行的腳步。她的出現，不光帶來了《突厥語大詞典》重現人世的好消息，而且讓人們又想起了她的先祖布林凱西姆·阿布都拉，他儘管失去了王朝，但對一本書的維護和敬仰之心卻永存下來，並激勵著他的後代，即使生活苦不堪言，也要保護一本書，為它的傳世走破雙腳也要走到巴格達。巴格達當時的哈里發非常高興，立即組織學者手抄《突厥語大詞典》。西元一二二六年，和麻赫穆德·喀什噶里一樣來自喀什噶爾的敘利亞大馬士革學者穆罕默德全文抄錄了《突厥語大詞典》。但事情很快又出現了意外，這部書剛被抄完，一場戰火又燒向巴格達，曾經極盛一時的阿拉伯帝國如一輪夕陽般隕落，《突厥語大詞典》一時又不知去向。

從此，這本書開始了它漫長而又沉寂的沉睡生涯，六百多年的時光一天天過去，它始終藏在一個不為人知的角落，任灰塵一層又一層落下，似乎再也不願意到動盪不安的人世間來了。直到西元一九一四年的一天，屬於這本書的另一個重要的女人終於喚醒了它，讓它出現在了人們面前。在伊斯坦布爾，這個女人和上次使它出現的那個女人一樣，已無法糊口，但因為她是奧斯曼帝國大臣納吉甫·貝伊的後代，加之清楚這個手抄本是自己的十幾代祖輩們秘密收藏下來的，她不能輕易把它賣掉。因此她可能在內心痛苦地徘徊和猶豫了很長時間，最後，她終於痛心地通過書商把它賣給土耳其的貴族——雅爾貝克家族中的阿里·埃米里。她之所以要把它賣給一個貴族，大概有她的考慮，她覺得貴族可以使它傳世。書賣出之後，她的吃飯問題解決了，但她一定很傷心，祖傳的寶貝在自己手裡並沒有保住，她覺得愧對祖輩。但站在這本書的立場上想一想呢？一本書的使命就是讓更多的人看見它，給更多人帶來知識的滋潤。如果這樣想一下，她就會卸下心靈上的重負，同時也會為自己做了一件功德無量的事而欣慰吧。後來的事實證明，因為她把讓《突厥語大詞典》傳世的希望寄託在了阿里·埃米里身上，這本書在後來命運轉好，不但得到了很好的保護，而且經土耳其學者克里斯利·里弗埃特把詞典再度轉抄，交付鉛印。現在，這本書已被翻譯成多種文字，在世界各地被人們捧讀。而她奉獻出的抄本是世界上僅存的唯一抄本，現珍藏於伊斯坦布爾圖書館，它是在詞典纂成一百九十年之後，根據作者的手稿繕就的，也就是說是第一個女人將它挽救出來後的手抄本。

兩個處於人生低谷的女人，先後兩次把手伸進厚厚的塵灰中，把一本書小心翼翼地捧出，拂去上面的塵灰，然後邁著艱難的步伐走向巴格達，讓它重見天日，在人世間大放光彩。

一本書如此坎坷的命運，對於已經去世多年的麻赫穆德．喀什噶里來說，永遠都不會知道了。

五　穿越死亡的智慧

麻赫穆德．喀什噶里完成書稿後，就從社會高層隱退，躲到人們視線之外的地方去了。西元一〇九二年，他已年近六十，思鄉心切的他便回到了喀什噶爾。此時，人們都已經知道了他，但他卻遠遠地避開熱鬧，一個人走到了烏帕爾山上。

站在烏帕爾山上，他能看到什麼呢？在歲月的長河裡，一個人經歷的命運變化，足以使他內心疲憊，感慨良多，但一塊土地卻不會有多大的變化，它仍然保持著平靜，像是在不動聲色地看著一切在時間中發生，又在時間中結束。他沉思良久，緩步下山。就像二十多年前一樣，他在烏帕爾登高望遠，在望定乾坤之後，便又下了一個決心——在毛拉木貝格村開辦一所學館，向人們講授知識，讓智慧之光照徹人們內心，讓每個人都有一份信念。

接下來的幾年時間裡，麻赫穆德．喀什噶里在烏帕爾度過了幸福的晚年生活，他在這裡成為一個教書先生，教了很多學生。麻赫穆德．喀什噶里除了著有《突厥語大詞典》之外，還寫過另一部語言學著作《突厥語語法精義》，可惜已經失傳。在烏帕爾教書的時間裡，他是不是完成了這部書呢?也許，某一天隨著這部書破塵而出，我們便可以得到一個確切的答案。

幾年後，他在烏帕爾去世，人們把他葬在烏帕爾山上，人們用維吾爾語稱這座山為「艾孜熱特毛熱木」，意思是「聖人山」。以後，這座山被稱之為「聖人山」。一個偉大學者的一生結束了，他的一生其實也並不複雜，只有兩件事——一禍，一福——影響了他，讓他蛻變，由原來的王子麻赫穆德．喀什噶里，變成智者麻赫穆德．喀什噶里，這個變化讓他脫下了世俗的外衣，找到了實現自我的價值途徑。一個人一生可以去幹很多事情，但能幹好的，也就一兩件而已，麻赫穆德．喀什噶里就是一個例證。

我去烏帕爾的時候，偉大的智者已經作古九百多年。遠遠地，就看見烏帕爾山腳下聳立著學者的高大塑像，他白鬚飄然，身穿長「裕袢」，右手托著那部不朽的巨著。走近細看，他的面容沉穩冷峻，雙眸遠望前方，似乎正在思考著什麼。感謝雕塑家啊，他們敏感地抓住了智者的特徵——一雙遠望的眸子，無不代表了他所有的故事。而他站立的這個姿勢，也正是對他改變自己人生的一次站立中的真實記錄。

麻赫穆德．喀什噶里在烏帕爾的最後幾年時間裡，在課餘時間，他和學生一起栽樹、種花，把四周收拾得生機盎然。現在在他的塑像前，就是那棵已有九百年的「哈衣—哈衣特樹」。

我抬頭細看樹枝，居然都是那麼蒼勁；墨綠的樹葉泛開片片陽光，如同有無數雙目光在一瞬間全部睜開，在看著我。隱隱約約，九百年前的朗讀聲又在我耳邊響起，我體會著這種靈思的感覺，仿佛我也是當年的一個學生。哈衣—哈衣特樹旁就是那口「智慧泉」。據說這泉眼也是智者當年親手掘出。此泉如今清水淙淙，向四周泛開一片清涼之氣，泉邊的幾棵白楊樹長得鬱鬱蔥蔥，有一股非凡的氣勢。在山上的一角，是麻赫穆德．喀什噶里的麻扎（墓地）。麻紮周圍安靜、祥和，不見一絲死亡的氣息。是不是他的「生」早就超越了「死」，他智慧的光芒太過於明亮，以致把死亡從本質上都改變了。我想起《突厥人語大詞典》中的那首叫《亦得勒河水》的詩：

亦得勒河水滚滚流淌，
拍打著山岩轟隆鳴響，
河岸上積水聚成湖沼，
魚兒和青蛙成群生長。

這不是一首風景詩。它蘊含著讓人久久咀嚼不盡的意味。詩人的浪漫和對的家園的熱戀在幻想中體現得那麼淋漓盡致。同時，這幾句詩也把維吾爾族人懂得從生活中尋找歡樂的心境準確地表達了出來，世界在麻赫穆德．喀什噶里的眼裡變成了兩個世界。智者在另一首詩中寫到：

我的眼淚啊匯成了湖
湖水裡鴨子在嬉遊

智者似乎總要把一切都歸屬於家園。家園的偉大也因了有他的這種堅貞而更加明朗了。

我一扭頭，看見了一幅讓人歎為觀止的景象：一隻羊正低頭吃著草，一隻鳥兒落在它角上，鳴叫出好聽的聲音。若是那只羊不動，鳥兒便動，鳥不動，羊便動，這又是一奇了，莫不是智者的靈氣滋潤了千里平疇沃野，養育著一方純樸的生靈？這一刻的情景讓我心中一動，突然想起《突厥語大詞典》中的名句：

你看著我
就是治療我

我渴望能在聖人山上得到一次醫治。

絲路：古道天機的啟示

一 血脈

那麼多西域的王國都一一消失在時間深處，那麼多在草原和沙漠上走過的人，也都一一化作了塵埃，只在歷史中留下了自己的名字。在無數事物消失之後，有一條路卻留了下來，它就是絲路。因為它一直在西域延伸，而且與西域諸多王國發生過關係，所以，書的最後，我讓筆落在了絲路上。

可不可以這樣說，西域像一個性格冷峻的人，依照內心信念在蠻荒之中越走越遠。當它走進時間深處後，便在身後留下了一條路——絲路。儘管「絲路」這一叫法是後人起的，距今也不過二百多年時間，但西域的許多事情其實都發生在絲路上。從地圖上看，絲路像一根細線，慢慢地從西域穿越而過，一直延伸向歐洲。它是一根跳動的血脈，一直輸送著血液，使西域這塊土地變得無比強壯，像一個雄心勃勃地健壯小子，要遠行千里，去實現人生的宏大目標。

在這條路上走過了無數英雄男兒，發生了許多戰爭，東西方文化在這裡得以交流和融匯，宗教在這裡發揚光大，深入人心。許多在蠻荒之地以遊牧為生的民族和部落小心翼翼地接近這條道路，他們的雙眼被鮮豔的絲綢照亮，心靈受到震撼，他們第一次知道了什麼

叫文明，也隱隱約約感覺到了文化對人類的發展的重要。可以說，正是絲路啟動了西域，讓西域有了一種悸動，並在這種悸動中被改變。

距今，絲路已有二千多年的記憶。

二　奇

和田古稱「于闐」，是古絲路上的重鎮。

當汽車像破塵斬霧的勇士一樣穿過塔克拉瑪干，似乎還沒有來得及喘息，就一頭鑽進了被塵土染透的和田。市區有樹，建築也都有花花綠綠的顏色，但只要低頭一看，就會發現大街上積著一層薄薄的塵土，有風吹來，它們便像頑皮的孩子一樣到處亂竄，人們用手握住鼻子，但仍有一股土腥味直沁肺腑。

毋庸置疑，和田是新疆境內最古老和最遙遠的地方，但我知道，我不能被眼前的這些東西迷惑，它的外表看似蒼樸和原始，但內層卻有著驚人的美和華麗。人們都說，新疆是歌舞之鄉。這大概是因為新疆的歌舞確實獨樹一格的原因吧。而新疆人呢，一開口就像天山一樣嚇人——「咱們新疆好地方」。其實呢，世界各地有很多地方比新疆更好，但生活在那些地方的人卻不敢開口，只有新疆人敢這麼說，而且說得是那麼坦坦蕩蕩。

與人們一聊，果然這個地方的神奇多著呢！和田古稱于闐，大家都知道它位於絲綢南道要衝，自古就「過往商客，不絕於途」。但是，它在絲路出現以前，就開闢了一條更為輝煌，但至今卻不被人詳知的道路——玉石之路。和田的玉石品種繁多，質地溫潤，光澤晶瑩，自古有名。有史料說和田的玉多到了「沒水而取」的程度。「玉石之路」以和田為起點，向東向西延伸出兩條道路，向東經羅布淖爾、敦煌、蘭州、西安、洛陽、到達安陽；而向西的一條經喀什、伊斯法罕、巴格達直抵地中海。和田玉以它的優質馳名於歐、亞、非三大洲。

于闐國的來歷也頗為離奇，其中只有《大唐西域記》最可信，在裡面一翻，果然找到對于闐的記載：

無憂王怒遣輔佐，遷其豪族，出雪山北，居荒谷間。遷人逐物，至此西界，推舉酋豪，尊立為王。當是時也，東土帝子蒙遣流徙，居此東界，群下勸進，又自稱王。歲月已積，風教不通。各因田獵，遇會荒澤，便問宗緒，因而爭長。忿形辭語，便欲交兵。……各歸其國，校習戎馬，督勵士卒。至期兵會，旗鼓相望。但日合戰，西主不利，因而逐北，遂斬其首。東主乘勝，撫集亡國，遷都中地，方建城郭。

從後來的史料看，「東主」即歷史上的大夏族。西元前一六〇年左右，大夏族大規模

西遷，進入阿姆河和錫爾河兩河流域。在今天看來，大夏離于闐而去已是一個謎，但當他們的背影神秘消失後，再次在這塊土地上紮根的民族卻有據可尋，它們分別是大宛、康居、大月氏、安息、身毒及于闐。

和田之奇，實在太多。其中的千里葡萄長廊，讓人感覺到它結出的豈止只是葡萄，簡直是另一種偉大的精神之物；核桃王已年逾五百歲，至今仍枝葉繁茂，十人合圍也不能把它抱住，它的龐大身軀下如今已占地一畝多，而在它不遠處，已有另一棵與它十分相似的核桃樹長高了。它們會巨大到什麼程度，誰無法預估。等著吧！一切事物都將在這兩棵樹之前變為浩渺煙塵。離核桃王不遠，是無花果王，也已經有四百多年的年齡。再說葡萄王和梧桐王，也都是三四百年的歲齡。和樹相像的是，和田的百歲老人頗多，長壽是這個地方的特點，你可以說這與此地的氣候有關，也可以說與某種遺傳基因有關，但你卻說不出它將來又會出現怎樣的奇跡，因為它只要一出現，總是出乎人的意料之外。在于田縣，一位百歲老人從我面前健步如飛地走過，望著他遠去的背影，我覺得那就是一座移動的大山。

一頭紮進無花果王的居大濃陰裡，才發現它現在已長出千餘根分支。這些分枝被埋入土中，又長成了一棵棵無花果樹。看樹想根，在這巨大的集群下面，暗暗遊動著多麼龐大的一個根系啊！如果說，無花果王是偉大的話，這些根則是偉大的根源，因為這些根系在為它不停地輸送著養分。本來想在無花果王的濃陰裡走走，但它的枝幹密匝如織，人無法穿行，只好退出。這裡是它們團結一致的家園，沒有什麼能夠再加入進去。

三　生死之漠

于闐曾經是絲綢南道上的重鎮。現在，要想看到絲路的影子，卻不得不走出這座城市，但是不論你走多遠，花怎樣的工夫，絲路在今天無論如何是看不到了。今天的人，只能用想像接近它。

細看地圖，絲綢南道像是聽到了某種召喚似的，出敦煌之後忽然拐向了樓蘭。本來出關之後的路就已經特別難走了，這一轉，就好像一隻倔強的駱駝面對又一場風沙，挺著頭顱再次邁開了雙腳。也許，我們應該對當時的環境抱一點樂觀的態度，那時羅布泊還沒有乾涸，因而南道上的氣候要稍微好一些，甚至有些地方水草豐美，有大量的湖泊和森林，而且由於西域和各國之間互通往來，道路也比較明確。那時候的人幾乎都是自己掌握著交通工具，想快了，讓馬走得快了些，如果沿途風景怡人，就可以放慢速度，邊走邊吟詩唱歌，沉醉於濃郁的古風之中。這應該是今人所極力嚮往的場景。

九月的和田秋高氣爽，正是走向大自然，去叩問歷史的好時節。朋友見我對南道念念

不見，走到且末時，就租了一輛車，與我一同前往。前行的路沒有痕跡，只能憑著印象走，但我卻對選擇的方向深信不疑。我已經在地圖上對照過無數次，我堅信腳下的沙漠中有一條沉睡得太久的大路。行之不遠，就見沙漠上的駱駝刺和芨芨草已開始泛黃，有一些微小的葉片和細沙被風吹起，旋轉幾圈，簌簌落在地上，像誰在哭泣。倒是石礫細密地擁擠在一起，把大漠鋪展出了一派舒適和明朗。

車子行進了一百多公里，不得不停下，再往前走，就出了新疆進入甘肅了，在這樣一個交界的地方停下，我以為可以讓焦灼的心靈得到休息。再往前走，將是一疊連的重複。塔克拉瑪干赤野千里，千里全是大旱，走與不走，全在於感受了。

正要返回，見不遠處有一處馬的屍骨。它顯然是在行走之中忽然倒地而亡的，兩隻前蹄向前伸去，似是心不甘，要掙扎著站起。它的整架骨頭完好無損，在太陽底下泛著明晃晃的光芒。它倒地之後，塔克拉瑪干的熱流和風沙就開始在它身上作業，天長日久，這種無形的創作終於完畢，一副徹底顯示著生命原核的作品出現在了天地之間。

眾人圍上前去細看，忽然幾隻小鳥驚叫著從骨架的腹內飛出，驚恐地飛入天空。仔細一看，馬腹內的肉卻並未腐爛，經由大漠特殊的氣候已經風乾。那幾隻小鳥想必就是靠吃這些風乾肉，打發著大漠中艱難的日子。話沒說出，但一種很美的感覺像清涼的溪水一般浸潤著身心，使大漠忽然有了幾分靜謐和甜美。

我們悄悄離去，每個人都祈禱著那幾隻鳥兒早一點飛回。

四　信仰

宗教在絲綢南道上也煥發出了奇異的光彩。在短短的時間內，伊斯蘭教以迅雷不及掩耳的速度替代了佛教，替代得乾乾淨淨，灑脫之極。當我們以後人的目光看歷史時，就會發現在絲路上發生的最大的事情，其實就是這次宗教替換。

我想，宗教是不是有它自己行走的腳步，一直在尋找適於它生存和發展的人和地方，對於塔克拉瑪干來說，佛教和伊斯蘭教在這塊土地上的更迭，使這塊土地進行了一次特殊的涅槃。

宗教淵源流長，因此請允許我把話題稍微說遠一點。寧夏同心縣的清真寺將伊斯蘭教和佛教融為一體，大寺的左面是伊斯蘭教的對聯：

爾來禮拜乎？須摩著心頭，幹過多少罪行，向此處鞠躬叩首；

誰是講經者？必破出情面，說些驚嚇話語，好教人入耳悚神。

另一面的對聯是佛教文字：

出入是門，進退有度。

兩種文化，兩種信仰，遙相對應宛如一家。當早晨的陽光將大寺照亮，阿訇開始念經，大寺兩面同樣肅穆寂靜。而在大寺的背後，頭戴白帽子的穆斯林在安靜地耕地播種。

而在于闐，宗教似乎與地域一下子就聯繫在了一起。和田恐怕是中國古跡最多的地方，在八縣一市隨便選一個地方走不了一兩公里，就可以看見古跡，而這些古跡中大多是獨立的佛塔和佛像。細看，這些佛塔儘管已經傾圮，但與褐色的戈壁大漠渾然一體，遠遠地看它們一眼，就有一種聖潔的氣息彌漫過來。

傳說于闐人開始並不信奉佛教。一天，國王外出遊玩，見一片茂密樹林，忙喚隨從過去看看。隨從們走近一看，在一棵大樹下席地坐著一個羅漢。國王問他是哪裡人，坐在這裡幹什麼，羅漢閉目不答，國王很有教養，再次好言相問。羅漢說：「我勸你信佛，否則上天會降大難於您以及您的臣民，只有佛才能保您和您的國家平安無災難。」他接著又向國王和隨行人員講了一個佛教故事，國王終於心動了，決定就在這個地方修建一座佛寺，讓這位羅漢講經。佛寺修成了，羅漢默念一道經，天空中飄來一個巨大的佛像，冉冉下降，羅漢就在這裡講經，傳播佛教。

佛教在于闐曾盛極一時。西元七世紀的玄奘西天取經途中，曾經于闐至印度，在于闐他逗留了七個月左右，由此可見于闐向漢朝傳播佛教起到了不可忽略的作用。在皮山縣我還聽到這樣一件事，從出土的文物中，發現了大量的女仕圖，她們個個豐腴苗條，圓潤飄逸，深刻反映出佛教文化傳入漢朝，經過與漢朝文化融合後，又向西域流行的特點。

像于闐這樣處在大漠之中，被蒼朴與孤獨長久籠罩著的地方，原本就與大自然有著某種天然的和諧，所以，當時的于闐人接受佛教便是自然而然的事情了。關於佛教的故事，在今天的和田仍然廣泛流傳，我挑輕撿重，覺得唐代來自朝鮮的慧超所著的《往五天竺國傳》中的一則最為感人：

于闐有一漢寺，名龍興寺，有一漢僧……南去于闐國二千里，亦被漢軍馬領押。……一日自停，行大乘法，漢軍斷其足，亦不停……

這是一個僧人中的僧人，他用具體的行為堅持了自己不可改變的信仰，寧可身殘，不願志缺，把信仰的終極意義在自己身上體現了出來。也許，人要堅持信仰就必須得這樣，在某些特殊時刻，除了在內心必須要堅持意志外，還要在行為上採取果決的舉動；也許，

原本就沒有神，只有人通過這種極致的方式，證明了神的意義。

五　生命之花

歸根結底，絲路是人走出來的。

一到和田，我就去尋找那些在心裡惦念了許久的桑樹。長期以來，許多人都誤以為絲綢皆出自長安，其實，有許多地方在絲路向西域延伸的同時，就已經開始養蠶種桑，有了自己的絲綢。和田蠶桑始於何時，沒有明確的歷史記載。關於蠶桑傳入和田河流域的唯一原始文字資料，就是玄奘在《大唐西域記》中記錄的一則和田民間傳說。《新唐書》將這則故事選入正史。故事說：「昔者，此國未知桑蠶，聞東國有也，命使以求。時東國君秘而不賜，嚴敕關防，無令桑蠶種出也。」東國國王這一板起面孔，于闐遇上了麻煩，好在瞿薩旦那王聰明，立即變換計謀，向東國求婚。迎親時于闐王使囑咐東國公主自帶桑蠶種子，以便在西域種桑蠶，為她做衣裳。公主「蠶子之子置帽絮中」蒙混過關，到了闐國後，便開始種桑養蠶。這大概是和田最初的桑種和蠶了。玄奘七世紀到達于闐時，親眼目睹了「重點保護」的數株枯死的「本種之樹」，樹齡在兩三百年以上。

看了桑樹後，朋友帶我去看塔格山麻紮。他說，除了桑樹外，和田還有不少好風景。

比如塔格山，就是于闐國最後的記憶。走近一看，才知道這座山從塔克拉瑪干大沙漠西端迤邐而來，至和田河處戛然而止。它翹然挺立，四周生就大片胡楊樹，有的地段還有壯觀奇特的仙人掌林。山腳的低窪地終年積水，碧波蕩漾，高聳的沙丘林地與湖泊相映，景色既蒼茫渾厚，又秀麗多姿，是一處待開發的沙漠景觀旅遊區。

西元九一七年，于闐佛教大軍直逼喀什噶爾，銳氣盛大的喀什噶爾新汗阿里．阿斯蘭汗在喀什噶爾南七十餘公里的英吉沙一線和于闐軍展開激烈的戰鬥，阿里．阿斯蘭汗一舉將于闐主力驅趕到今葉城縣南部山地，雙方血戰七天七夜誰也無法取勝，只好各自罷兵而歸。西元九七〇年，于闐國再出兵力，與喀什噶爾近十萬軍隊接上了火，于闐軍久攻不下，只好向本土退去。年邁的阿里．阿斯蘭汗率喀什噶爾大軍窮追，在今英吉沙的瓦旦哈喇咧，于闐軍迅速回軍，打了一場漂亮的阻擊戰，一舉擊潰喀喇汗王朝軍隊。阿里．阿斯蘭在這場戰爭中被殺。但戰爭總是像沖湧不息的海浪，有高潮也有退汐，到了一〇〇六年，這次卻是于闐大敗，一個佛教大國的旗幟飄墜於血腥彌漫的風沙中。

如果說絲路是人走出來的，那麼在這場戰鬥中，這條路上走動的則是軍隊，那些士兵們流出的血染紅了路面，直到有一場更大的風沙吹起，才可以將那些血漬淹沒，使其又恢復昔日的混沌和蒼撲。如今，這裡一片寂靜，哪裡還能看得見昔日戰爭的痕跡？但我相信，

在最後的一刻，那些死去的人流出的鮮血灑在沙漠中時，一定灼熱而悅目。

那是鮮豔盛開的生命之花。

六　生命之花

在打過仗的那個地方，過了一千多年以後，又出現了一條頗有意思的河流。一位維吾爾族漢子把羅布泊挖開一個口子，引水進去澆灌自己的農田，不料第二天一看，湖水已衝開一個非常大的口子，水已流出數十裡，他沒有堵水的辦法，只能眼睜睜地看著那個口子越沖越大，水越流越快。一條河流就這樣形成了。在乾旱的塔克拉瑪干大沙漠裡，這條河流的出現不能不說是一個奇跡，它幾乎違背了人所有的意願，像神一樣神異而又完美地出現了。那個維吾爾族漢子只是不經意間挖開了一個口子，而它則一應而入，自己創造了自己。

七　馬

在和田，這個地方的神是什麼樣子，到底在哪裡呢？如果從客觀的角度說，這裡所提到的神無異是一種精神，同時還應該是人在遭遇獨特過程中的切身感受。人不可能成為神，但人一旦進入某一種獨特的情境，人就變得靈異起來。而一個地方的神異究竟有多少，誰也無法預估，所以人的遭遇同樣也就變得更加神秘起來。

有一位作家朋友在和田河旁邊的大草灘上騎馬，正在揚鞭打馬馳騁，忽然聽得身後有另一匹馬在極富深情地鳴叫著。他剛要回頭，就見一匹母馬馳騁上來，與他胯下的坐騎一併狂奔起來。跑了一陣子，他才第一次體會到騎馬的快樂。原來，馬只要飛奔起來，就變得又穩又輕，人騎在上面如同坐船一樣；再看那兩匹馬，更是讓他驚奇不已，它們在疾馳之中頭靠頭，親昵地挨在一起。這種姿勢沒有因為快速馳騁而受到影響，它們就那麼一直跑著——朋友後來告訴我，那天他的整個身心充溢著一種從未有過的感覺，他覺得那豈止是一次騎馬，簡直是一場正在用活動的軀體演奏著的愛的交響曲。

這個地方的神跟他走了嗎？

一個地方有神，而這個地方通常在我們眼裡又是什麼樣的呢？

還得說到馬。在和田的一個小村子裡，住著一群羅布人，所以，人們又把這個村子叫羅布村。村後有一條河谷，極其難走，而只要跨過該谷，對面就是美麗的湖泊。有意思的

事就在這條深谷裡發生了，凡是人們平時不怎麼喜歡騎的瘦馬，一進入此谷立刻精神大振，就是走在危險地帶也穩穩當當，從來沒有失過蹄。人們對那些瘦馬保持著敬意。聽人說，這些馬的狀態跟羅布人有很大的關係，於是在一個陽光明亮的夏日，我走進了羅布村。一個羅布漢子在練習投飛石，他把一塊石頭裹在繩子中間，掄圓了猛地甩出，石頭便劃出尖利的響音擊中目標。他玩得高興，在山坡上跑上跑下。這時候我發現了他的那匹瘦馬，一直跟在他身後，在看著他。我觀察著那匹馬的雙眸，那裡面顯得是那麼平靜，像靜謐的湖面。但是，隨著主人的飛石擊中目標發出的沉重聲響，它的雙眸中會立刻像平靜的湖面忽然升起大霧，緊接著，就感覺到裡面有湖水翻滾了起來。這些，除了那雙眸子以外，在它身上的其他地方幾乎無一顯露。

瘦馬有明亮的眼睛。而我要在這裡說，這塊土地就因為有這些神奇的事情，已經使神也有了這樣一雙眼睛

人和神就這樣在這塊土地上合而為一，顯示著種種神美和靈異。當我們走近這片土地，感覺到它有些與眾不同時，實際上我們已經和它融為一體了。它就像不斷感化著我們的一道神諭，引領著我們，向世界和生命的深處走去。

一個人的生命裡怎麼可能沒有神呢?當神顯現得過於明顯時，人就消失了。當人變得

無比真誠時，正是神深入人心的時候。而大地也是極具情義的，當你從感動的事件中邁動著雙腳又一次站在十字路口，遠處有更高的煙霧升起。那些煙霧好像神的面容，隱隱約約地向你訴說著什麼。

你必將再一次飛升。

大都會文化圖書目錄

●生活大師系列

遠離過敏— 打造健康的居家環境	280 元	這樣泡澡最健康— 紓壓 · 排毒 · 瘦身三部曲	220 元
兩岸用語快譯通	220 元	台灣珍奇廟—發財開運祈福路	280 元
魅力野溪溫泉大發見	260 元	寵愛你的肌膚—從手工香皂開始	260 元
舞動燭光—手工蠟燭的綺麗世界	280 元	空間也需要好味道— 打造天然香氛的 68 個妙招	260 元
雞尾酒的微醺世界— 調出你的私房 Lounge Bar 風情	250 元	野外泡湯趣—魅力野溪溫泉大發見	260 元
肌膚也需要放輕鬆— 徜徉天然風的 43 項舒壓體驗	260 元	辦公室也能做瑜珈— 上班族的紓壓活力操	220 元
別再說妳不懂車— 男人不教的 Know How	249 元	一國兩字—兩岸用語快譯通	200 元
宅典	288 元	超省錢浪漫婚禮	250 元
旅行，從廟口開始	280 元	愛 · 婚禮— 一生最浪漫的旅行就從這裡開始	350 元

●心靈特區系列

每一片刻都是重生	220 元	給大腦洗個澡	220 元
成功方與圓—改變一生的處世智慧	220 元	轉個彎路更寬	199 元
課本上學不到的 33 條人生經驗	149 元	絕對管用的 38 條職場致勝法則	149 元
從窮人進化到富人的 29 條處事智慧	149 元	成長三部曲	299 元
心態—成功的人就是和你不一樣	180 元	當成功遇見你—迎向陽光的信心與勇氣	180 元
改變，做對的事	180 元	智慧沙	199 元（原價 300 元）
課堂上學不到的 100 條人生經驗	199 元 （原價 300 元）	不可不防的 13 種人	199 元 （原價 300 元）
不可不知的職場叢林法則	199 元（原價 300 元）	打開心裡的門窗	200 元
不可不慎的面子問題	199 元（原價 300 元）	交心—別讓誤會成為拓展人脈的絆腳石	199 元
方圓道	199 元	12 天改變一生	199 元（原價 280 元）
氣度決定寬度	220 元	轉念—扭轉逆境的智慧	220 元
氣度決定寬度 2	220 元	逆轉勝—發現在逆境中成長的智慧	199 元 （原價 300 元）
智慧沙 2	199 元	好心態，好自在	220 元

生活是一種態度	220 元	要做事，先做人	220 元
忍的智慧	220 元	交際是一種習慣	220 元
溝通—沒有解不開的結	220 元	愛 練習曲—與最親的人快樂相處	220 元
有一種財富叫智慧	199 元	幸福，從改變態度開始	220 元
菩提樹下的禮物—改變千萬人的生活智慧	250 元	有一種境界叫捨得	220 元
有一種財富叫智慧 2	199 元	被遺忘的快樂祕密	220 元
智慧沙【精華典藏版】	250 元	有一種智慧叫以退為進	220 元
有一種心態叫放下	220 元	有一種境界叫捨得 貳	220 元
有一種智慧叫以退為進 貳	220 元	改變別人不如掌控自己	220 元

●都會健康館系列

秋養生—二十四節氣養生經	220 元	春養生—二十四節氣養生經	220 元
夏養生—二十四節氣養生經	220 元	冬養生—二十四節氣養生經	220 元
春夏秋冬養生套書	699 元（原價 880 元）	寒天—0 卡路里的健康瘦身新主張	200 元
地中海纖體美人湯飲	220 元	居家急救百科	399 元（原價 550 元）
病由心生—365 天的健康生活方式	220 元	輕盈食尚—健康腸道的排毒食方	220 元
樂活，慢活，愛生活—健康原味生活 501 種方式	250 元	24 節氣養生食方	250 元
24 節氣養生藥方	250 元	元氣生活—日 舒暢活力	180 元
元氣生活—夜 平靜作息	180 元	自療—馬悅凌教你管好自己的健康	250 元
居家急救百科（平裝）	299 元	秋養生—二十四節氣養生經	220 元
冬養生—二十四節氣養生經	220 元	春養生—二十四節氣養生經	220 元
夏養生—二十四節氣養生經	220 元	遠離過敏—打造健康的居家環境	280 元
溫度決定生老病死	250 元	馬悅凌細說問診單	250 元
你的身體會說話	250 元	春夏秋冬養生—二十四節氣養生經（二版）	699 元
情緒決定你的健康—無病無痛快樂活到 100 歲	250 元	逆轉時光變身書—8 週變美變瘦變年輕的健康祕訣	280 元
今天比昨天更健康：良好生活作息的神奇力量	220 元	「察顏觀色」——從頭到腳你所不知道的健康警訊	250 元
24 節氣養生食方（彩色圖文版）	350 元	24 節氣養生藥方（彩色圖文版）	350 元
問病——馬悅凌細說問診單	280 元	健康存摺——為你儲備健康指數的 501 個新主張	250 元
健健康康活百歲—跟孫思邈學養生	250 元		

●FORTH系列

印度流浪記—滌盡塵俗的心之旅	220元	胡同面孔— 古都北京的人文旅行地圖	280元
尋訪失落的香格里拉	240元	今天不飛—空姐的私旅圖	220元
紐西蘭奇異國	200元	從古都到香格里拉	399元
馬力歐帶你瘋台灣	250元	瑪杜莎艷遇鮮境	180元
絕色絲路 千年風華	250元	國境極南 太平島—揭開台灣國土最南端的神祕面紗	280元

●大旗藏史館

大清皇權遊戲	250元	大清后妃傳奇	250元
大清官宦沉浮	250元	大清才子命運	250元
開國大帝	220元	圖說歷史故事—先秦	250元
圖說歷史故事—秦漢魏晉南北朝	250元	圖說歷史故事—隋唐五代兩宋	250元
圖說歷史故事—元明清	250元	中華歷代戰神	220元
圖說歷史故事全集	880元（原價1000元）	人類簡史—我們這三百萬年	280元
世界十大傳奇帝王	280元	中國十大傳奇帝王	280元
歷史不忍細讀	250元	歷史不忍細讀 II	250元
中外20大傳奇帝王（全兩冊）	490元	大清皇朝密史(全四冊)	1000元
帝王秘事—你不知道的歷史真相	250元	上帝之鞭—成吉思汗、耶律大石、阿提拉的征戰帝國	280元
百年前的巨變ー晚清帝國崩潰的三十二個細節	250元	說春秋之一：齊楚崛起	250元
帝王祕事貳ー你不知道的歷史真相	250元	說春秋之二：秦晉恩怨	250元
歷史不忍細究	250元	說春秋之三：晉楚爭雄	250元
這才是晚清—帝國崩潰的十六個細節	250元	說春秋之四：天下大亂	250元

●世界風華館

環球國家地理 · 歐洲（黃金典藏版）	250元	環球國家地理 · 亞洲 · 大洋洲（黃金典藏版）	250元
環球國家地理 · 非洲 · 美洲 · 兩極（黃金典藏版）	250元	中國國家地理 · 華北 · 華東（黃金典藏版）	250元

中國國家地理 · 中南 · 西南（黃金典藏版）	250 元	中國國家地理 · 東北 · 西東 · 港澳（黃金典藏版）	250 元
中國最美的 96 個度假天堂	250 元	非去不可的 100 個旅遊勝地 · 世界篇	250 元
非去不可的 100 個旅遊勝地 · 中國篇	250 元	環球國家地理【全集】	660 元
中國國家地理【全集】	660 元	非去不可的 100 個旅遊勝地（全二冊）	450 元
全球最美的地方—漫遊美國	250 元	全球最美的地方—驚豔歐洲	280 元
全球最美的地方—狂野非洲	280 元	世界最美的 50 個古堡	280 元
全球最美的地方【全三冊】	660 元	全球最美的 100 世外桃源	280 元

馬背上的王國

作　者	王　族
發行人	林敬彬
主編	楊安瑜
編輯	陳亮均
美術編排	王怡雅
封面設計	嘉　嘉
出　版	大都會文化事業有限公司　行政院新聞局北市業字第 1688 號
發　行	大都會文化事業有限公司 11051 台北市信義區基隆路一段 432 號 4 樓之 9 讀者服務專線：(02)27235216 讀者服務傳真：(02)27235220 電子郵件信箱：metro@ms21.hinet.net 網　　址：www.metrobook.com.tw
郵政劃撥	14050529 大都會文化事業有限公司
出版日期	2011 年 12 月初版一刷
定　價	280 元
ISBN	978-986-6234-33-0
書　號	History35

First published in Taiwan in 2011 by
Metropolitan Culture Enterprise Co., Ltd.
4F-9, Double Hero Bldg., 432, Keelung Rd., Sec. 1,
Taipei 11051, Taiwan
Tel:+886-2-2723-5216　Fax:+886-2-2723-5220
Web-site:www.metrobook.com.tw
E-mail:metro@ms21.hinet.net

國家圖書館出版品預行編目資料

馬背上的王國 / 王族著.
-- 初版. -- 臺北市 : 大旗出版社：大都會文化發行, 2011.12
面 ;　公分 -(History;35)
ISBN 978-986-6234-33-0 (平裝)
1. 民族歷史 2. 西域民族 3. 遊歷
690　　100023110

大都會文化　讀者服務卡

書名：馬背上的王國

謝謝您選擇了這本書！期待您的支持與建議，讓我們能有更多聯繫與互動的機會。

A. 您在何時購得本書：＿＿＿＿年＿＿＿＿月＿＿＿＿日

B. 您在何處購得本書：＿＿＿＿＿書店，位於＿＿＿＿＿（市、縣）

C. 您從哪裡得知本書的消息：

1. □書店　2. □報章雜誌　3. □電台活動　4. □網路資訊
5. □書籤宣傳品等　6. □親友介紹　7. □書評　8. □其他

D. 您購買本書的動機：（可複選）

1. □對主題或內容感興趣　2. □工作需要　3. □生活需要
4. □自我進修　5. □內容為流行熱門話題　6. □其他

E. 您最喜歡本書的：（可複選）

1. □內容題材　2. □字體大小　3. □翻譯文筆　4. □封面　5. □編排方式　6. □其他

F. 您認為本書的封面：1. □非常出色　2. □普通　3. □毫不起眼　4. □其他

G. 您認為本書的編排：1. □非常出色　2. □普通　3. □毫不起眼　4. □其他

H. 您通常以哪些方式購書：（可複選）

1. □逛書店　2. □書展　3. □劃撥郵購　4. □團體訂購　5. □網路購書　6. □其他

I. 您希望我們出版哪類書籍：（可複選）

1. □旅遊　2. □流行文化　3. □生活休閒　4. □美容保養　5. □散文小品
6. □科學新知　7. □藝術音樂　8. □致富理財　9. □工商企管　10. □科幻推理
11. □史地類　12. □勵志傳記　13. □電影小說　14. □語言學習（語）
15. □幽默諧趣　16. □其他

J. 您對本書（系）的建議：

＿＿＿＿＿＿＿＿＿＿＿＿＿＿＿＿＿＿＿＿＿＿＿＿＿＿＿＿＿＿

K. 您對本出版社的建議：

＿＿＿＿＿＿＿＿＿＿＿＿＿＿＿＿＿＿＿＿＿＿＿＿＿＿＿＿＿＿

讀者小檔案

姓名：　性別：　□男　□女　生日：＿＿＿＿年＿＿＿＿月＿＿＿＿日

年齡：□ 20 歲以下 □ 21 ～ 30 歲 □ 31 ～ 40 歲　□ 41 ～ 50 歲 □ 51 歲以上

職業：1. □學生 2. □軍公教 3. □大眾傳播 4. □服務業 5. □金融業 6. □製造業
7. □資訊業 8. □自由業 9. □家管 10. □退休 11. □其他

學歷：□國小或以下 □國中 □高中／高職 □大學／大專 □研究所以上

通訊地址：＿＿＿＿＿＿＿＿＿＿＿＿＿＿＿＿＿＿＿＿＿＿＿＿＿＿

電話：（H）＿＿＿＿＿＿（O）＿＿＿＿＿＿傳真：＿＿＿＿＿＿

行動電話：＿＿＿＿＿＿＿E-Mail：＿＿＿＿＿＿＿＿＿

◎謝謝您購買本書，也歡迎您加入我們的會員，請上大都會文化網站 www.metrobook.com.tw 登錄您的資料。您將不定期收到最新圖書優惠資訊和電子報。

馬背上的王國

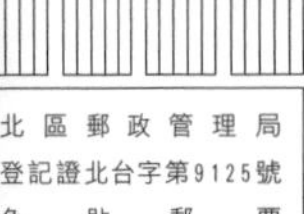

北區郵政管理局
登記證北台字第9125號
免貼郵票

大都會文化事業有限公司

讀者服務部　收

11051台北市基隆路一段432號4樓之9

寄回這張服務卡〔免貼郵票〕
您可以：
◎不定期收到最新出版訊息
◎參加各項回饋優惠活動

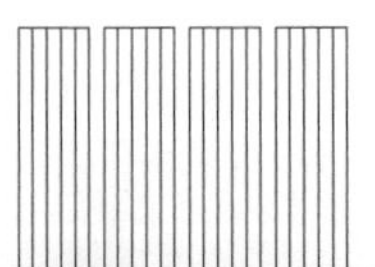

大旗出版
BANNER PUBLISHING

大旗出版
BANNER PUBLISHING